ACCESO GRATIS *a la Lectura en la Nube*

Para visualizar el libro electrónico en la nube de lectura envíe junto a su nombre y apellidos una fotografía del código de barras situado en la contraportada del libro y otra del ticket de compra a la dirección:

ebooktirant@tirant.com

En un máximo de 72 horas laborables le enviaremos el código de acceso con sus instrucciones.

MECANISMOS DE REESTRUCTURACIÓN EMPRESARIAL CON EFICACIA EXTENSIVA A SOCIOS Y ACREEDORES

Procedimiento de selección de originales, ver página web:
www.tirant.net/index.php/editorial/procedimiento-de-seleccion-de-originales

MECANISMOS DE REESTRUCTURACIÓN EMPRESARIAL CON EFICACIA EXTENSIVA A SOCIOS Y ACREEDORES

Prof.ª Dr.ª Dñ.ª **LOURDES GARNACHO CABANILLAS**

tirant lo blanch
Valencia, 2025

En caso de erratas y actualizaciones, la Editorial Tirant lo Blanch publicará la pertinente corrección en la página web www.tirant.com.

La presente obra ha sido sometida a la revisión de pares ciegos según el protocolo de publicación de la editorial a efectos de ofrecer el rigor y calidad correspondiente tanto en su contenido como en su forma, aplicándose los criterios específicos aprobados por la Comisión Nacional E 016 (BOE núm. 286, de 26 de noviembre de 2016).

Colección dirigida por:
Ana Belén Campuzano
Catedrática de Derecho Mercantil

Enrique Sanjuan y Muñoz
Magistrado

© TIRANT LO BLANCH
EDITA: TIRANT LO BLANCH
C/ Artes Gráficas, 14 - 46010 - Valencia
TELFS.: 96/361 00 48 - 50
FAX: 96/369 41 51
Email: tlb@tirant.com
www.tirant.com
Librería virtual: www.tirant.es
DEPÓSITO LEGAL: V-1105-2025
ISBN: 978-84-1095-689-6

Para los de allá arriba,
para los de acá abajo.
Porque, sin ellos,
yo no sería yo.

...Babia, 2024

Índice

PRÓLOGO

Con la promulgación de la Ley 16/2022 de 5 de septiembre, de reforma del texto refundido de la Ley Concursal, por la cual se llevó a cabo la transposición de la Directiva (UE) 2019/1023 del Parlamento Europeo y del Consejo, de 20 de junio de 2019, sobre marcos de reestructuración preventiva, exoneración de deudas e inhabilitaciones, y sobre medidas para aumentar la eficiencia de los procedimientos de reestructuración, insolvencia y exoneración de deudas, se ha originado, de forma similar a lo acontecido en otros países, una evolución del clásico Derecho concursal convertido ahora en Derecho de la insolvencia.

Los cambios producidos por esa evolución permiten percibir claramente cuál es el sentido y el fin del nuevo Derecho de la insolvencia que, aun manteniendo como objetivo esencial la satisfacción de los acreedores se orienta ahora, fundamentalmente, a la reestructuración de las empresas presuntamente viables con el objetivo de seguir manteniéndolas en el tráfico. El núcleo esencial, pues, está constituido actualmente por los planes de reestructuración y continuación de las empresas en un marco de gran flexibilización y desjudicialización del denominado Derecho preconcursal.

En efecto, con estos planes de reestructuración y continuación, se manifiesta una clara tendencia hacia la «contractualización» de la norma concursal para favorecer la resolución de conflictos financieros y/o económicos de las empresas mediante la celebración de unos planes conservativos de las mismas muy flexibles tanto por su contenido como por los efectos que producen, circunscribiendo la intervención del juzgador de lo mercantil a criterios de «necesidad y proporcionalidad», tal y como se señalaba en el considerando 29 y el art. 4.6 de la Directiva.

Esto ha supuesto un cambio y un avance legislativo indiscutibles. Frente al tradicional concurso de acreedores, el plan de continuación, para las microempresas, y el plan de reestructuración, para el resto, se presentan como nuevos instrumentos conservativos que se erigen ahora como protagonistas absolutos del nuevo régimen. De esta forma, en los nuevos institutos jurídicos consensuales, aunque se sigue manteniendo como fin último la satisfacción de los intereses de los acreedores del deudor, se prima ante todo el mantenimiento de las empresas presuntamente viables en el tráfico, a cambio de una «perspectiva razonable» de evitar el concurso en conexión con el plan de reestructuración, así como de garantizar la viabilidad de la empresa en el «corto y medio plazo» —arts. 638.1° y 698 bis.6 1° TRLC—.

De ahí la posibilidad de imponer la solución conservativa de la empresa a todos los acreedores. Esto es, la aplicación forzosa del contenido de estos planes a los acreedores, dentro de una misma clase de créditos, que no hubieran votado a favor —disidentes— mediante un arrastre horizontal; o aplicarlo también a clases completas de créditos disidentes mediante un arrastre vertical; o, imponer medidas societarias sin el consentimiento de los socios.

Es cierto que, como contrapartida, se establecen medidas tuitivas de los intereses de esos acreedores, sometidas al control de los Juzgados de lo Mercantil y, en su caso, de las Audiencias Provinciales correspondientes; pero tales medidas de protección de los intereses de todos los interesados resultan discutibles por lo que se hace precisa una evaluación de su alcance y utilidad en cada caso.

Además, en la nueva regulación asistimos a una ampliación del ámbito objetivo de aplicación de estos institutos jurídicos, inicialmente previstos en la Directiva para supuestos de probabilidad de insolvencia, a supuestos de insolvencia inminente o actual en detrimento del concurso de acreedores cuya tramitación, aunque se dilate en el tiempo de manera considerable y en perjuicio de las partes, también establece medidas conservativas de las empresas o de parte de ellas. Todo lo cual redunda, en muchos casos, en el mantenimiento artificial en el mercado de empresas carentes de viabilidad.

No cabe duda, como ya se ha ido poniendo de manifiesto desde la entrada en vigor de la nueva regulación, que las posibilidades que ahora ofrece esta podían tener un gran impacto ya que, si bien proporcionan un marco normativo más depurado de las soluciones preconcursales respecto de las existentes anteriormente —los acuerdos de refinanciación o los acuerdos extrajudiciales de pagos—, sus efectos alcanzan a acreedores tradicionalmente inmunes a los acuerdos no consentidos por ellos, además de que el arrastre de socios produce también efectos considerables en el ámbito societario. Todo lo cual no deja de suscitar, perplejidad en unos casos y, en otros, una diversidad de interpretaciones que, a la postre, generan una inseguridad jurídica notable.

Pues bien, al examen y valoración de todo ello se dedica la obra de Lourdes Garnacho, en la que se lleva a cabo un análisis riguroso y exhaustivo de la nueva normativa ofreciendo una interpretación coherente de la compleja y discutida regulación vigente. El análisis se realiza con una visión crítica partiendo de la base del estudio en profundidad del Derecho norteamericano del que la Directiva de reestructuraciones, primero, y el Derecho español, a su través, después, son tributarios, poniendo de manifiesto las consecuencias negativas que para nuestro Derecho ha supuesto el alejamiento de la regulación que de la reestructuración o reorganización se hace en aquel ordenamiento. Aparte de las inconsistencias que se aprecian en la regulación española entre los planes de reestructuración y los planes de continuación.

En primer lugar, porque resulta discutible que tenga sentido el mantenimiento de una regulación específica y separada para las microempresas como se ha establecido en nuestro Derecho y, sobre todo, con un procedimiento de más que dudosa eficacia, como ha sido denunciado por la mayoría dc la doctrina.

Y, en segundo lugar, porque, como acertadamente se indica por la autora, carece de sentido que, en el caso del plan de continuación, las medidas de protección de los intereses de créditos afectados y disidentes previstas estén sujetas a un estricto control judicial —tales como el test de cuota de liquidación o el test de equidad—, y deban ser tenidas en consideración por el juez del concurso antes de proceder a la homologación judicial del plan, al estilo de como se hace en el plan de reorganización norteamericano; y, sin embargo, en el caso del plan de reestructuración, esas medidas se condicionen —mayoritariamente— a la eventual impugnación de la homologación del plan ante la Audiencia Provincial correspondiente. Salvo que pueda requerirse, eventualmente, la tramitación de un contradictorio previo por parte del solicitante de la homologación judicial del plan tal y como se indica en los artículos 662-663 del Texto refundido de la Ley concursal. Teniendo en cuenta, además, que el plan de reestructuración preventiva establecido en la Directiva (UE) 2019/1023, aun manteniendo el carácter esencialmente contractual, también prevé un control judicial *a priori* de las medidas de tutela previstas *ex lege* para la protección de acreedores afectados no aceptantes o clases de ellos disidentes.

Dicho de otro modo, el legislador concursal ha optado por posponer en el tiempo aspectos relevantes del control judicial del plan de reestructuración al momento en el que —además, de manera eventual— se proceda a impugnar su homologación judicial, frente a lo que ocurre con el sistema norteamericano de 1978 que somete, en todo caso, a un control judicial *ex ante* la debida valoración del cumplimiento de una serie de medidas de protección de los intereses de los acreedores del deudor; y lo mismo sucede con una medida de protección de los intereses de las clases de créditos afectados disidentes, como es la regla de equidad, que aquí pierde también la rigidez que caracteriza al *fair and equitable* test norteamericano —del que nuestro sistema jurídico ha recibido una clara influencia— al incorporar una matización del principio de prioridad absoluta o su sustitución por un principio de prioridad relativa, que se exige, en cambio, con respecto al plan de continuación.

En fin, en la obra se da cuenta de muchas otras cuestiones polémicas tratando de esclarecer el sentido de las normas. Cabría, por tanto, decir mucho más del libro que tengo la satisfacción de prologar. Pero como no es función del prologuista situarse en la posición del lector, proporcionando un resumen —siempre necesariamente incompleto y desprovisto de matices— del contenido del libro, anticipando su juicio crítico, me limito a dejar constancia del indudable interés, trascendencia y actualidad del libro, tanto para los estudiosos, como para los profesionales del Derecho de la insolvencia.

Poco puedo añadir también de la autora, ya que se trata de una persona sobradamente conocida por sus trabajos precedentes y tampoco es función del prologuista extenderse en consideraciones acerca de ella y de la valoración que su trabajo merece, consideraciones que, en mi caso, probablemente, podrían estar desprovistas de objetividad, dada mi estrecha relación con ella desde el inicio de su carrera académica. Quizás lo único que cabría mencionar es el coraje que ha demostrado al enfrentarse a un tema complicado poniendo de relieve los problemas existentes y las inconsistencias que en torno a la regulación actual se suscitan y abordarlo con seriedad y rigor no ocultando su parecer ante cuestiones polémicas, proponiendo o, en su caso, asumiendo las interpretaciones que considera correctas.

En fin, solo me queda felicitarle por el esfuerzo realizado y desearle el mayor de los éxitos con esta nueva monografía, que viene a sumarse a los numerosos trabajos que la autora ha realizado en el ámbito del Derecho concursal o en el del Derecho de sociedades y animarle a que continúe por este camino.

Carmen Alonso Ledesma
Catedrática emérita de Derecho Mercantil

I. INTRODUCCIÓN

El estudio jurídico de la crisis de un empresario, persona natural o jurídica, no resulta en ningún caso fácil. En especial, porque, ya de por sí y desde una perspectiva económica, son muy diversos los escenarios en los que puede encontrarse un empresario en dificultades. Situaciones fácticas que habrían de encararse con una serie de medidas económico-financieras un tanto dispares y, por ende, a las que habrá de aplicarse una normativa jurídica determinada: general, en materia de obligaciones y contratos; la propia del derecho societario, si estamos ante un empresario persona jurídica; o, inclusive, específica de derecho concursal.

Porque una cosa es tener dificultades financieras —falta de liquidez o excesivo endeudamiento—, pero contar con una empresa operativamente viable y, por tanto, ser capaz de generar beneficios, teniendo la misma un valor mayor en funcionamiento que en liquidación. Y otra es que una empresa esté inmersa en una serie de dificultades financieras y económicas que puedan derivar: en una situación de insolvencia inminente, que el legislador concursal conceptúa en el artículo 2 del texto refundido de Ley Concursal[1] como la previsión

---

1 *Real Decreto Legislativo 1/2020, de 5 de mayo, por el que se aprueba el texto refundido de la Ley Concursal* (*Tol 7907223*), https://www.boe.es/buscar/act.php?id=BOE-A-2020-4859. Actualizado por *Ley 16/2022, de 5 de septiembre, de reforma del texto refundido de la Ley Concursal, aprobado por el Real Decreto Legislativo 1/2020, de 5 de mayo, para la transposición de la Directiva (UE) 2019/1023 del Parlamento Europeo y del Consejo, de 20 de junio de 2019, sobre marcos de reestructuración preventiva, exoneración de deudas e inhabilitaciones, y sobre medidas para aumentar la eficiencia de los procedimientos de reestructuración, insolvencia y exoneración de deudas, y por la que se modifica la Directiva (UE) 2017/1132 del Parlamento Europeo y del Consejo, sobre determinados aspectos del Derecho de sociedades (Directiva sobre reestructuración e insolvencia)* (*Tol 9180212*), https://www.boe.es/buscar/pdf/2022/BOE-A-2022-14580-consolidado.pdf. Y modificado parcialmente por *Real Decreto-ley 5/2023, de 28 de junio, por el que se adoptan y prorrogan determinadas medidas de respuesta a las consecuencias económicas y sociales de la Guerra de Ucrania, de apoyo a la reconstrucción de la isla de La Palma y a otras situaciones de vulnerabilidad; de transposición de Directivas de la Unión Europea en materia de modificaciones estructurales de sociedades mercantiles y conciliación de la vida familiar y la vida profesional de los progenitores y los cuidadores; y de ejecución y cumplimiento del Derecho de la Unión Europea*" (*Tol 9619853*), https://

de que un deudor «dentro de los tres meses siguientes no podrá cumplir regular y puntualmente sus obligaciones», por falta de crédito o incapacidad patrimonial; o, peor aún, en un estado de insolvencia efectiva o actual, esto es, cuando —y según dicho precepto— aquel sujeto «no puede cumplir regularmente sus obligaciones exigibles». Pues, en respuesta a una u otra situación, habrían de tomarse medidas un tanto diversas que podrían identificarse con llevar a cabo:

(i) Una mera refinanciación de la deuda del empresario, esto es, proceder a un cambio en las condiciones contractuales pactadas inicialmente entre este y aquellos acreedores que opten por facilitarle el pago de sus deudas *ex* autonomía de la voluntad —art. 1255 del Código civil (en adelante, CC)—[2].

(ii) Una eventual reorganización estructural de la empresa de la que sea titular un empresario persona jurídica, produciéndose con ello una alteración sustancial del contrato de sociedad y afectando así a su estructura orgánica y patrimonial. Habría que acudir, entonces, al régimen sobre modificaciones estructurales de las sociedades mercantiles, recientemente regulado en un Real Decreto-ley 5/2023, de 28 de junio[3].

(iii) O proceder a una disolución y liquidación societaria o, inclusive, concursal. Esto supondría acudir a los textos refundidos de la Ley de Sociedades de Capital —en adelante, LSC—[4] o de la Ley Concursal[5], según el caso concreto. Con un matiz a destacar en este punto para las microempresas y es que, en sustitución a una liquidación concursal, su liquidación habría

---

www.boe.es/buscar/doc.php?id=BOE-A-2023-15135; así como por Ley Orgánica 1/2025, de 2 de enero, de medidas en materia de eficiencia del Servicio Público de Justicia (*Tol 10322156*), https://www.boe.es/buscar/act.php?id=BOE-A-2025-76.

2 *Real Decreto de 24 de julio de 1889 por el que se publica el Código Civil* (*Tol 220310*), https://www.boe.es/buscar/act.php?id=BOE-A-1889-4763.

3 *Vid.* nota 1.

4 *Real Decreto Legislativo 1/2010, de 2 de julio, por el que se aprueba el texto refundido de la Ley de Sociedades de Capital* (*Tol 1880028*), https://www.boe.es/buscar/act.php?id=BOE-A-2010-10544.

5 *Vid.* nota 1.

de tramitarse a través de un procedimiento especial, diverso del concurso.

(iv) Eso sí, a salvo queda la posibilidad de llegar a alcanzar, de manera alternativa a cualquiera de las opciones estrictamente liquidativas reguladas en la norma concursal, un acuerdo entre las partes que permita conservar la empresa en activo: si no a través del sobradamente conocido, pero poco utilizado en la práctica, convenio concursal; a través de un plan de reestructuración, que habría que diferenciar de los antedichos acuerdos atípicos de refinanciación *ex* autonomía de la voluntad[6]; o de un plan de continuación, en caso de estar ante una microempresa.

Pues bien, de entre todas estas posibilidades de actuación, es esta última opción conservativa a la que dedicaremos toda nuestra atención. Más en concreto, procederemos a analizar los nuevos institutos jurídicos, el plan de reestructuración y de continuación, incorporados a nuestro ordenamiento jurídico a través del texto refundido de Ley Concursal, tras la publicación de la Ley 16/2022, de 5 de septiembre, de reforma del texto refundido de la Ley Concursal, aprobado por el Real Decreto Legislativo 1/2020, de 5 de mayo (*Tol 7907223*)[7].

El análisis es conveniente porque estamos ante una muy reciente regulación jurídica que ha supuesto una pluralidad de cambios considerables con respecto a la —actualmente derogada— Ley 22/2003, de 9 de julio, Concursal (*Tol 275060*). Provocados, primero, por hacerse precisa una simplificación del complejo marco normativo concursal que hemos venido teniendo desde 2009, a través de la regulación apresurada e incluso atropellada —sujeta a constantes reformas entre los años 2011 y 2015 o 2020— de dos específicos institutos jurídicos preconcursales: en concreto, el denominado *acuerdo de refinanciación*, introducido en 2009 por vía de una disposición

---

6 Se trata de supuestos que no responden a una causa de saneamiento, como pueda ser, por ejemplo, una reestructuración en conexión con nuevas oportunidades de negocio; o, lo que es lo mismo, cuando el deudor no se encuentra en «cierto grado de dificultades financieras o económicas» —así, PULGAR EZQUERRA, J. (2023). "Artículo 584. Presupuesto objetivo". *Comentario a la Ley Concursal* (dir. J. Pulgar), vol. II, 792-823. La Ley, pp. 796 y 799—.

7 Al respecto, *vid.* nota 1.

adicional cuarta en respuesta a la crisis financiera vivida en nuestro país a partir de 2008; y el *acuerdo extrajudicial de pagos*, incluido en la norma concursal desde 2013[8]. Pero, sobre todo, por la necesidad de transponer la citada Directiva (UE) 2019/1023, sobre marcos de reestructuración preventiva (*Tol 7307647*)[9]. Una Directiva de mínimos que, como también veremos, deja la puerta abierta a una variedad muy dispar de posibilidades legislativas en cuanto a derecho preconcursal se refiere, en los distintos Estados miembros. Ejemplo de ello será el ordenamiento jurídico italiano con su —igualmente reciente— *Codice della crisi d'impresa e dell'insolvenza* —o Código de crisis e insolvencia, por decreto legislativo núm. 14, de 12 de enero de 2019—[10]. Y algo que nos obliga, además, a reparar en un específico ordenamiento jurídico-concursal —al mismo tiempo que analizar de forma comparada— por la significativa influencia que ha supuesto para la propia norma europea de 2019 y, por ende, para nuestro sistema concursal. Nos estamos refiriendo al régimen jurídico-concursal norteamericano recogido en el Título 11 del Código de los Estados Unidos —también denominado *Bankruptcy Code,* tras la promulgación del *Bankruptcy Reform Act,* de 6 de noviembre de 1978—[11] y, en especial, a su Capítulo 11, sobre reorganización.

Centraremos nuestra atención en la protección que han recibido acreedores afectados y disidentes —o no participantes—, en tanto

---

8 Mecanismo extrajudicial incorporado a la Ley Concursal a través de la Ley 14/2013, de 27 de septiembre, de apoyo a los emprendedores y su internacionalización (*Tol 3946800*).

9 *Directiva (UE) 2019/1023 del Parlamento Europeo y del Consejo, de 20 de junio de 2019, sobre marcos de reestructuración preventiva, exoneración de deudas e inhabilitaciones, y sobre medidas para aumentar la eficiencia de los procedimientos de reestructuración, insolvencia y exoneración de deudas, y por la que se modifica la Directiva (UE) 2017/1132 (Directiva sobre reestructuración e insolvencia)* (*Tol 7307647*), https://www.boe.es/buscar/doc.php?id=DOUE-L-2019-81090.

10 Texto normativo que analizaremos en su última versión, tras la publicación del Decreto legislativo de 17 de junio de 2022, núm. 83 —V*id. Codice della crisi d'impresa e dell'insolvenza* (*decreto legislativo núm. 14, de 12 de enero de 2019*)— https://www.gazzettaufficiale.it/dettaglio/codici/codiceCrisi.

11 Un texto legislativo, a su vez, modificado por la *Small Business Reorganization Act* —SBRA—, de 23 de agosto de 2019, *Public Law* 116-54, suponiendo la incorporación de un subcapítulo V, al antedicho Capítulo 11. Normativa. https://uscode.house.gov/download/download.shtml.

sometidos de manera forzosa al contenido de planes alcanzados por todas —o algunas de— las clases de créditos afectadas por el plan; sin, por ello, dejar de cuestionarnos cuál es la posición de los socios disidentes de un empresario persona jurídica con socios legalmente —o no— responsables de las deudas sociales. Un análisis de una pluralidad de cuestiones, además desde muy distintos ámbitos jurídicos, al que se suman —a modo de introducción o punto de partida— una serie de ideas y conceptos básicos de la empresa: desde una perspectiva subjetiva, económico-contable, funcional y jurídico-concursal. Y todo ello, para llegar a la conclusión de que, frente a la Ley concursal de 2003, son muchos y muy acertados —aun con matices— los cambios producidos en la norma jurídica, en pro del mantenimiento de empresas viables en el tráfico. Un avance legislativo considerable que, esperamos, se traduzca en una mayor estabilidad empresarial para los operadores que actúan en el mercado. La duda es si esta novedosa regulación jurídica «continuista de empresas en el tráfico» va en detrimento —o no— de la seguridad jurídica que siempre ha caracterizado a nuestro derecho concursal.

II. CRISIS EMPRESARIAL: CUESTIONES GENERALES

1. PRESUPUESTO SUBJETIVO

El texto refundido de Ley Concursal —en adelante, TRLC— aprobado por Real Decreto Legislativo 1/2020, de 5 de mayo (*Tol 7907223*), tras la publicación de la Ley 16/2022, de 5 de septiembre, de reforma del texto refundido de la Ley Concursal (*Tol 9180212*) y como resultado de la transposición de la Directiva (UE) 2019/1023, de 20 de junio, sobre marcos de reestructuración preventiva (*Tol 7307647*), se divide en cuatro libros. El primero, relativo al *concurso de acreedores*, con una posible solución convenida entre las partes —deudor y acreedores— o, en su caso, liquidativa de la empresa. El segundo, atinente al derecho preconcursal, en el que se regula un *plan de reestructuración*, además de cuestiones que tienen que ver con la comunicación —al órgano jurisdiccional correspondiente— de negociaciones que puedan iniciarse en situación de dificultad financiera y/o económica. El tercero, como absoluta novedad, concerniente a un *procedimiento especial* para microempresas que, entre otras cuestiones, incluye también dos salidas diferenciadas al conflicto financiero y/o económico en el que pueda encontrarse un específico empresario, esto es, un plan de continuación y un plan de liquidación, con o sin transmisión de la empresa en funcionamiento —que el legislador califica como liquidación rápida o *fast-track*—[12]. Y un último libro, sobre normas de derecho internacional privado.

Ahora bien, mientras el concurso de acreedores tiene por destinatario a cualquier deudor persona natural o jurídica, empresario —con exclusión del titular de una microempresa— o consumidor[13]; el plan de reestructuración y los planes incluidos en un procedimien-

---

[12] Tal y como se califica en el apartado V del preámbulo de la Ley de reforma concursal.

[13] *Ex* art. 1 TRLC. Por el contrario, «[l]as entidades que integran la organización territorial del Estado, los organismos públicos y demás entes de derecho público no podrán ser declarados en concurso» —art. 1.3 TRLC—.

to especial cuentan como único destinatario al empresario, aquí conceptuado de manera amplia, pues se entiende por tal una persona natural o jurídica que lleva a cabo «una actividad empresarial o profesional»[14]. Es más, el legislador concursal ha optado en estos casos por clasificar al empresario atendiendo al tamaño que tenga su empresa. De forma que la gran empresa y las PYMEs se encuadran dentro del plan de reestructuración —aunque con regímenes diferenciados— y a las microempresas se les aplica el nuevo procedimiento especial.

En concreto, para distinguir el régimen general de un plan de reestructuración aplicable a la gran empresa del propio de una empresa de pequeñas o medianas dimensiones —PYME—, el legislador concursal califica esta última como una persona natural o jurídica que lleva a cabo una actividad empresarial o profesional, siempre que —de acuerdo con el balance del ejercicio anterior al que se haga la comunicación o se presente la solicitud de homologación— reúna varias condiciones: «1.ª Que el número medio de trabajadores empleados durante el ejercicio anterior no sea superior a cuarenta y nueve personas. 2.ª Que el volumen de negocios anual o balance general anual no supere los diez millones de euros» —art. 682 TRLC—.

Por su parte, se conceptúa al titular de una microempresa como aquella persona natural o jurídica que, en el ejercicio de una actividad empresarial o profesional, cumple las siguientes características[15]: «1.ª Haber empleado durante el año anterior a la solicitud una

---

14 *Vid.*, entre otros, arts. 583, 682 y 685 TRLC.

15 Adviértase del cambio de redacción sufrido en el precepto aquí analizado —el art. 685 TRLC— con respecto a la recogida en el art. 687 del Anteproyecto de TRLC, publicado el 3 de agosto de 2021 —*Anteproyecto de Ley de reforma del texto refundido de la Ley Concursal, aprobado por el Real Decreto Legislativo 1/2020, de 5 de mayo, para la transposición de la Directiva (UE) 2019/1023 del Parlamento Europeo y del Consejo, de 20 de junio de 2019, sobre marcos de reestructuración preventiva, exoneración de deudas e inhabilitaciones, y sobre medidas para aumentar la eficiencia de los procedimientos de reestructuración, insolvencia y exoneración de deudas, y por la que se modifica la Directiva (UE) 2017/1132 (Directiva sobre reestructuración e insolvencia)*, https://www.mjusticia.gob.es/es/AreaTematica/ActividadLegislativa/Documents/APL%20Insolvencia%20Tramitaci%C3%B3n.pdf (recuperado el 24 de noviembre de 2023)—; y mantenida en el art. 685 del proyecto de TRLC, de 14 enero de 2022 —*Proyecto de Ley de reforma del texto refundido de la Ley Concursal, aprobado por el Real Decreto Legislativo 1/2020, de 5 de mayo, para la transposición de la*

media de menos de diez trabajadores. Este requisito se entenderá cumplido cuando el número de horas de trabajo realizadas por el conjunto de la plantilla sea igual o inferior al que habría correspondido a menos de diez trabajadores a tiempo completo». Y «2.ª Tener un volumen de negocio anual inferior a setecientos mil euros o un pasivo inferior a trescientos cincuenta mil euros según las últimas cuentas cerradas en el ejercicio anterior a la presentación de la solicitud» —art. 685.1 TRLC—[16]. Siendo este el caso, el régimen jurídico-concursal aplicable es, como decimos, el relativo al procedimiento especial para microempresas.

2. PERSPECTIVA ECONÓMICO-CONTABLE

Como sabemos, el estatuto jurídico del empresario supone tener que llevar una contabilidad «ordenada, adecuada a la actividad de su empresa que permita un seguimiento cronológico de todas sus operaciones, así como la elaboración periódica de balances e inventarios». De ahí que un empresario debe llevar, de manera necesaria y sin perjuicio de lo establecido en las Leyes o disposiciones especiales, «un libro de Inventarios y Cuentas anuales y otro Diario» *ex* artículo 25 del Código de Comercio —en adelante, Ccom—. Pero no solo eso, se espera de dicha contabilidad que sea la «imagen fiel del patri-

---

Directiva (UE) 2019/1023 del Parlamento Europeo y del Consejo, de 20 de junio de 2019, sobre marcos de reestructuración preventiva, exoneración de deudas e inhabilitaciones, y sobre medidas para aumentar la eficiencia de los procedimientos de reestructuración, insolvencia y exoneración de deudas, y por la que se modifica la Directiva (UE) 2017/1132 del Parlamento Europeo y del Consejo, sobre determinados aspectos del Derecho de sociedades —Directiva sobre reestructuración e insolvencia— https://www.congreso.es/public_oficiales/L14/CONG/BOCG/A/BOCG-14-A-84-1.PDF —recuperado el 13 de diciembre de 2023)—. Antes, el volumen de negocio anual había de ser inferior a dos millones de euros o su pasivo inferior a dos millones de euros, por lo que, claramente, se está reduciendo el ámbito subjetivo de aplicación de este procedimiento especial. Por lo demás, critican la ambigüedad que presenta el precepto analizado, NIETO DELGADO, C. (2023). "Procedimiento especial de microempresas: sobrevino el desastre anunciado". *Revista General de Insolvencias y Reestructuraciones (Journal of Insolvency & Restructuring)*, (10), 133-157, pp. 144-146.

16 Sin olvidar que, tratándose de una entidad sociedad de un grupo, dichos criterios habrán de computarse en base consolidada —art. 685.2 TRLC—.

monio, de la situación financiera y de los resultados de la empresa» —según marco conceptual de la contabilidad, apartado 1.º del Real Decreto 1514/2007, de 16 de noviembre, por el que se aprueba el Plan General de Contabilidad (*Tol 1173846*)—[17].

De entre aquellos, las cuentas anuales de la empresa incorporan un balance de situación, una cuenta de pérdidas y ganancias, una memoria, un estado de cambios en el patrimonio neto y un estado de flujos de efectivo —estos dos últimos, no siempre necesarios— *ex* artículo 34 Ccom; siendo, además, varios los elementos a tener en consideración con respecto al primero de los documentos contables mencionados, *ex* artículo 36.1 Ccom. Y es que el balance se distribuye en varios apartados:

UNO. El activo o conjunto de «bienes, derechos y otros recursos controlados económicamente por la empresa, resultantes de sucesos pasados, de los que es probable que la empresa obtenga beneficios económicos en el futuro»[18]. Un activo que, además, se subdivide en: no corriente o *activo fijo*, corriente o *activo circulante* y líquido, siendo clara la diferencia entre el primero y los demás. Pues aquel activo fijo incluye los bienes y derechos «destinados a servir de forma duradera en las actividades de la empresa, incluidas las inversiones financieras cuyo vencimiento, enajenación o realización se espera habrá de producirse en un plazo superior a un año» —estaríamos hablando, *a.e.*, de inmuebles, terrenos, instalaciones, maquinaria, marcas, patentes o incluso inversiones financieras a largo plazo—[19]; frente al activo circulante, que incluye el activo de la empresa que se puede convertir en efectivo a corto plazo —esto es, dentro de esos doce meses (*a.e.* clientes o existencias)— y el activo líquido, que es directamente

---

17 *Real Decreto 1514/2007, de 16 de noviembre, por el que se aprueba el Plan General de Contabilidad* (*Tol 1173846*), https://www.boe.es/buscar/act.php?id=BOE-A-2007-19884.

18 *Vid.*, de manera similar, el citado Plan General de Contabilidad, marco conceptual, primera parte, 4.º1.

19 Así lo establece, de manera expresa, el Plan General de Contabilidad, en su quinta parte, grupo 2. Por lo demás y, entre otros, *vid.* EXPANSIÓN. "Capital fijo". *Diccionario económico.* https://www.expansion.com/diccionario-economico/capital-fijo.html. Recuperado el 18 de octubre de 2023.

dinero que la empresa tiene en caja, en bancos o en inversiones financieras temporales que son fácilmente convertibles en efectivo[20].

DOS. El pasivo o conjunto de «obligaciones actuales surgidas como consecuencia de sucesos pasados, cuya extinción es probable que dé lugar a una disminución de recursos que puedan producir beneficios económicos. A estos efectos, se entienden incluidas las provisiones»[21]. Un pasivo que, además, si es no corriente o también llamado *pasivo fijo*, abarca aquellas obligaciones cuyo vencimiento es superior a un año —*a.e.* provisiones a largo plazo, deudas con entidades de crédito, adeudos con acreedores por arrendamiento financiero y otros tipos de deudas a largo plazo, etc.—; y, si es corriente o *pasivo circulante*, incluye obligaciones que vencerán en menos de un año —proveedores, Hacienda Pública, Seguridad Social y créditos bancarios (o varios) a corto plazo—[22]. Asimismo, algo que no debemos olvidar es que el pasivo circulante, para facilitar el buen funcionamiento de la empresa, habría de ser inferior a su activo circulante[23].

TRES. Por último, el patrimonio neto. También considerado *pasivo no exigible*, son los recursos propios que tiene la empresa para financiar su activo o, lo que es lo mismo, es la «parte residual de los activos de la empresa, una vez deducidos todos sus pasivos», por lo que incluye las aportaciones realizadas por sus socios —ya sea en el momento de su constitución o en otros posteriores— y otras partidas

---

20 Asimismo, *vid.* EXPANSIÓN. "Activo circulante". *Diccionario económico.* https://www.expansion.com/diccionario-economico/activo-circulante.html#:~:text=Activo%20de%20la%20empresa%20que,existencias%2C%20obra%20en%20curso. Recuperado el 18 octubre 2023; o *ibídem,* "Activo líquido". *Diccionario económico.* https://www.expansion.com/diccionario-economico/activo-liquido.html. Recuperado el 18 de octubre de 2023.

21 *Vid.* Plan General de Contabilidad, marco conceptual, primera parte, 4.º 2.

22 Un concepto específico de las partidas contenidas en el activo y pasivo del balance de situación lo encontramos, entre otras, en la tercera parte del PGC, norma 6.ª. Asimismo, *vid.* EXPANSIÓN. "Pasivo circulante". *Diccionario económico.* https://www.expansion.com/diccionario-economico/pasivo-circulante.html. Recuperado el 18 de octubre de 2023.

23 Entre otros, *vid.* EXPANSIÓN. "Pasivo circulante", *cit.*

como las reservas o primas de emisión —también conocidas como *fondos propios*—[24].

A modo de esquema, podría decirse que el balance de situación de una empresa habría de ajustarse a lo siguiente:

<table>
<tr><th>ACTIVO</th><th>PATRIMONIO NETO Y PASIVO</th><th></th></tr>
<tr><td rowspan="2">(menor liquidez)

ACTIVO NO CORRIENTE
– Inmovilizado intangible (propiedad industrial)
– Inmovilizado material (mobiliario)
– Inversiones inmobiliarias
– Inversiones financieras a largo plazo</td><td>(no exigible / exigible a largo plazo)

PATRIMONIO NETO
– Capital social
– Reservas
– Resultado (beneficios no distribuidos)
– Otros</td><td>Recursos propios</td></tr>
<tr><td>PASIVO NO CORRIENTE
– Deuda a largo plazo (a.e. entidades de crédito)</td><td rowspan="2">Recursos ajenos</td></tr>
<tr><td>(mayor liquidez)

ACTIVO CORRIENTE
– Existencias (mercaderías, materias primas)
– Realizable (clientes)
– Disponible (caja, bancos)</td><td>(exigible a corto plazo)

PASIVO CORRIENTE
– Deuda a corto plazo (Hacienda pública, Seguridad Social, bancos)
– Proveedores y otros</td></tr>
<tr><td>ACTIVO TOTAL</td><td>TOTAL PATRIMONIO NETO Y PASIVO</td><td></td></tr>
</table>

Al hilo de todo esto, habría que entender también por *estructura financiera* de una empresa la suma del patrimonio neto y el pasivo, esto es, una suma de las partidas recogidas en la parte derecha del balance de situación que debe dar como resultado siempre la totalidad del activo con el que cuente dicha empresa, reflejado en la parte izquierda del balance. Y algo que nos sirve para determinar en qué

[24] Al respecto, *vid.* ALONSO LEDESMA, C. (2024). "Sociedades de capital (II): estructura del capital". Derecho de Sociedades (dir. C. Alonso), 135-164. Atelier, p. 139; o EXPANSIÓN. "Patrimonio neto". *Diccionario económico.* https://www.expansion.com/diccionario-economico/patrimonio-neto.html. Recuperado el 18 de octubre de 2023. Asimismo, *vid.* Plan General de Contabilidad, marco conceptual, primera parte, 4.º 3.

cuantía se ha hecho uso de recursos propios o ajenos, a la hora de financiarse la misma.

Pero es aquel también un concepto financiero que no debe confundirse con la que habría de ser la *estructura de capital* o la *estructura operativa* de una empresa: en este primer caso, un término financiero, en su momento, conceptuado por la doctrina anglo-americana como la «financiación permanente de la compañía representada por la deuda a largo plazo, capital y patrimonio» —Weston y Brigham, 1965—; o también como «las fuentes de fondos a largo plazo empleados en un proyecto empresarial» —Wessel, 1977—, integrándose en esa estructura de capital «todos los recursos de capital a largo plazo, es decir, préstamos, reservas, acciones y bonos» —Gerstenberg, 1997—[25]; hoy, además, recogido de manera expresa en la propia Directiva (UE) 2019/1023, sobre marcos de reestructuración preventiva (*Tol 7307647*), al incluirse en el concepto de reestructuración preventiva en su considerando 2 y artículo 2.1.1)[26] y que, como decimos, viene a excluir de la «ecuación» el pasivo corriente de la empresa. O,

---

25 Así nos lo recuerda THERY MARTÍ, A. (2017). "Los marcos de reestructuración en la propuesta de Directiva de la Comisión europea de 22 de noviembre de 2016 (I)". *Revista de Derecho Concursal y Paraconcursal*, (27), 513-548, p. 525. Un concepto financiero bajo el que se engloban «instrumentos de capital y deuda que financian el capital fijo [o activo no corriente] a largo plazo de la sociedad», en palabras de PULGAR EZQUERRA, J. (2019). "Marcos de reestructuración preventiva y segunda oportunidad en la Directiva UE 2019/1023". *Diario La Ley*. Sección Doctrina, (9474), 1-29 (versión digital). Recuperado el 6 de octubre de 2020. Por su parte, haciendo referencia a la Ley concursal derogada y, en concreto, a los acreedores de pasivos financieros —que forman parte de la estructura de capital del deudor—, según GÓMEZ ASENSIO, C. (2019). *Los acuerdos de reestructuración en la Directiva (UE) 2019/1023 sobre marcos de reestructuración preventiva*. Aranzadi - Thomson Reuters, pp. 45-46, no deja de ser un concepto autónomo con respecto a la noción contable de «pasivo financiero» que ofrece el Plan General de Contabilidad —norma 9.ª de Registro y Valoración— o la NIC —Norma Internacional de Contabilidad 32.ª—.

26 Según el art. 2.1.1) de la Directiva (UE) 2019/1023 (*Tol 7307647*), se entiende por «"reestructuración": aquellas medidas destinadas a la reestructuración de la empresa del deudor que incluyen la modificación de la composición, las condiciones o la estructura de los activos y del pasivo o cualquier otra parte de la estructura del capital del deudor, como las ventas de activos o de partes de la empresa y, cuando así lo disponga la normativa nacional, la venta de la empresa como empresa en funcionamiento, así como cualquier cambio operativo necesario o una combinación de estos elementos».

lo que es lo mismo, la estructura de capital de una empresa abarca solo lo que es su patrimonio neto y pasivo no corriente. Por lo demás y en el segundo de los casos, la estructura operativa de la empresa es la que viene a financiar el activo corriente —o circulante— de la empresa, conectada así con quienes mantienen el negocio cotidiano —proveedores de bienes y servicios, proveedores de circulante, trabajadores y acreedores públicos—[27].

3. PERSPECTIVA ECONÓMICO-FUNCIONAL

3.1. Financiación empresarial

En principio y por lógica, el titular de una empresa en funcionamiento busca una maximización del valor de su patrimonio. Y ello porque busca rentabilizar la aportación que, en su momento, hizo a la misma. Pero esto no impide tampoco el que, en ella, puedan invertir terceros acreedores —o financiadores externos—. Dicho de otra manera, para favorecer su adecuado funcionamiento, una empresa cuenta con distintas fuentes de financiación: interna, esto es, recursos propios o no exigibles —su patrimonio neto—; y ajena, esto es, recursos ajenos o exigibles —su pasivo corriente y no corriente—.

La financiación de la empresa con recursos ajenos presenta un inconveniente. Aunque aporta mayor rentabilidad a su titular, también supone una obligación de devolución del crédito —capital más intereses— en tiempo y forma a terceros acreedores y, por ende, mayor riesgo para el empresario. De ahí que:

(i) Si nos encontramos con una empresa en el tráfico cuyo patrimonio neto es superior al pasivo, esta circunstancia supone el uso mayor de autofinanciación y, por tanto, una mayor solvencia y capacidad del empresario para enfrentarse a cualquier tipo de dificultad. Es lo que la doctrina norteamericana denomina *equity cushion* o «colchón patrimonial» con el que

---

27 Así, PULGAR EZQUERRA, J. (2019). "Marcos...", *cit.*, p. 10; o BUIL ALDANA, I. (2021). "Socios y financiación en tiempos de crisis Covid-19 y transposición de la Directiva de Reestructuración Temprana: una propuesta de régimen jurídico". *Revista General de Insolvencias & Reestructuraciones (Journal of Insolvency & Restructuring)*, (1), 121-150, pp. 122-123.

soportar de manera efectiva el riesgo asumido en el ejercicio de su actividad empresarial o profesional. Y resultado de ello es que, pensando ya en sociedades en las que los socios cuentan con una responsabilidad limitada —en cuanto a las deudas sociales se refiere—, el riesgo de incumplimiento de las obligaciones asumidas por esa sociedad redunda principalmente en sus socios[28]. Una situación que, por lógica, no debería propiciar un comportamiento desmedido del órgano de administración de la sociedad en un momento cercano al de insolvencia —llevando a cabo operaciones de excesivo riesgo— en tanto en cuanto las mismas redundarían en un perjuicio a los socios, en contra de los deberes —de diligencia y lealtad— que debe atender aquel órgano societario para con estos[29].

(ii) De manera inversa, cuanto más pasivo y menos patrimonio neto más financiación ajena y, por tanto, mayor endeudamiento. También denominado *apalancamiento financiero*, puede llegar a comprometer la solvencia de dicha empresa, derivando incluso en una situación de crisis financiera y/o económica que coloque al empresario en una situación crítica, incluso de insolvencia inminente o actual, con el consiguiente perjuicio —también y especialmente— para terceros acreedores. Porque ese apalancamiento financiero trae consigo la externalización —o desplazamiento— del riesgo empresarial hacia los propios acreedores del empresario, también inversores o financiadores de la empresa de este, pudiendo peligrar la satisfacción de sus créditos a su vencimiento[30]. Con

---

28 No olvidemos que, en ordenamientos jurídicos como el norteamericano, la figura del socio se asimila a la del acreedor, entendemos, como «acreedores» residuales que lo son de la sociedad en la que participan.

29 En palabras de ADAMS, CH. (1991). "An Economic Justification for Corporate Reorganizations". *Articles, Chapters in Books and Other Contributions to Scholarly Works, University of Tulsa College of Law TU Law Digital Commons*, 117-158. https://core.ac.uk/download/pdf/232684985.pdf. Recuperado el 10 de diciembre de 2020, p. 127, «los socios se encuentran en una posición que les permite especular con el dinero de los acreedores».

30 A este respecto, *vid.* ADAMS, CH. (1991). "An Economic...", *cit.*, pp. 119-120; quien, además, pone como ejemplo comparativo la financiación de una em-

otras palabras y viéndolo desde una perspectiva societaria, en una situación como esta en la que no existe suficiente *equity cushion* y los socios no tienen mucho que perder, por ser mayor la financiación ajena que la interna y encontrarse la sociedad en la que participan patrimonialmente debilitada, serán los propios acreedores del deudor societario los que pueden ver comprometida su situación frente a la sociedad. De ahí, el conflicto de intereses que puede producirse entre unos y otros: el de los socios, a quienes no les importará proceder —a través de sus administradores— a la celebración de operaciones de alto riesgo para la sociedad en un momento de crisis, intentando buscar con ello una solución a la difícil situación en la que se encuentra esta; y el de sus acreedores sociales que, precisamente con tales actuaciones, verán la devolución de su crédito altamente comprometida[31].

Ahora bien, de una u otra manera, el resultado de un inadecuado funcionamiento de la empresa dentro del mercado puede provocar una situación de crisis que puede traducirse: en un estado de dificultad meramente financiera —o inviabilidad financiera— para el empresario, aun cuando se trate de una empresa viable económica-

---

presa a través de capital aportado por los socios —en un cien por cien— frente a una situación de apalancamiento financiero, en tanto la misma se financie a través de deuda —en un noventa por cien—. Asimismo, también hacen referencia a una lógica conexión entre apalancamiento y reorganización —reestructuración— empresarial, entre otros, PULGAR EZQUERRA, J. (2017). "Concepto, función y significado del derecho concursal". *Manual de Derecho concursal* (dir. J. Pulgar), 35-60. La Ley, p. 51; *ibídem.* (2023). "Artículo 584...", *cit.*, p. 806; SÁENZ DE SANTA MARÍA, S., MEDINA DE LACALLE, A., BLANCO JUÁREZ, P. Y LLANSÓ CALDENTEY, J. (2015). "La capitalización de deuda como vía para la recuperación de empresas viables fuertemente apalancadas. El Proyecto Phoenix". *Anuario de Capital Riesgo,* (2015), 341-361, prestando especial atención al cambio de regulación propiciado por el Banco de España, ya en marzo de 2014, en materia contable y sobre clasificación del riesgo de las entidades de crédito —con respecto a importes pendientes de pago tras la celebración de acuerdos de refinanciación— en pro de una incentivación de capitalizaciones de deuda en procesos de refinanciación; o SÁNCHEZ PAREDES, M. L. (2019). "Algunas cuestiones en torno al incumplimiento del acuerdo de refinanciación con capitalización de deuda". *Anuario de Derecho Concursal,* (48), 169-194, en conexión —igualmente— con la capitalización de deuda.

31 Así, ADAMS, CH. (1991). "An Economic...", *cit.*, p. 121.

mente; de inviabilidad económica, que no financiera; o, peor aún, de inviabilidad financiera y económica[32]. Circunstancias varias que, a efectos jurídicos, nos obligan a tener en consideración una normativa que nos ayuda a solventar dicha situación de dificultad, si no general a través del derecho de obligaciones y contratos, específica del derecho de sociedades —para empresas societarias— o, incluso, a través del derecho concursal, cuando una situación de inviabilidad financiera, como mínimo, nos coloca en un estado jurídico de *probabilidad de insolvencia* o hasta de *insolvencia inminente* o *actual*.

3.2. Inviabilidad financiera y/o económica

En efecto, resulta inadecuada una situación en la que una empresa es viable desde un punto de vista financiero, pero económicamente inviable. Esto ocurre cuando, por ejemplo, no teniendo problemas financieros —al menos, a corto o medio plazo— por haberse financiado una empresa mayoritariamente a través de capital, que no de deuda[33], su ineficacia operativa se traduce en contar con un valor actual neto negativo. Y se entiende inadecuada esa situación, por resultar cuestionable su mantenimiento en el tráfico, cuando el «valor de los activos para sus dueños es mayor en un uso alternativo»[34], si es que no parece que esa inviabilidad económica sea reversible.

Como inadecuada es una situación de inviabilidad financiera por la que pueda pasar una empresa, por excesivo endeudamiento o falta de liquidez debido a un desfase entre la fecha de cobro de

---

32 Una clasificación de empresas, atendiéndose a su viabilidad —o inviabilidad— operativa y/o financiera, se encuentra en GARCIMARTÍN ALFÉREZ, F. (2019). "La narrativa de los «marcos de reestructuración preventiva» en el Derecho europeo", 1-15. https://almacendederecho.org/la-narrativa-de-los-marcos-de-reestructuracion-preventiva-en-el-derecho-europeo/. Recuperado el 13 de enero de 2020, pp. 2-3; así como en *ibídem* (2022). "Las reglas de reparto económico en el nuevo Derecho preconcursal". *Nuevo marco jurídico de la reestructuración de empresas en España*, 265-288. Thomson Reuters - Aranzadi, pp. 266 y ss.

33 GARCIMARTÍN ALFÉREZ, F. (2019). "La narrativa...", *cit.*, p. 3, puntualiza que estamos aquí ante una financiación de la empresa que es «prácticamente toda» a través de capital.

34 En ese caso, GARCIMARTÍN ALFÉREZ, F. (2019). "La narrativa...", *cit.*, p. 3; o *ibídem.* (2022). "Las reglas...", *cit.*, p. 267, entiende lógica su eliminación del mercado —o liquidación societaria, de tratarse de una persona jurídica—.

rendimientos operativos y la fecha de vencimiento del pasivo, aun no tratándose de una empresa económicamente inviable, por contar con márgenes operativos o flujos libres de caja positivos. Pues dicha inviabilidad financiera supondrá una imposibilidad de hacer frente al pago de sus deudas en el momento de su vencimiento, a pesar de ser una empresa operativamente viable y, por ende, capaz de generar beneficios, teniendo así un valor mayor en funcionamiento que en liquidación. Y resulta inadecuada porque, siendo este el caso en el que un empresario se encuentre, la conservación de su empresa en el tráfico hace precisa una necesaria reestructuración de su pasivo[35].

Pero más conflictiva es aún, si cabe, una situación de dificultad financiera acompañada de una inviabilidad económica. Porque, entonces, las posibilidades de conservación de la empresa en el mercado se reducen considerablemente. De ahí que, como bien se reconoce en el considerando 3 de la Directiva (UE) 2019/1023 sobre reestructuración preventiva (*Tol 7307647*), «las empresas no viables sin perspectivas de supervivencia deben liquidarse lo antes posible». Y es que, «[c]uando un deudor en dificultades financieras no es económicamente viable o no puede recuperar fácilmente la viabilidad económica, los esfuerzos de reestructuración pueden provocar la aceleración y la acumulación de las pérdidas en detrimento de los acreedores, los trabajadores y otros interesados, así como de la economía en su conjunto».

Resultado de todo ello es la muy oportuna implementación —por otro lado, necesaria tras la promulgación de la susodicha Directiva (UE) 2019/1023 (*Tol 7307647*)— de una serie de mecanismos jurídicos negociales en el TRLC, junto al procedimiento judicial de concurso, con los que se pretenden resolver situaciones de dificultad financiera —o incluso económica— por la que puede pasar un em-

---

[35] En palabras de GARCIMARTÍN ALFÉREZ, F. (2019). "La narrativa...", *cit.*, p. 3, «[l]a viabilidad económica implica que la empresa tiene márgenes operativos o flujos libres de caja positivos, su valor en funcionamiento es mayor que en liquidación y por lo tanto tiene sentido mantenerla como tal. No obstante, su inviabilidad financiera implica que el deudor no va a poder pagar las deudas en el momento de su vencimiento. Sus problemas no derivan de una ineficiencia operativa sino a un excesivo endeudamiento o de un desfase entre la fecha de cobro de los rendimientos operativos y la fecha de vencimiento del pasivo». Asimismo, *vid. ibidem*, "Las reglas...", *cit.*, pp. 267-268.

presario. Con la importancia añadida de que, frente a cualquier pacto de refinanciación de deuda negociado entre las partes *ex* autonomía de la voluntad del artículo 1255 CC y con eficacia solo *inter-partes*, la inclusión de aquellos específicos mecanismos de reestructuración empresarial en el texto concursal —como veremos, con extensión de efectos a acreedores no aceptantes— les brinda una protección especial, ya no solo a lo largo de su tramitación, sino en caso de no llegar a buen fin y tener que proceder a la apertura —en su caso— de un concurso de acreedores. Ventajas todas ellas que no debemos dejar de considerar.

4. PERSPECTIVA JURÍDICO-CONCURSAL

4.1. Probabilidad de insolvencia

La Directiva (UE) 2019/1023, sobre marcos de reestructuración preventiva (*Tol 7307647*), vino a regular un mecanismo negocial pensado para un primer estadio de dificultad financiera que, a su vez, identificó con el término jurídico de *likelihood of insolvency* —o probabilidad de insolvencia—: el *plan de reestructuración preventiva*. Y lo hizo con la intención de «prevenir la insolvencia», así como para «asegurar la viabilidad del deudor» —art. 1 (a)—. Porque bien consideraba el legislador europeo que «[l]a disponibilidad de marcos eficaces de reestructuración preventiva permitiría tomar medidas antes de que las empresas dejen de poder hacer frente a sus préstamos, lo que contribuye a reducir el riesgo de que los préstamos se conviertan en préstamos no productivos» —considerando (3)—. Y es que, sin duda alguna, «[c]uanto antes pueda detectar un deudor sus dificultades financieras y tomar las medidas oportunas, mayor será la probabilidad de evitar una insolvencia inminente» —considerando (22)—. Todo ello, en pro de una continuidad empresarial.

Como no podía ser menos, por responder a la necesaria transposición de la norma jurídica europea antedicha, la versión actualmente vigente del TRLC establece una serie de mecanismos jurídicos aplicables a empresas que se encuentran en aquel primer estadio de inviabilidad financiera y, por tanto, de probabilidad de insolvencia. Punto de partida o presupuesto objetivo a partir del cual será posible la consideración de medidas protectoras de los intereses de las partes en el conflicto previstas en la norma concursal.

En concreto, estamos hablando de dos institutos jurídicos negociales, preconcursales e intrínsecamente conservativos de la empresa: uno, el *plan de reestructuración*, regulado en el libro segundo del TRLC —arts. 614 y ss.—; y otro, el *plan de continuación*, previsto dentro del procedimiento especial para microempresas, en su libro tercero —arts. 697 y ss.—. Este último, un procedimiento exclusivo y excluyente para un tipo concreto de pequeños empresarios, personas naturales o jurídicas. Pues ni a este pueden acceder otros empresarios distintos de los titulares de microempresas —*ex* art. 685 TRLC—[36]; ni les permite a estos titulares de estas microempresas acceder a otros procedimientos preconcursales —el plan de reestructuración o el concurso de acreedores—.

Si bien, también habría de añadirse a aquellos dos un tercer instituto jurídico, por interpretación *a sensu contrario* de lo recogido en el artículo 686.3 TRLC —en conexión con su apartado 1—. Nos estamos refiriendo al *plan de liquidación con transmisión de la empresa en funcionamiento*, incluido también dentro del procedimiento especial para microempresas. Y es que, si comparamos el plan de continuación con este concreto plan de liquidación desde el punto de vista de su contenido, este último parece concebirse como una solución liquidativa alternativa a aquel intrínsecamente conservativo, al presuponer el mantenimiento de la empresa afectada en el tráfico, pero aquí, en manos de un tercero y, además, aun en caso de probabilidad de insolvencia[37]. Algo que también se deduce de la propia norma concursal —*ex* art. 686.1 y 3 TRLC— cuando se habla de una falta de idoneidad de un plan de liquidación *sin transmisión de la empresa en funcionamiento* en una fase temprana de la crisis —esto es, ante una mera probabilidad de insolvencia—[38] que, por deducción, no afecta-

---

36 Al respecto, *vid.* pp. 26-27.

37 El plan de continuación, sin embargo, parece suponer la conservación de la empresa afectada en manos del propio deudor.

38 Circunstancia lógica, por otro lado, puesto que la liquidación y extinción de una empresa del mercado, atendiéndose a la previsión de unas futuras dificultades —que, en un plazo de dos años puedan llegar a confirmarse *ex* art. 584.2 TRLC— no hace precisa la aplicación de normativa específicamente concursal

rá al plan liquidativo *con transmisión de la empresa en funcionamiento —a sensu contrario*, pues, admitido como posible—.

Y se entiende por *probabilidad de insolvencia* aquella situación en la que «sea objetivamente previsible que, de no alcanzarse un plan de reestructuración, el deudor [nuestro empresario *lato sensu*] no podrá cumplir regularmente sus obligaciones que venzan en los próximos dos años» —art. 584.2 TRLC—. Una previsión normativa en la que destacan algunos aspectos.

Por un lado, la previsión de un «test de previsibilidad objetiva» de falta de cumplimiento regular que, con respecto al plan de reestructuración, hay quien limita a aquellos casos en los que sean los acreedores los que soliciten su homologación judicial —excluyendo, pues, de esta necesaria prueba al propio deudor (en su caso, proponente y solicitante de dicha homologación judicial)—. O, lo que es lo mismo, se precisa de una objetividad en esa previsión de un futuro estado de insolvencia, en tanto en cuanto no dejan de ser aquellos acreedores meros «observadores externos» a la empresa que solo, a través del balance, la cuenta de pérdidas y ganancias y el desarrollo futuro del negocio del deudor, pueden llegar a concluir que el deudor no tendrá caja ni rendimientos operativos suficientes para cumplir con sus obligaciones, atendiendo a rendimientos operativos y vencimientos de obligaciones en los próximos dos años[39].

Resulta llamativo aquí, sin embargo, que no haya una previsión legal específica sobre la existencia de un control judicial *a priori* que sirva para confirmar el cumplimiento de un presupuesto objetivo como es la probabilidad de insolvencia y que el deudor considera *de facto* existente. Una falta de control judicial *ab initio* que le permite a este, pues, acceder libremente a ese tipo de mecanismos jurídicos[40] y cuya justificación, con toda probabilidad, habría de estar en la estricta aplicación del principio de «intervención judicial mínima y *a*

—esto es, el TRLC—, sino simplemente una regulación general en materia de obligaciones y contratos o, en su caso, de derecho societario.

39 Así, PULGAR EZQUERRA, J. (2023). "Artículo 584...", *cit.*, p. 810.

40 Circunstancia que también critica SKAURADSZUN, D. (2022). "Challenges of the transposition of the directive on preventive restructuring frameworks in german law". *El Derecho Concursal y la transposición de la Directiva sobre Reestructuración Preventiva* (dir. L. Garnacho y F. J. Arias), 63-87. La Ley - Wolters Kluwer, p. 68.

posteriori» —según apartado III del preámbulo de la Ley 16/2022 (*Tol 9180212*)— que ha de imperar en este tipo de negocios jurídicos, siguiendo las indicaciones de la Directiva para los mecanismos de reestructuración preventiva —en su art. 4.6—.

Y, por otro lado, la determinación de un específico plazo temporal de hasta «dos años» a partir del cual se entiende que el deudor en cuestión incurrirá, probablemente, en una situación en la que ya no podrá cumplir de manera regular sus obligaciones. Un concreto plazo temporal utilizado ya con anterioridad por el legislador alemán, concretamente, en el §29 (1) de su norma de transposición sobre marcos de estabilización y reestructuración de empresas de 2020 —*Gesetz über den Stabilisierungs— und Restrukturierungsrahmen für Unternehmen* (StaRUG)—[41], para delimitar el momento a partir del cual será posible acceder a este tipo de mecanismos[42]. Nos permite discernir, al menos teóricamente, aquellas situaciones en las que es posible la aplicación específica del derecho preconcursal, de aquellas otras en las que una reestructuración empresarial se ve sometida a normas jurídicas generales de derecho de obligaciones y contratos y/o de derecho societario[43]. Otra cuestión es la mayor o menor facilidad en la concreción de ese término temporal en la práctica.

En fin, en cuanto a qué debemos entender por cumplimiento de obligaciones con «regularidad» o, más bien, lo contrario nos remitimos a lo dicho en otro lugar[44].

---

41 *Vid. Gesetz über den Stabilisierungs- und Restrukturierungsrahmen für Unternehmen*, 22 de diciembre 2020, https://www.gesetze-im-internet.de/starug/BJNR325610020.html.

42 En él, el legislador alemán decide finalmente identificar el estado de «probabilidad de insolvencia» con el de «*drohende Zahlungsunfähigkeit*» —insolvencia (o iliquidez) inminente— recogido en el §18(2) del Código de Insolvencia alemán —*InsolvenzOrdnung* (InsO)—. Al respecto, *vid.* SKAURADSZUN, D. (2022). "Challenges...", *cit.*, p. 66.

43 En opinión de YÁNEZ EVANGELISTA, J. (2023). "Artículo 654. Impugnación del auto de homologación del plan aprobado por todas las clases de créditos". *Comentario a la Ley Concursal* (dir. J. Pulgar), 1304-1313. La Ley, p. 1311, la probabilidad de insolvencia puede incluir tanto supuestos de excesivo apalancamiento, como de ineficacia operativa o ausencia de modificaciones estructurales, o supuestos de falta de rentabilidad de determinadas líneas de negocio que, en un plazo de dos años, pudieran derivar en insolvencia del deudor.

44 Al respecto, *vid.* apartado II. 4.2. Insolvencia inminente o actual.

4.2. Insolvencia inminente o actual

Si seguimos avanzando en el análisis de la Directiva (UE) 2019/1023 (*Tol 7307647*), en un principio y aun de manera remota e indirecta, podría pensarse que la misma dejó entrever una posibilidad de extender el plan de reestructuración preventiva a situaciones —incluso— de inviabilidad económica, en tanto «reversible». Y ello porque el considerando (3) de la Directiva venía a decir que cuando «un deudor en dificultades financieras no es económicamente viable o no puede recuperar fácilmente la viabilidad económica, los esfuerzos de reestructuración pueden provocar la aceleración y la acumulación de las pérdidas en detrimento de los acreedores, los trabajadores y otros interesados, así como de la economía en su conjunto». Algo que, *a sensu contrario*, podía interpretarse como que —y solo de manera muy excepcional— un plan de reestructuración preventiva podría atender a situaciones que van más allá de una mera probabilidad de insolvencia, acercándonos inexorablemente a la idea de un empresario en estado de insolvencia inminente[45]. No obstante, esta interpretación debe descartarse finalmente a la luz de lo establecido en la propuesta de Directiva relativa a la armonización de determinados aspectos de la legislación en materia de insolvencia, de 7 de diciembre de 2022, al ser la propia Comisión Europea la que se está

---

45 Interpretación personalmente sustentada, en GARNACHO CABANILLAS, L. (2021). "Reestructuración de deudas preconcursal desde una perspectiva interna y comunitaria". *Anuario de Derecho Concursal*, (53), 47-88 (versión digital: 1-44), pp. 8 y 11, por concretarse en la versión original de la Directiva europea que «*[w]here a debtor in financial difficulties is not economically viable or cannot be* **readily** restored *to economic viability, restructuring efforts could result in the acceleration and accumulation of losses to the detriment of creditors, workers and other stakeholders, as well as the economy as a whole*»; algo que nos permitía traducirlo en el sentido de «inmediatez». *Vid.*, asimismo, FERNÁNDEZ PÉREZ, N. (2020). "La incidencia de la Directiva (UE) 2019/1023, sobre marcos de reestructuración preventiva sobre los artículos 5 bis y 235 de la Ley Concursal". *Revista de Derecho Concursal y Paraconcursal*, (32), 71-95, pp. 74-75. Si bien, hubo quien fue aún más lejos en la interpretación de la norma europea, al llegar a considerar que los marcos de reestructuración preventiva podían también contemplarse para con empresas, incluso, en un estado de insolvencia actual —así, PULGAR EZQUERRA, J. (2023). "Artículo 584...", *cit.*, pp. 794-795—.

reafirmando en la idea de que un plan de reestructuración preventiva es solo posible en casos de probabilidad de insolvencia[46].

Pese a ello, el legislador español sí permite, aun incluso para estados de insolvencia inminente o actual *ex* artículos 584.1, 686.1 y 690.1 TRLC, el uso de planes intrínsecamente conservativos de empresa, de reestructuración o continuación, aprovechando el hecho de que algo que no hace en ningún caso el legislador europeo es rechazar esa posibilidad.

Y es aquí, quizás, donde podría cuestionarse la decisión adoptada[47]. Porque sí resulta lógica la consideración de cualquiera de los mecanismos jurídicos citados para aquellos casos en los que el empresario se encuentra en una situación de inviabilidad financiera y/o económica transitoria —en palabras del legislador comunitario, fácilmente recuperable—, aun siendo este un momento cercano al efectivo incumplimiento de sus obligaciones, esto es, en un estado de insolvencia inminente. Pero puede resultar excesiva y, creemos, indudablemente controvertida la aplicación de cualquiera de ellos para casos de insolvencia actual, cuando el deterioro económico es aún mayor. Porque, y ya centrando nuestra atención en el plan de reestructuración, una cosa es prevenir la insolvencia, que es para lo que —se supone— habría de estar diseñado un plan de este tipo; y otra bien distinta es prevenir o evitar el concurso de acreedores[48].

---

[46] Al respecto, *vid.* la exposición de motivos de la citada propuesta de Directiva, relativa a la armonización de determinados aspectos de la legislación en materia de insolvencia, de 7 de diciembre de 2022, https://eur-lex.europa.eu/legal-content/ES/TXT/?uri=CELEX%3A52022PC0702. Recuperado el 21 septiembre 2023], en su apartado 1 —«*[p]reventive restructuring procedures (Title II of Directive (EU) 2019/1023) are schemes which are available for debtors in financial distress before they become insolvent, i.e. when there is only a likelihood of insolvency*»—.

[47] *Vid.*, asimismo, CAMPUZANO LAGUILLO, A. B. (2023). "Consideración crítica sobre la posición del deudor persona jurídica en los planes de reestructuración". *Revista de Derecho Mercantil*, (328), apartado II, 1 (versión digital).

[48] Desviación funcional que, además, ya criticamos en GARNACHO CABANILLAS, L., "Reestructuración…", *cit.* pp. 3 y 7; como igualmente hiciera ROJO FERNÁNDEZ-RÍO, Á. (2017). "La propuesta de Directiva sobre reestructuración preventiva". *Anuario de Derecho Concursal*, (42), 1-11 (versión digital), p. 8, para con los acuerdos de refinanciación y extrajudiciales de pagos. Es más, este autor solicitaba, ya no solo un cambio en la determinación del presupuesto objetivo de cualquier mecanismo de reestructuración preventiva, tras la trans-

Muy probablemente con ello, nuestro legislador concursal haya querido ofrecer a cualquier empresario en crisis el más amplio abanico de posibilidades negociadas, preconcursales —en evitación de la insolvencia— y paraconcursales[49] —en evitación de un procedimiento judicial de concurso— para una situación de conflicto o crisis empresarial[50]. O, lo que es lo mismo, está priorizando siempre una solución negociada al conflicto, a través de planes de reestructuración o de continuidad —o, en su caso, a través de un plan de liquidación con transmisión de la empresa en funcionamiento— en pro del mantenimiento de la empresa en el tráfico. Previsiblemente, por su celeridad y presumible efectividad; aunque en detrimento de la seguridad jurídica que pueda ofrecer un concurso de acreedores, relegado ahora a una posición secundaria. Pero es algo que, al mismo tiempo, está desvirtuando la utilidad de otros mecanismos preexistentes a aquellos institutos jurídicos, destinados a regular esas mismas dificultades financiero-económicas. Sin ir más lejos, el *convenio concursal*, regulado hoy de manera muchísimo más ágil —y de rápida tramitación— en los artículos 315 y ss. del Libro primero del TRLC[51].

---

posición de la norma europea en nuestro ordenamiento interno; sino el establecimiento de otras tantas medidas que evitaran la consideración de este tipo de mecanismos como «procedimientos paralelos a los predispuestos para la propia la insolvencia». Asimismo, *vid.* MOYA BALLESTER, J. (2017). *Mecanismos preventivos del concurso de acreedores. Los acuerdos de refinanciación y el acuerdo extrajudicial de pagos.* Tirant lo Blanch, pp. 86-87; o SÁNCHEZ MÉNDEZ, L. (2020). "Lecciones aprendidas de las principales reestructuraciones llevadas a cabo en España durante los últimos años". *Revista de Derecho Concursal y Paraconcursal*, (32) 233-245, p. 240.

49 Término, en su día, acuñado por GARCÍA VILLAVERDE, R. (1985). "Instituciones concursales y paraconcursales. El ámbito de una reforma". *Revista de la Facultad de Derecho de la Universidad Complutense*, (8), 189-210.

50 Nuestro regulador justifica esa «desviación» de lo prescrito en la norma europea en la inexistencia de una prohibición a este respecto, de manera específica —*vid.* apartado III del preámbulo de la Ley—.

51 Con razón, nos dice GONZÁLEZ VÁZQUEZ, J. C. (2023). "CASO CELSA (III): Algunos principios generales del nuevo marco normativo y su alcance interpretativo". Linkedin. https://www.linkedin.com/pulse/caso-celsa-iii-algunos-principios-generales-del-nuevo-jos%25C3%25A9-carlos/?trackingId=%208ZcYa2d9Q6GJU3Qv8Vd0%2Bw%3D%3D. Recuperado el 15 de enero de 2024, que el concurso de acreedores «en no pocas ocasiones, seguirá siendo el mejor y más eficiente escenario cuando no sea factible una reestructuración que cree

Y es que este convenio «intraconcurso» no deja de ser un instituto jurídico igualmente negocial, aunque inserto en el procedimiento jurisdiccional de concurso de acreedores solo para casos de insolvencia inminente o actual —art. 2 TRLC—, además de previsto como una alternativa al actual plan de reestructuración: ni lo suficientemente utilizado a lo largo de los años, si atendemos a estadísticas; ni previsiblemente útil en un futuro venidero. Esto último, por la evidente *contractualización* y, a esta unida, *desjudicialización* de la crisis del empresario que se deriva de la norma jurídico-concursal actualmente vigente; más aún cuando el convenio concursal cuenta, sin duda alguna, con un régimen jurídico menos atractivo que el previsto para el plan de reestructuración en la nueva Ley concursal. Porque ¿qué sentido tiene acceder a un procedimiento judicial de concurso cuando, por vía extrajudicial y a través de un plan de reestructuración —negociado entre el deudor y parte de sus acreedores con una limitada, aunque existente, intervención judicial—, se puede llegar a mantener una empresa en activo, al tiempo que se satisfacen —de manera pactada— los intereses de esos acreedores, aun incluso en contra de la voluntad de acreedores no aceptantes del plan? Previsiblemente, ninguno.

Críticas aparte, la cuestión que debemos plantearnos en este momento es qué se entiende por insolvencia inminente o actual. Así pues:

Se entiende por *insolvencia inminente* una previsión de futuro inmediato, concretamente, de tres meses, a partir del cual se entiende que un deudor dejará de cumplir de manera «regular y puntualmente sus obligaciones»[52]. Una concreción temporal incorporada al tex-

---

realmente valor para las partes (la denominada prima de reestructuración), especialmente con las opciones que ofrece (tras la reforma) de una enajenación ágil de la empresa o de alguna de sus unidades productivas (solicitud de concurso con oferta vinculante, con o sin "prepack") o, incluso, de una tramitación más rápida y eficiente del convenio concursal».

52 Al respecto, *vid.*, entre otros, el auto de la Audiencia Provincial —en adelante, AAP— de Barcelona, sección 15ª, de 176/2020, de 25 de noviembre (*Tol 8259887*); o el más reciente auto del Juzgado de lo Mercantil —en adelante, AJM— núm. 1 de Tarragona, de 14 de marzo de 2022, en conexión con otras resoluciones judiciales —AJM, núm. 1 de Cádiz, de 13 de abril de 2007 (*Tol 5226217*) AJM, núm. número 1 de Cádiz, de 13 de abril de 2007; o la sentencia

to concursal definitivo que, por lo demás, acaba con la duda sobre cómo habría de interpretarse esa insolvencia inminente. Esto es, si en un sentido estricto y literal de la norma; o, por el contrario, de manera amplia y extensiva a momentos de mero *distress* financiero[53]. Hoy, la norma es clara a este respecto. Hay insolvencia inminente dentro de los tres meses previos a que acontezca un incumplimiento de las obligaciones del deudor de manera regular, puntual y generalizada; dejando así el mero *distress* financiero para casos de probabilidad de insolvencia.

Y se entiende por *insolvencia actual* aquella situación en la que un deudor ya «no puede cumplir regularmente sus obligaciones exigibles» —art. 2.3 TRLC—, esto es, cuando ese deudor —en nuestro caso, empresario— se encuentra en un estado no coyuntural de «incapacidad o impotencia patrimonial, o falta de crédito para conseguir medios con los que hacer frente a dichas obligaciones»[54] que deriva en un incumplimiento efectivo de sus obligaciones exigibles de ma-

---

de la Audiencia Provincial (en adelante, SAP) de Girona, de 30 de abril de 2009 (*Tol 6867497*)—.

53 Una interpretación amplia del concepto de insolvencia inminente que defendían, entre otros, ARA TRIADÚ, C. (2013). "El contenido del acuerdo (I). Los acuerdos de refinanciación". *Los acuerdos de refinanciación y de reestructuración de la empresa en crisis. Autonomía de la voluntad e insolvencia empresarial*, 119-152. Bosch, pp. 120, 123 y 151; GARCÍA-CRUCES, J. A. (2013). "Configuración general de los instrumentos preventivos y paliativos de la insolvencia". *Los acuerdos de refinanciación y de reestructuración de la empresa en crisis. Autonomía de la voluntad e insolvencia empresarial*, 21-44. Bosch, p. 31. Por su parte y al hilo del análisis de los acuerdos de refinanciación, PULGAR EZQUERRA, J. (2016). *Preconcursalidad y reestructuración empresarial. Acuerdos de refinanciación y acuerdos extrajudiciales de pagos*. La Ley, p. 297, expuso ya la necesidad de un cambio de mentalidad que permitiese al deudor anticiparse a una situación de insolvencia irreversible; ello, por ser práctica habitual, por entonces, la consecución de acuerdos de refinanciación, ya no en estado de insolvencia inminente, sino solo actual —asimismo, *vid.* PULGAR EZQUERRA, J. (2023). "Artículo 584…", *cit.*, p. 812—. Por otro lado, *vid.* AAP de Barcelona, sección 15ª, de 176/2020, de 25 de noviembre (*Tol 8259887*).

54 BROSETA PONT, M. y MARTÍNEZ SANZ, F. (2019). *Manual de Derecho mercantil*, vol. II. Tecnos, p. 564.

nera regular, e incluso generalizada, si atendemos a las previsiones del artículo 2.4.3.º, 4.º y 5.º TRLC[55].

Las definiciones anteriores, sin embargo, no son suficientes, pues dejan abierta la duda del significado de términos tales como «incumplimiento», «regularidad» y carácter «generalizado».

Para empezar, algo que debemos tener siempre en cuenta es que no podemos identificar en todo caso insolvencia con una situación de desbalance patrimonial —activo inferior a pasivo—[56] ya que, aun existiendo este, bien puede un empresario deudor seguir «cumpliendo» de manera regular con sus obligaciones, por ejemplo, si obtiene financiación; dicho de otra manera, la inviabilidad económica o incapacidad de generar beneficios por parte de una empresa puede verse compensada con una viabilidad financiera fuerte —por ejemplo, sustentada en aportaciones de los socios o deuda a largo plazo—[57]. Como tampoco podemos pensar que, siendo mayor el activo que el pasivo de la empresa, un empresario no puede incurrir en un estado de insolvencia por falta de liquidez, si lo que se produce es una crisis de tesorería y el mismo deja de cumplir sus obligaciones cuando su activo liquidable lo es a muy largo plazo y no cuenta con financiación[58].

---

55 Para un estudio más detallado de los elementos que integran el concepto de insolvencia —incumplimiento, regularidad y exigibilidad—, *vid.* PULGAR EZQUERRA, J. (2023). "Artículo 2. Presupuesto objetivo". *Comentario a la Ley Concursal* (dir. J. Pulgar), vol. II, 174-204, La Ley. Asimismo, *vid.* ROJO FERNÁNDEZ-RÍO, Á. (2006). "Presupuesto objetivo". *Comentario de la Ley Concursal*, vol. I, pp. 164-193. Civitas; o RONCERO SÁNCHEZ, A. (2020). "Artículo 2. Presupuesto objetivo". Comentarios al articulado del Texto Refundido de la Ley Concursal. Real Decreto Legislativo 1/2020, de 5 de mayo, vol. I, pp. 85-99. Sepín.

56 O, incluso, de pérdidas cualificadas —patrimonio inferior a la mitad del capital social—, tal y como nos explica PULGAR EZQUERRA, J. (2023). "Artículo 2…", *cit.*, pp. 178 y ss. Asimismo, YÁNEZ EVANGELISTA, J. (2023). "Artículo 654…", *cit.*, p. 1308.

57 Al respecto, *vid.* nota 34.

58 RODRÍGUEZ DE QUIÑONES Y DE TORRES, A. (2018). "Derecho concursal". *Lecciones de Derecho mercantil* (coord. G. Jiménez Sánchez, y A. Díaz Moreno). pp. 761-908. Tecnos, p. 791. *Vid.*, asimismo, PULGAR EZQUERRA, J. (2023). "Artículo 584…", *cit.*, p. 804. Por su parte, *vid.* SAP de Madrid, Sección 28.ª, res. núm. 621/2018, de 16 de noviembre de 2018; o res. núm. 125/2019, de 8 de marzo de 2019.

Asimismo, tampoco existe una concreción *ex lege* de qué entender por «regularidad» en el cumplimiento de obligaciones. De ahí que pueda interpretarse como[59]: (i) un requisito de puntualidad. Ejemplo de lo contrario sería, pues, un cumplimiento moroso o en modo distinto a lo pactado *ex* artículo 1157 CC —*a.e.* a través de una dación en pago—. (ii) Un cumplimiento con medios empleados en el ejercicio ordinario de la empresa. Ejemplo de lo contrario sería, entonces, su cumplimiento de manera irregular —*a.e.* con enajenaciones ruinosas o un recurso abusivo al crédito—. (iii) O la aplicación de esta última concepción del término, pero en conexión con el principio de paridad de trato. (iv) Salvo que optemos por unificar todos los parámetros antedichos, para así delimitar su alcance.

Por último, en cuanto al carácter «generalizado» de tal incumplimiento, es algo que se delimita de manera expresa a través de lo establecido en el artículo 2.4. 3.º, 4.º y 5.º TRLC. En él, se recogen hechos externos que reflejan ese estado jurídico de insolvencia actual: «[...] 3.º La existencia de embargos por ejecuciones en curso que afecten de una manera general al patrimonio del deudor. 4.º El sobreseimiento generalizado en el pago corriente de las obligaciones del deudor. 5.º El sobreseimiento generalizado en el pago de las obligaciones tributarias exigibles durante los tres meses anteriores a la solicitud de concurso; el de las cuotas de la seguridad social y demás conceptos de recaudación conjunta durante el mismo período, o el de los salarios e indemnizaciones a los trabajadores y demás retribuciones derivadas de las relaciones de trabajo correspondientes a las tres últimas mensualidades [...]».

Al margen de todo ello, además, el legislador concursal nos dice que han de ser obligaciones ya «exigibles», lo que supone su posible reclamación por vía judicial, debiéndose además atender a lo establecido en los artículos 1100, 1113 y 1125 CC, o a lo previsto en los

---

59 Interpretaciones doctrinales diversas, enumeradas por PULGAR EZQUERRA, J. (2023). "Artículo 2...", *cit.*, pp. 187-189; *ibidem.* (2023). "Artículo 584...", *cit.*, pp. 808-809; de entre las cuales, RODRÍGUEZ DE QUIÑONES Y DE TORRES, A. (2018). "Derecho...", *cit.*, p. 791, parece decantarse por la segunda, al decirnos que «regularidad» significa actuar «de modo normal y ordinario, conforme a regla y utilizando medios solutorios comunes». Asimismo, *vid.* SAP de Madrid, secc. 28.ª, 279/2008, de 18 de noviembre (*Tol 7077458*).

artículos 62 y 63 Ccom, según sea la naturaleza civil o mercantil de la obligación incumplida[60].

[60] PULGAR EZQUERRA, J. (2023). "Artículo 2…", *cit.*, p. 190.

III. PANORAMA LEGISLATIVO: CUESTIONES DE POLÍTICA JURÍDICA

1. INTRODUCCIÓN

El texto refundido de Ley Concursal actualmente vigente distingue entre tipos de empresa, según sus dimensiones. Hasta tal punto que viene a establecer una serie de reglas especiales para empresas de medianas o pequeñas dimensiones —PYMES—, dentro del plan de reestructuración *ex* artículos 682 y ss. TRLC; o más destacable aún, al establecer para la microempresa una específica tramitación —además de exclusiva, excluyente, simplificada y digitalizada— de los conflictos financieros y/o económicos en los que aquella pueda incurrir, que ha venido a denominarse *procedimiento especial para microempresas*[61]. Un procedimiento especial que ofrece soluciones conservativas o liquidativas a un empresario, en respuesta a estados de probabilidad de insolvencia, insolvencia inminente o actual.

Asumida esta diversidad de institutos jurídicos y regulación jurídica, lo cierto es que la primera cuestión que ello plantea es si, a la hora de tener que responder a cuestiones generales —pero también esenciales— como cuál es el objetivo o finalidad última que se pretende alcanzar con cada uno de aquellos institutos jurídicos, podemos hacerlo de la misma manera, esto es, considerando que el texto legal unifica criterios en cuanto a política jurídica se refiere. Porque no podemos olvidar que los preceptos que conforman cualquier norma concursal siempre giran en torno a un único fin o a una diversidad de fines preestablecido/s, si no de manera expresa —como ya hiciera el legislador concursal alemán de la *InsolvenzOrdnung*[62]—, al menos, infiriéndose de su articulado —como ha sido siempre nuestro caso—.

---

[61] Una concreción de qué entender por PYME o microempresa, recogida en la norma concursal, se encuentra en apartado II. 1. Presupuesto subjetivo.

[62] La ley concursal alemana —o *InsolvenzOrdnung*, de 5 de octubre de 1994, https://www.gesetze-im-internet.de/inso/BJNR286600994.html— ya establecía de manera expresa en su §1, sobre objetivos del procedimiento de insolvencia, que «[e]l objetivo del procedimiento de insolvencia es satisfacer conjuntamente a los acreedores del deudor mediante la realización de los activos del deudor

La respuesta a ello, entendemos, habría de ser que el mantenimiento de la empresa en activo se ha convertido hoy en un objetivo prevalente que mueve al legislador de la reforma al regular el derecho concursal, más allá de la finalidad solutoria que, lógicamente, también ha de caracterizar a este tipo de institutos jurídicos. Un fin esencialmente conservativo aquel que, por lo demás, habría de buscarse:

(i) De manera directa, a través de planes de reestructuración y continuación, así como del convenio concursal. Pues no será posible contar con ninguno de ellos sin cumplir antes la exigencia de una presunta viabilidad a corto y medio plazo de la empresa en estado de insolvencia probable o efectiva; siendo objetivo prioritario de todos ellos, pues, la conservación de empresas en el tráfico. Aunque ello no significa que este fin último no comparta escenario con una adecuada satisfacción de los intereses de los acreedores, como así ocurre; si bien, en algunos casos esta finalidad solutoria —podríamos decir— se ha visto hasta cierto punto «desdibujada» con la aplicación de este tipo de institutos jurídicos concursales.

(ii) Pero incluso de manera indirecta. Porque hay institutos jurídicos que no pueden dejar de ser esencialmente solutorios, esto es, centrados en la mejor satisfacción de los intereses de los acreedores; estamos hablando de mecanismos necesariamente liquidativos de empresas insolventes. Pero eso tampoco impide —a veces, incluso de manera necesaria— la consecución de enajenaciones patrimoniales que permitan una continuidad empresarial de su/s unidad/es productiva/s transmitidas.

Veamos con más detenimiento, pues, lo que entendemos es la línea seguida por el legislador concursal de la reforma a este respecto.

y la distribución del producto o mediante un acuerdo diferente en un plan de insolvencia, en particular para preservar la empresa. El deudor honesto tiene la oportunidad de liberarse de sus obligaciones restantes».

2. CONCURSO DE ACREEDORES

Empezando por el estudio del ya tradicional concurso de acreedores, habría que destacar una falta de unanimidad doctrinal en la concreción de cuál fue su fin último, tras la promulgación de la Ley 22/2003, de 9 de julio, Concursal (*Tol 275060*)[63]. Esto se debió al hecho de que el concurso de acreedores no dejaba de ser el sucesor de un régimen jurídico —de quiebra— desde antaño enraizado en la idea de proteger los intereses de los acreedores como única finalidad del concurso, a pesar de que ya se vislumbrara la necesidad, en esta Ley concursal, de proteger otros intereses distintos como pudiera ser la conservación de puestos de trabajo[64]. Resultado de ello fue una proliferación de opiniones doctrinales al respecto y la —tan necesaria (por nosotros también propugnada)— propuesta de *lege ferenda* de modificación de la norma concursal que viniera a reflejar un cambio de política jurídica, inicialmente no recogido de manera suficiente en el texto normativo[65].

---

63 *Vid. Ley 22/2003, de 9 de julio, Concursal* (*Tol 275060*), https://www.boe.es/buscar/act.php?id=BOE-A-2003-13813.

64 Defendían, originariamente, la existencia de una única finalidad solutoria para el concurso de acreedores, regulado en la Ley 22/2003, de 9 de julio, Concursal, GARCÍA-CRUCES, J. A. (2011). "Las operaciones de liquidación (III): la enajenación global de la empresa". *La liquidación concursal.* Civitas, pp. 248, 251 y 259; GARCÍA VICENTE, J. R. (2011). "Pago de los créditos con privilegio, especial y general". *La liquidación concursal.* Civitas, pp. 333, 336 y 352; o SIERRA NOGUERO, E. (2011). "La liquidación (unitaria o fragmentaria) de la empresa en concurso". *Anuario de Derecho Concursal,* (24/2011-3), 49-96, p. 53. Si bien, había ya quienes propugnaban para el concurso de entonces una doble finalidad conservativo-solutoria, entre ellos, RUBIO VICENTE, P. J. (2011). "Luces y sombras de la fase de liquidación en el Proyecto de Ley de Reforma de 2011". *Revista de Derecho Concursal y Paraconcursal,* (15), 113-132, p. 124; o *ibídem.* (2014). "La problemática de la enajenación de la empresa en la fase de liquidación concursal". *Revista de Derecho Mercantil,* (292), 177-250, pp. 178, 185-6 y 191.

65 En su momento, ya hicimos hincapié en el hecho de que la efectiva incorporación, a la Ley concursal, de una serie de medidas tendentes a la configuración de un fin conservativo para la empresa en concurso no resultaba suficiente —o lo suficientemente preciso—. De ahí que propugnásemos, de *lege ferenda,* ya no solo una más precisa regulación sustantiva al respecto, sino un cambio de mentalidad por parte de los distintos operadores del tráfico. A este respecto, *vid.* GARNACHO CABANILLAS, L. (2014). *El convenio de asunción.* Aranzadi/Civitas - Thomson Reuters, pp. 37 y ss. —en especial, pp. 90 y 92—.

Con posterioridad, a través de reformas parciales varias acaecidas en la norma, se fueron introduciendo nuevas medidas potenciadoras de esa conservación empresarial, por ejemplo: a través de la flexibilización del contenido de una propuesta de convenio concursal *ex* artículo 100 LC, en especial, con respecto al denominado *convenio de asunción* regulado en el artículo 100.2 III y IV LC —originariamente, en el art. 100.3 LC—; con la incorporación del novedoso artículo 146 *bis* al texto legal sobre enajenación unitaria de unidades productivas durante las distintas fases del concurso; o, ya en fase de liquidación judicial, con las especialidades previstas en la regla tercera del artículo 149 LC[66].

Finalmente, el transcurso del tiempo y esa necesidad innegable de tener que adaptar la normativa concursal a la realidad económica en momentos de dificultad tras varias crisis financieras, provocaron la promulgación de un texto refundido de Ley concursal que, en su versión definitiva, ya sí deja clara la existencia de una visión plural, privada y pública, del fin último a alcanzarse con el concurso de acreedores[67]. Esto es, unos fines, tanto solutorio como conservativo de empresas presuntamente viables, colocados a la par en el que sería un *ranking* de intereses a considerar; siendo una referencia clara a esa ampliación de miras, en cuanto a la finalidad última del concurso se refiere, la recogida en el artículo 224 *bis*.6 TRLC. Pues en él se identifica, ya de manera expresa, el «interés del concurso» con criterios tales como «la continuidad de la empresa, la unidad produc-

---

66 *Vid.* un análisis detallado de la cuestión en GARNACHO CABANILLAS, L. (2016). "La reforma concursal: ¿un cambio de política jurídica efectivo o sólo pretendido?". *Revista de Derecho concursal y paraconcursal*, (24), 321-332.

67 Por su parte, ARIAS VARONA, F. J. (2018). "Venta de unidades productivas en acuerdos de refinanciación e intervención de socios". *Derecho preconcursal y concursal de sociedades mercantiles de capital* (dir. A. Gutiérrez), 179-221. Wolters Kluwer, pp. 184 y ss., hace hincapié en el cambio legislativo que se ha venido produciendo de manera gradual en nuestro derecho: en una primera fase, de tránsito desde un clásico derecho concursal a un derecho preconcursal, en la que se venía a identificar el derecho concursal con el derecho de las crisis económicas. Y en una segunda fase, de tránsito desde una «reorganización» de empresas en dificultades operativas —que afectan inevitablemente a su estructura empresarial— a una «reestructuración» o resolución de problemas de índole financiero.

tiva y los puestos de trabajo», más allá de tener que atenderse a una adecuada satisfacción de los acreedores.

En definitiva, la preferencia de una continuidad empresarial, de una u otra manera, se ha introducido en todas y cada una de las fases del procedimiento concursal: de manera directa, en fase común o de convenio; y, de manera indirecta, en fase de liquidación judicial.

2.1. Fase de convenio

Así ocurre con el convenio concursal, ahora, indudablemente conservativo de empresas y para el que la viabilidad resulta ser un presupuesto objetivo necesario.

De hecho, ya se nos está adelantando en el propio preámbulo de la Ley 16/2022, apartado I (*Tol 9180212*), que se «reforma el procedimiento concursal para incrementar su eficiencia, introduciendo múltiples modificaciones procedimentales dirigidas a agilizar el procedimiento, facilitar la aprobación de un convenio cuando la empresa sea viable y una liquidación rápida cuando no lo sea»[68]. Siendo, además, un reflejo de ello el que, de manera subsiguiente, el texto legislativo prohíba cualquier propuesta de convenio concursal que suponga una «liquidación de la masa activa para la satisfacción de los créditos», en su artículo 318.1.3.º.

No obstante, esto tampoco impide la posible consecución de algún supuesto concreto de convenio liquidativo, siempre que suponga al mismo tiempo el mantenimiento en el tráfico de la empresa —o unidad productiva— transmitida. Algo ya previsto: de manera expresa por el legislador concursal, en concreto, para el denominado *convenio con asunción* —art. 324 TRLC—; o, simplemente, al presuponerse esa continuidad, como ocurre con el *convenio con modificación estructural* —art. 317 *bis* TRLC—.

---

[68] El convenio concursal se consideró por el legislador concursal como la vía «normal» de actuación en una situación de crisis —al menos, así lo reconocía el texto normativo de 2003 en su exposición de motivos VI—, buscándose a través suyo un acuerdo entre las partes. Sin embargo, en ningún caso llegó a cumplir ese objetivo, si atendemos a la práctica habitual de nuestros tribunales, pasando a ocupar un segundo plano frente a concursos esencialmente liquidatorios de empresas.

Porque un convenio con asunción supone la transmisión de la empresa del concursado —o de sus unidades productivas— a un tercero. De ahí, su naturaleza liquidatoria. Ahora bien, esa transmisión solo será posible si el tercer adquirente, además de hacerse cargo del pasivo —total o parcial— del deudor insolvente, asume *ex lege* el «compromiso» de continuar con la actividad empresarial o profesional que hubiera venido ejercitando el concursado, al menos, «durante el tiempo mínimo que se establezca en la propuesta». O, lo que es lo mismo, se pretende una continuidad en el tiempo de la empresa insolvente inserta en un procedimiento concursal, transmitida a un tercero, quien, dentro de los límites especificados en dicho convenio de asunción, vendrá a asumir su pasivo —total o parcialmente—, así como su mantenimiento en el tráfico de manera temporal. Otra cuestión es que esta preceptiva continuidad, aunque en los términos pactados por las partes, sea después suficiente —o no— para el efectivo mantenimiento de una empresa en el tráfico. Porque llamativo es que su falta de concreción mínima *ex lege*, en cuanto a durabilidad se refiere, difiere de lo establecido para otro mecanismo igualmente liquidativo como es el *pre-pack* en el artículo 224 *septies*.2 TRLC —o, incluso, la solicitud de concurso con presentación de una *oferta de adquisición de una o varias unidades productivas*, en su art. 224 *bis*—. En cualquier caso, no debemos olvidar que un incumplimiento de este compromiso de continuidad, por parte del tercer adquirente, en ningún caso supondrá el incumplimiento del convenio por el deudor concursado.

Por su parte, un convenio sujeto a una modificación estructural de fusión, escisión o cesión global de activo y pasivo de la persona jurídica concursada no tiene por qué suponer la necesaria continuidad de su actividad empresarial o profesional en el tiempo, pues no es algo que precise el legislador mercantil. Ahora bien, dicha modificación estructural sí se ve sometida a una condición lógica que favorece esa continuidad, ya que «[e]n ningún caso la sociedad absorbente, la nueva sociedad, las sociedades beneficiarias de la escisión o la sociedad cesionaria pueden llegar a tener un patrimonio neto negativo como consecuencia de la modificación estructural».

2.2. *Fase común y fase de liquidación*

Pero también se propugna una continuidad empresarial con respecto a cualquier otra salida intrínsecamente liquidatoria que pueda ofrecerse a través del concurso. Y esto resulta aún más relevante.

Para empezar, la ley contempla una necesidad *ex lege* de continuar con la actividad empresarial o profesional del empresario insolvente que un tercero adquiera a través de la enajenación de unidad/es productiva/s en el momento de iniciarse el procedimiento de concurso. En concreto, a través de: (i) una *oferta de adquisición de una o varias unidades productivas*[69] a un acreedor, tercero o, inclusive, a sus trabajadores. Esto es, una oferta vinculante de enajenación que un deudor insolvente decide incorporar a su solicitud de apertura de concurso voluntario *ex* artículo 224 *bis* TRLC. (ii) O el ya mencionado *pre-pack*. Una oferta presentada también al inicio del procedimiento concursal pero, esta vez, gracias al previo nombramiento de un experto —cuando aún no se ha procedido a su apertura— para que proceda a «recabar ofertas de adquisición» de una o varias unidades productivas y «con pago al contado» *ex* artículos 224 *ter* y ss. TRLC[70].

---

[69] En el art. 200 TRLC, se conceptúa la unidad productiva como el «conjunto de medios organizados para el ejercicio de una actividad económica esencial o accesoria».

[70] El legislador de la reforma ha admitido como posible, pues, algo previamente reconocido por nuestra doctrina jurisprudencial. Entre otros, *vid.* AJM núm. 7 de Barcelona, de 30 de octubre de 2020, objeto de comentario en GARNACHO CABANILLAS, L. (2021). "Enajenación de unidad productiva: el pre-pack concursal —comentario al AJM núm. 7 de Barcelona de 30 de octubre de 2020)". *Revista General de Insolvencias & Reestructuraciones (Journal of Insolvency & Restructuring)*, (1), 367-378. Igualmente, *vid.* ASENCIO PASCUAL, C. (2020). "Aspectos de contenido innovador de la venta de la unidad productiva a la luz del nuevo TRLC". *Diario La Ley*, (9660), 1-7; AZOFRA VEGAS, F. (2020). "Enajenación de unidades productivas". *Actualidad Jurídica Uría Menéndez*, (54), 39-66, https://www.uria.com/documentos/publicaciones/7202/documento/art01.pdf?id=12055. Recuperado el 2 de febrero de 2021; CONDE TEJÓN, A. (2014). "La transmisión de la empresa o de alguna de sus unidades económicas como prevención o solución a situaciones de crisis empresarial". *Revista de Derecho Mercantil*, (294), 215-290; ETXARANDIO, E. (2015). "La liquidación traslativa y la sucesión de empresa en el Real Decreto Ley 11/2014". *Anuario de Derecho Concursal*, (35), 193-224; o GARCÍA-CHAMÓN CERVERA, E. (2015). "Las especialidades de la transmisión de unidades productivas en la fase común o en la fase de liquidación". *Anuario de Derecho Concursal*, (34), 81- 89.

Y es que, en ambos casos, se prevé la eventual transmisión de una o varias unidades productivas del empresario insolvente a un tercero. Aunque, con ello, este tercer adquirente también está adquiriendo el compromiso de mantener en activo la unidad productiva adquirida, por un plazo mínimo de tiempo de tres y dos años, respectivamente; hasta tal punto que es incluso factible encontrarnos con una situación en la que ese tercero tenga que proceder a reactivar la actividad de la/s unidad/es productiva/s adquirida/s, previamente paralizada/s —arts. 224 *bis*.1 II y 224 *septies*.2 TRLC—. No olvidemos tampoco que será solo aquel adquirente el único responsable del incumplimiento de este «compromiso» de continuidad —que no, lógicamente, el empresario concursado—. O, yendo aún más lejos, que el legislador de la reforma incentiva esa continuidad empresarial a través de una «regla de preferencia» en favor de los trabajadores de la empresa, tal y como se establece en el artículo 224 *bis*.3 y 6 TRLC para la solicitud de oferta de adquisición vinculante. Pues una oferta proveniente de «personas trabajadoras interesadas en la sucesión de la empresa mediante la constitución de sociedad cooperativa, laboral o participada» tendrá prioridad frente a otras ofertas presentadas[71]. Si bien, se trata de una regla condicionada al hecho de tener que suponer dicha oferta el establecimiento de condiciones idénticas o mejores —nunca inferiores— a las condiciones recogidas en otras ofertas presentadas.

---

[71] En concreto, el artículo 224 *bis*.3 TRLC nos dice que: «[l]a propuesta escrita vinculante de adquisición podrá ser realizada por personas trabajadoras interesadas en la sucesión de la empresa mediante la constitución de sociedad cooperativa, laboral o participada». Y el apartado 6 del mismo precepto nos dice que: «[u]na vez emitidos el informe o informes por la administración concursal, el juez, si se hubieran presentado varias propuestas, concederá un plazo simultáneo de tres días a los oferentes para que, si lo desean, mejoren las que cada uno de ellos hubiera presentado. Dentro de los tres días siguientes al término de ese plazo, el juez procederá a la aprobación de la que resulte más ventajosa para el interés del concurso. En caso de que se hubiera presentado una propuesta en los términos del apartado 3 y la oferta sea igual o superior a la de las demás propuestas alternativas presentadas, el juez priorizará dicha propuesta siempre que ello atienda al interés del concurso, considerando en el mismo la continuidad de la empresa, la unidad productiva y los puestos de trabajo, entre otros criterios».

Por lo demás, en cualquier otro momento procesal del concurso de acreedores es igualmente posible proceder a la enajenación de bienes y derechos —o, incluso, de unidades productivas— atendiéndose con ello a esa primigenia finalidad solutoria del concurso, pero sin dejar de prestar especial atención a una eventual continuidad de la actividad empresarial o profesional del concursado, por parte de un tercero. Porque no olvidemos cómo facilita el legislador concursal de la reforma, dentro de la fase común —o incluso de convenio —hasta su aprobación judicial—, la consecución de actos de disposición «inherentes a la continuidad de la empresa» o «indispensables para garantizar la viabilidad de los establecimientos, explotaciones o cualesquiera otras unidades productivas de bienes o de servicios que formen parte de la masa activa», al no precisar, ninguno de esos casos, de una autorización judicial *ex* artículo 206.1 1.° y 3.° TRLC. Como también se incentiva, a lo largo de todo el procedimiento judicial, la consecución de enajenaciones de unidades productivas en favor de trabajadores o terceros acreedores que pretendan mantener la actividad de aquella derivada, *ex* artículo 219 TRLC, al establecerse una «regla de preferencia» aún más favorable que la prevista para las ofertas de adquisición vinculantes del artículo 224 *bis*.3 y 6 TRLC. Porque aquí se nos dice que el juez podrá admitir como posible la adjudicación, en subasta, de una unidad productiva a trabajadores de la empresa aun siendo su oferta hasta un quince por ciento inferior a la de otros oferentes. Y, para el caso de tratarse de un tercer acreedor distinto a aquel, esa oferta a la baja será igualmente posible en tanto en cuanto la adjudicación a su favor de la unidad productiva objeto de subasta «garantice», a ojos del juez competente, «en mayor medida la continuidad de la empresa en su conjunto o, en su caso, de la unidad productiva y de los puestos de trabajo, así como la mejor y más rápida satisfacción de los créditos de los acreedores» —art. 219.1 TRLC—. Sin olvidar tampoco que cualquier propuesta de enajenación de unidad/es productiva/s del deudor tiene que incluir, no solo la identificación del oferente, sino «información sobre su solvencia económica y sobre los medios humanos y técnicos a su disposición» —art. 218.1.° TRLC—, esto es, una manera de evidenciar —o valorar indirectamente— la capacidad económica del tercer adquirente que habría de hacer posible la continuidad de la actividad empresarial o profesional relativa a la/s unidad/es productiva/s transmitida/s. O que se puede producir una previsible sucesión de empresa a efectos laborales y de la seguridad social —art. 221 TRLC—, así como la subrogación del adquirente en contratos afectos a la continuidad de esa actividad profesional o empresarial, sin necesidad de consentimiento de la otra parte —art. 222 TRLC—.

En fin, ya en fase de liquidación judicial *stricto sensu*, la enajenación del activo del concursado tiene por objeto la debida satisfacción de los créditos insatisfechos atendiendo a un orden de prelación concursal —por rango crediticio—. Pero también aquí se establece una regla general *ex lege*, tomada de versiones anteriores de nuestra normativa concursal: la «regla de conjunto» —art. 422 TRLC—. Según esta, en tanto sea posible, siempre es preferible la enajenación de manera unitaria del patrimonio del deudor que una enajenación individualizada de cada uno de sus elementos patrimoniales.

En definitiva, se está facilitando una vez más, a través de la liquidación judicial, una eventual continuidad de la actividad empresarial o profesional del deudor por un tercero distinto a aquel.

3. NUEVOS INSTITUTOS JURÍDICOS CONSERVATIVOS Y/O LIQUIDATIVOS DE EMPRESA

Pero si el procedimiento concursal ha venido siendo siempre una figura clave en nuestro derecho concursal, hoy, por el contrario, parece haberse convertido en un procedimiento judicial universal relegado a un segundo plano en la regulación de situaciones de crisis económicas de empresarios insolventes, dentro de nuestro ordenamiento jurídico. Y ello, como decimos, por el especial interés mostrado por el legislador de la reforma en la consecución de planes, negociados entre las partes y conservativos de empresas viables en el tráfico: los planes de reestructuración y de continuación[72].

Estamos, pues, ante una previsible contractualización del derecho concursal, no sabemos hasta qué punto efectiva o adecuada. De ahí

---

[72] Aunque podríamos incluir, junto a aquellos, el plan de liquidación con transmisión de la empresa en funcionamiento. Al respecto, *vid.* apartado II.4.1. Probabilidad de insolvencia.

que debamos plantearnos cuál ha sido el fin o fines últimos elegidos por el legislador concursal a la hora de proceder a regular estos otros mecanismos jurídicos. O, dicho de otra manera, la pregunta que ahora se suscita es ¿cuál es el papel que se le ha dado aquí al principio conservativo de empresas?: un papel meramente secundario con respecto a un fin solutorio —este último, preponderante ya antes de la reforma en el ámbito del concurso de acreedores—; colocado a un mismo nivel junto al deber de satisfacer los intereses de los acreedores del empresario deudor —tal y como se propugna del concurso de acreedores actual—; o, por el contrario, un fin incluso preferente al solutorio.

La respuesta a esta cuestión ya la adelantamos en su momento[73]. Y es que, en principio, la conservación de empresas en el tráfico podría estar ocupando ya un primer lugar —ni siquiera, pues, a la par que un fin solutorio— en la lista de intereses que proteger con este tipo de institutos jurídicos. Prueba de ello es que, con el reforzamiento de los instrumentos conservativos, el legislador de la reforma ha incorporado distintos mecanismos jurídicos para favorecer su consecución. Así, no solo un «arrastre horizontal» de créditos disidentes y/o no aceptantes, dentro de una misma clase y con respecto al que sea el contenido de un plan —de reestructuración o de continuación— y algo que podríamos calificar como una vinculación forzosa intraclase; sino incluso un «arrastre vertical», esto es, una vinculación forzosa de clases de créditos disidentes. Eso sí, como contrapartida a su sometimiento involuntario al contenido de un plan, se ofrecen *ex lege* una serie de medidas de tutela, en protección de los intereses de esos acreedores disidentes y/o no participantes en el plan —o clases de ellos—.

3.1. Institutos conservativos de empresa

En efecto, el fin último que se busca con la consecución de un plan de reestructuración o de continuación es el mantenimiento de empresas presuntamente viables en el tráfico. Y ello, por requerirle

---

[73] Al respecto, *vid.* apartado III.1. Introducción.

al empresario deudor que garantice la viabilidad de su empresa en el mercado a corto y medio plazo.

La propia Directiva (UE) 2019/1023 (*Tol 7307647*) ya reconocía en su considerando (2), de manera expresa y como fin último de cualquier marco de reestructuración preventiva, que, con este tipo de planes se permitía alcanzar una reestructuración efectiva de la empresa del deudor «en un momento temprano y evitar la insolvencia, limitando así la liquidación innecesaria de empresas viables»; una opción de política jurídica que después recogía, también de manera expresa, en su artículo 1 a), al decirnos que un deudor en dificultades financieras podía acceder a un plan de reestructuración preventiva «cuando hay una probabilidad de insolvencia, con el fin de prevenir la insolvencia y garantizar la viabilidad del deudor»[74]. Porque, como seguía diciendo aquel considerando (2) de la Directiva, tales marcos de reestructuración preventiva debían ayudar «a evitar la pérdida de puestos de trabajo y de conocimientos y competencias y maximizar el valor total para los acreedores —en comparación con lo que habrían recibido en caso de liquidación de los activos de la empresa o en caso de aplicarse la mejor solución alternativa en ausencia de un plan de reestructuración—, así como para los propietarios y para la economía en su conjunto». O porque, si atendemos a lo dicho en su considerando (3), esos marcos de reestructuración debían proteger «los derechos de todos los implicados, incluidos los trabajadores, de manera equilibrada». Como vemos, es tal la amplitud de miras con la que el legislador europeo configuró los marcos de reestructuración

---

[74] Adviértase de la diferencia de redacción entre la versión inglesa y española del precepto en la Directiva europea, puesto que esa *likelihood of insolvency* a la que hacía referencia el texto inglés de la norma comunitaria se identificó, directamente en la traducción española de la Directiva, con el único estadio —diverso al de insolvencia actual— en el que nuestra normativa concursal se movía por entonces: la insolvencia inminente. De ahí que hubiera quien —entendemos, erróneamente— asimilará esa condición de mera probabilidad a una situación de insolvencia inminente. Así, THERY MARTÍ, A. (2017). "Los marcos... (I)", *cit.*, p. 522, nos decía que el concepto de «riesgo de insolvencia» recogido en el artículo 1.1 a) de la Directiva «se asemeja bastante al de "insolvencia inminente" que existe ya en los ordenamientos alemán o español»; aunque asimilación por nosotros entonces rebatida, en GARNACHO CABANILLAS, L., "Reestructuración...", *cit.*, pp. 10 y ss.

preventiva que son diversos los intereses, privados y públicos, a tener en consideración.

De ahí que se empiece recalcando, en el apartado I del preámbulo de la Ley 16/2022, la necesidad de una viabilidad de empresas en crisis, concretamente, para con los planes de reestructuración y de continuación, en tanto aplicables a «empresas viables» y buscando «favorecer» este tipo de mecanismos —por no hablar de la referencia hecha con respecto al convenio concursal sobre que ha de suponer la consecución de un acuerdo con los acreedores «cuando el deudor es viable»—. Para, después, pasar a recoger esa pretendida finalidad conservativa de empresas viables en el propio articulado de la Ley e inferirse de la propia denominación asignada al susodicho plan de «continuación», inserto en un procedimiento especial para microempresas —art. 690 y otros TRLC—. Es más, se establece como requisito legal indispensable de un plan de reestructuración o de continuación —sujeto a control judicial— el mencionado «test de viabilidad». Un *feasibility test* que requiere del empresario deudor, con respecto a los planes de reestructuración y de continuación que puedan presentarse, el tener que ofrecer una «perspectiva razonable» de evitar el concurso —refiriéndose al primero de aquellos—, así como de garantizar la viabilidad de la empresa en el «corto y medio plazo» —arts. 638.1.° y 698 *bis*.6 1.° TRLC—. Aunque, adviértase, una perspectiva razonable no es una garantía absoluta —ni tampoco una mera posibilidad— de que será probable esta continuidad de la empresa a corto y medio plazo[75]. De ahí que haya quien interprete esa previsible razonabilidad de evitar el concurso y asegurar la viabilidad de la empresa en el corto y medio plazo como que cualquier duda a este respecto deberá resolverse en favor de la viabilidad de la empresa[76]; o quien, incluso, entienda que el plan de reestructuración solo tiene que procurar la eliminación de una situación de insolvencia inminente o actual, que no necesariamente garantizar la «capacidad de atender la totalidad de la deuda refinanciada a su vencimiento asegurando su pago a través de los flujos de caja», no

---

75 A este respecto, *vid.* AJM núm. 2 de Sevilla, de 25 de septiembre de 2017.

76 Así, YÁNEZ EVANGELISTA, J. (2023). "Artículo 654…", *cit.*, p. 1312.

exigiéndose «un detallado y minucioso análisis econométrico de las diferentes variables o hipótesis que puedan acaecer»[77].

Pero esto no quita para que consideremos igualmente adecuado poner en conexión con aquellos dos planes esencialmente conservativos de empresa —de reestructuración y de continuación— un tercer instituto jurídico que, aunque liquidativo, presupone también la conservación de la empresa afectada en el tráfico. Nos referimos al plan de liquidación con transmisión de la empresa en funcionamiento, regulado para la microempresa dentro del procedimiento especial. Y ello, porque es un plan que atiende a una finalidad solutoria o satisfactoria de los intereses de los acreedores.

Así lo reconoce de manera expresa el legislador cuando nos habla de solicitar la modificación de un plan de liquidación ya aprobado, al incidir en que será para la «mayor y más rápida satisfacción de los acreedores» —art. 707 *bis* TRLC—; sin decir nada sobre la necesaria aplicación de un test de viabilidad, a diferencia de lo que ocurre con los anteriores institutos jurídicos citados. Pero es algo que no impide el reconocimiento legal de que esa específica liquidación deba traer consigo, también, la continuación de la empresa afectada, en manos de un tercero. Pues, ya de por sí, la norma jurídica admite como posible, de manera expresa, un plan de liquidación —por lógica, con transmisión de empresas en funcionamiento— que incluye tanto una oferta de adquisición vinculante, como un *pre-pack* de unidades productivas, *ex* artículos 224 *bis* y ss. TRLC —por remisión del art. 710.2 TRLC—[78]; sin olvidar que es mucho el paralelismo que se precisa del régimen de un plan de liquidación con transmisión de la empresa en funcionamiento con respecto al plan de continuación.

---

[77] *Vid.* Fundamento Jurídico séptimo, p. 38, de la sentencia del Juzgado de lo Mercantil —en adelante, SJM— núm. 2, de Barcelona, 26/2023, de 4 de septiembre (*Tol 9696169*), conocida como «caso Celsa». Una interpretación, no obstante, cuestionada por GONZÁLEZ VÁZQUEZ, J. C. (2023). "CASO CELSA (V): La insolvencia del grupo CELSA y la garantía de su viabilidad por el PDR". *Linkedin.* https://es.linkedin.com/pulse/caso-celsa-v-la-insolvencia-del-grupo-y-garantía-de-gonzález-vázquez. Recuperado el 15 de enero de 2024.

[78] Un supuesto concreto de solicitud de apertura de un procedimiento especial para microempresas, acompañada de una oferta vinculante de compra de unidad productiva lo encontramos en el AJM, núm. 7 de Madrid, de 5 de mayo de 2023.

Un tratamiento paralelo que tiene su reflejo, por ejemplo, cuando se analizan los efectos derivados de la apertura de un procedimiento especial *ex* artículos 694 *bis* y 694 *ter* TRLC —lo que supone, además, el mantenimiento de contratos pendientes de ejecución (entendemos, en previsión de esa continuidad empresarial)—, así como al aplicársele las normas protectoras sobre comunicación de negociaciones del artículo 690 TRLC. De ahí, su debida consideración a efectos de política jurídica.

Dicho esto, son muy diversas las maneras de las que se sirve el legislador concursal para incentivar al máximo la conservación de empresas o de unidades productivas en el tráfico, en cualquiera de los institutos jurídicos mencionados e introducidos por el legislador de la reforma en 2022.

Para empezar, a través de un *principio de intervención judicial mínima*, reconocido de manera expresa en los apartados III y V del preámbulo de la Ley de reforma de 2022, en evitación de unos costes de procedimiento[79]: para el plan de reestructuración, cuando nos dice que la actuación del juez competente habrá de atender a «criterios de necesidad y proporcionalidad»; o para el procedimiento especial para microempresas, cuando prevé que «[l]a intervención del juez solo se producirá para adoptar las decisiones más relevantes del procedimiento o cuando exista una cuestión litigiosa que las partes eleven al juzgado». Dicho de otra manera, entendemos que el plan de reestructuración y el de continuación son institutos jurídicos esencialmente negociales, además de conservativos de empresa, aun cuando sujetos a una intervención judicial mínima. Algo que, además, podría incluso intuirse del plan de liquidación inserto en un procedimiento especial para microempresas si atendemos a lo dicho en el texto legal, al menos, en aquellos casos en los que el deudor asume la condición de liquidador. Pues este podrá atender a posibles observaciones —o propuestas de modificación— hechas por los acreedores y representantes de trabajadores —o incluso por el propio deudor, si es el administrador concursal quien presentó el plan—; pero, de no ser impugnadas por aquellos, tampoco podrán ser rebatidas por el juez del concurso, sino aprobadas judicialmen-

[79] GARCIMARTÍN ALFÉREZ, F. (2022). "Las reglas..." *cit.*, pp. 265-288, p. 266.

te de forma automática y ejecutables de manera inmediata[80]. Y es que, como bien dice el legislador de la reforma en el apartado V del preámbulo de la Ley de reforma concursal, uno de los elementos en los que se basa el procedimiento especial para microempresas es «la negociación». Resultado de ello ha sido, asimismo, una aplicación de la norma propia del plan de reestructuración en el primer año de vigencia del texto refundido, tras la transposición de la Directiva comunitaria, con cierta «permisividad» en su control judicial que no sabemos si se mantendrá o precisará de mayor rigor en un futuro, en especial, con respecto a la solicitud, redacción y documentación del plan de reestructuración[81].

Aunque también a través de su adecuada *anticipación en el tiempo*, esto es, abriéndose la posibilidad de acceso a un plan de reestructuración, de continuación o de liquidación con transmisión de la empresa en funcionamiento, a momentos en los que la empresa no tiene aún un comportamiento anormal en el mercado, pero sí existe una probabilidad de insolvencia, por resultar objetivamente previsible que, en un par de años vista, la empresa pueda dejar de cumplir sus obligaciones exigibles con regularidad y de manera generalizada. Recuérdese que nuestra normativa jurídica preconcursal, inicialmente, solo admitía como posible acudir a un acuerdo de refinanciación o extrajudicial de pagos cuando la empresa se encontraba ya en una situación de insolvencia, inminente o actual —arts. 2, 5 *bis* y 231 LC (o arts. 597, 604, 605 y 631 TRLC, en su versión inicial)—.

O incluso, con el establecimiento de un *principio de decisión mayoritaria* de los acreedores para los planes de reestructuración y de continuación que permitirá reducir los denominados «riesgos de extorsión» de los acreedores disidentes o, incluso de los propios socios[82]. Pues esto puede suponer, como decíamos, un arrastre de efectos, pero no solo con respecto a créditos de una misma clase, sino afec-

---

80 En caso contrario, no obstante, el juez sí tendrá que pronunciarse al respecto, sin posibilidad de recurso alguno —art. 707 TRLC—.

81 En este sentido, NIETO DELGADO, C. (2024). "Homologación de planes de reestructuración y control judicial". *Revista General de Insolvencias y Reestructuraciones (Journal of Insolvency & Restructuring)*, (12), 2024, 141-168.

82 GARCIMARTÍN ALFÉREZ, F. (2022). "Las reglas…", *cit.*, p. 266. Asimismo, *vid.* apartado III del preámbulo del texto legislativo de reforma concursal.

tando a clases de créditos disidentes. Estaríamos hablando, entonces, de la imposición del contenido de un plan de reestructuración o de continuación a acreedores afectados no aceptantes o, incluso, a clases de ellos disidentes en aras a la conservación de empresas viables en el tráfico, regulada en los artículos 698.10, 638 y 639 TRLC —en conexión con los arts. 10 y 11 de la Directiva—. Por no hablar de la posible homologación judicial de un plan de reestructuración aún sin alcanzarse el consentimiento mayoritario de la junta de socios del empresario societario deudor, en tanto en cuanto la empresa se encuentre en un estado de insolvencia inminente o actual y se trate de una sociedad que no cuente con socios legalmente responsables de las deudas sociales —art. 640.2 *in fine* TRLC—[83]. Pues se está evitando, con ello, una situación de bloqueo orgánico por parte de los socios que antes se trataba de eludir a través de la exigencia de una responsabilidad concursal a los socios que se negaran a aceptar un acuerdo societario al respecto de manera injustificada, en pro de una refinanciación empresarial —arts. 172.2 1.° y 172 *bis* de la derogada LC—.

3.2. Institutos liquidativos de empresa

El novedoso procedimiento especial previsto para las microempresas en el libro tercero del TRLC establece como alternativas a un plan de continuación, específicamente conservativo de empresas presuntamente viables en el tráfico, la consecución de un plan de liquidación: *con o sin transmisión de la empresa en funcionamiento.*

Ya se ha analizado el fin solutorio, pero también conservativo de empresas, del plan de liquidación con transmisión de la empresa en funcionamiento[84]. Por lo que, poco más podríamos añadir en este

---

[83] Según el art. 640.2 *in fine* TRLC: «[s]i el deudor fuera una persona jurídica, la homologación del plan de reestructuración requerirá que haya sido aprobado por los socios legalmente responsables de las deudas sociales. En caso de que estos socios no existieran, y el plan contuviera medidas que requieran acuerdo de la junta de socios, el plan de reestructuración se podrá homologar aunque no haya sido aprobado por los socios si la sociedad se encuentra en situación de insolvencia actual o inminente».

[84] Al respecto, *vid.* apartado III.3.1. Institutos conservativos de empresa.

momento, salvo la que habría de ser una inexcusable referencia al plan de liquidación sin transmisión de la empresa en funcionamiento.

A este respecto, pues, habría que destacar que estamos ante una figura jurídica que se asemeja a lo dicho ya para la liquidación concursal. Y es que, se confirma una finalidad solutoria para esta nueva figura jurídica, pero con tintes eventualmente conservativos, al establecerse para el mismo el cumplimiento de un par de reglas que facilitan indirectamente la conservación de unidades productivas por terceros adquirentes, como ocurre con la liquidación judicial: una, la «regla de conjunto», ya mencionada para la propia liquidación concursal y aquí recogida en el artículo 707.3 TRLC, pues «[s]iempre que sea posible, deberá preverse la enajenación unitaria del establecimiento o del conjunto de unidades productivas de la masa activa». Y otra, la «regla de preferencia» prevista en el artículo 710 TRLC, según la cual «[c]uando se reciba más de una oferta cuyos contenidos difieran, objetivamente, en el modo en que se garantiza la continuidad de la empresa o del establecimiento mercantil, el mantenimiento de los puestos de trabajo o la satisfacción de los créditos, el deudor o la administración concursal, oídos los representantes de los trabajadores, presentarán un informe al juez, con propuesta de resolución, para que este resuelva de acuerdo con el artículo que regula la regla de la preferencia establecida en el libro primero». Con ello, se está haciendo referencia a lo establecido en el ya mencionado artículo 219 TRLC, que viene a establecer que, «[e]n caso de subasta, el juez, mediante auto, podrá acordar la adjudicación al oferente cuya oferta no difiera en más del quince por ciento de la oferta superior cuando considere que garantiza en mayor medida la continuidad de la empresa en su conjunto o, en su caso, de la unidad productiva y de los puestos de trabajo, así como la mejor y más rápida satisfacción de los créditos de los acreedores»; pudiéndose aplicar también esta regla «a las ofertas de personas trabajadoras interesadas en la sucesión de la empresa mediante la constitución de sociedad cooperativa o laboral».

IV. MECANISMOS DE REESTRUCTURACIÓN EMPRESARIAL Y EFICACIA EXTENSIVA

1. INTRODUCCIÓN

Si atendemos a lo dicho por el legislador comunitario, la mejor opción que tiene el titular de una empresa en situación de inviabilidad económica no reversible es la de proceder a una ordenada liquidación de su patrimonio empresarial y subsiguiente extinción —*ex* considerando 3, Directiva (UE) 2019/1023 (*Tol 7307647*)—, para así satisfacer de la mejor manera posible los créditos existentes contra él[85]. En consonancia con ello, pues, nuestro ordenamiento jurídico ofrece también la posibilidad de una liquidación judicial —dentro del concurso de acreedores— o de un plan de liquidación sin transmisión de una empresa en funcionamiento. Y lo hace, ya no solo para atender casos de insolvencia efectiva o actual, sino también inminente —*ex* arts. 2 y 686.3 del TRLC—. Es más, la norma jurídico-concursal no solo no impide una liquidación patrimonial sino, todo lo contrario, incentiva la consecución de eventuales enajenaciones «en conjunto» de unidades patrimoniales, *ex* artículos 422 y 707.3 TRLC, transmitidas a terceros adquirentes —que serán los que decidan si mantenerlas (o no) en activo—.

Por el contrario, el legislador comunitario de 2019 entiende que un estado de *likelihood of insolvency* —o mera probabilidad de insolvencia— debe resolverse acudiendo a otros mecanismos jurídicos, específicamente conservativos de empresa, en tanto sea previsible su viabilidad económica en el mercado; entendiéndose por *likelihood* una situación de inviabilidad financiera en la que puede encontrarse

---

85 En palabras de THERY MARTÍ, A. (2018). "Los marcos de reestructuración en la propuesta de Directiva de la Comisión europea de 22 de noviembre de 2016» (II). *Revista de Derecho Concursal y Paraconcursal*, (28), 345-372, p. 371, «lo relevante es salvar empresas y no sociedades»; de ahí que no siempre sea oportuno una reestructuración, sino una liquidación más ventajosa.

un empresario[86]. Ahora bien, es en esta cuestión en la que nuestro legislador concursal va aún más allá incluso, al considerar pertinente la aplicación de institutos jurídicos, directa o indirectamente conservativos de empresa, tanto para momentos de probabilidad de insolvencia —que nuestro legislador mide en un periodo temporal de dos años—, como para estados de insolvencia inminente o actual —para cuando la inviabilidad económica de la empresa no es solo una realidad transitoria—; muy probablemente, por el afán conservativo de empresas en el tráfico, quizás, llevado al límite por el legislador con la reforma del TRLC. En concreto, estaríamos hablando de cualquiera de los institutos jurídicos específicamente conservativos —los ya citados planes de reestructuración y de continuación (configurados en la norma concursal por el legislador con un alcance más o menos amplio)—[87]; así como de alguna solución específicamente liquidatoria que, no obstante, ofrece una salida conservativa *ex lege* al conflicto —el también mencionado plan de liquidación con transmisión de la empresa en funcionamiento—[88].

Discutible o no esta opción de política jurídica, lo cierto es que es muy diversa la temática y cuestiones que ofrecen cualquiera de los institutos jurídicos mencionados, a la hora de analizar una reestructuración empresarial en momentos de dificultad financiera y/o económica. Ejemplos de ello serían: (i) los efectos de la comunicación de la apertura de negociaciones con los acreedores, aplicables a lo largo

---

86 Al respecto, *vid.* apartado II.4.1. Probabilidad de insolvencia.

87 En concreto, «[s]e considerarán planes de reestructuración los que tengan por objeto la modificación de la composición, de las condiciones o de la estructura del activo y del pasivo del deudor, o de sus fondos propios, incluidas las transmisiones de activos, unidades productivas o de la totalidad de la empresa en funcionamiento, así como cualquier cambio operativo necesario, o una combinación de estos elementos» *ex* art. 614 TRLC —sirva de apoyo, aquí además, lo establecido en apartado II.2. Perspectiva económico-contable—. Como vemos, un contenido abiertamente amplio que contrasta con el previsto para el plan de continuación, al establecerse para este que «[l]os efectos sobre los créditos [...] podrán ser tanto quitas como esperas, una combinación de ambas, su conversión en préstamos participativos o su capitalización», *ex* art. 697 *ter.*1 2.º TRLC; pero previsible limitación que bien podría justificarse en el hecho de que, no olvidemos, cualquier enajenación de la empresa del deudor, aun en funcionamiento, se tramita a través de un plan de liquidación.

88 *Vid.* apartado III.3.1. Institutos conservativos de empresa.

de la tramitación de un plan de reestructuración, de continuación o de liquidación con transmisión de la empresa en funcionamiento —arts. 594 y ss., así como 690 y ss. TRLC, respectivamente (arts. 5 y ss. de la Directiva)—. (ii) La figura del experto en la reestructuración —arts. 672 y ss. TRLC (arts. 8 y 14 de la Directiva)— o el papel de los administradores societarios en estos procesos de crisis —en conexión con el art. 19 de la Directiva—. (iii) La formación de clases de créditos —arts. 622 y ss. TRLC (art. 9 y conexos de la Directiva)— y, sobre todo, las especialidades que presentan los créditos públicos —arts. 605, 616, 633, 694, 698 y otros TRLC—. (iv) Los efectos extensivos derivados de una aprobación mayoritaria de cualquiera de esos planes a acreedores no aceptantes o disidentes dentro de una clase aceptante del plan —o *intra-class cramdown*— o, incluso, de clases disidentes y/o no participantes —o *cross-class cramdown*—, regulado en los artículos 649, 655, 698, 698 *bis* y correlativos TRLC —arts. 10 y 11 de la Directiva—. (v) El específico tratamiento que reciben los socios de la persona jurídica inmersa en dicha crisis —art. 640 y conexos TRLC (art. 12 de la Directiva)—. O (vi) la protección que habría de recibir una financiación interina o nueva financiación, de iniciarse posteriormente un procedimiento judicial de concurso —arts. 655 y ss. TRLC (art. 17 de la Directiva)—.

Ahora bien, de entre todo ello, hemos optado por analizar dos de las cuestiones planteadas, por su absoluta relevancia:

UNO. La especial eficacia extensiva que se propugna de los nuevos institutos jurídicos específicamente conservativos de empresas, el plan de reestructuración y el plan de continuación. Porque si hasta ahora nuestro ordenamiento jurídico solo contemplaba mecanismos jurídicos en los que se producía un arrastre horizontal, esto es, con respecto a créditos disidentes —ordinarios o incluso (con el tiempo) créditos privilegiados— dentro de una misma clase; con la nueva Ley concursal, es incluso posible un arrastre vertical de clases de créditos disconformes. Y esto significa hacer valer un plan de reestructuración o de continuidad empresarial ante una pluralidad de acreedores sin ser preciso el consentimiento de todos los afectados o, ni siquiera, de todas las clases de créditos, en pro del mantenimiento de empresas económicamente viables.

Para ello, además, será preciso analizar lo que habría de ser su contrapartida, esto es, las debidas garantías jurídicas que la norma concursal establece, en protección de los intereses de los acreedores —o clases— disidentes o no participantes en un plan de reestructuración o de continuación. Algo que nos lleva al inexcusable estudio de algún otro sistema jurídico ajeno al nuestro, por la marcada influencia que ha supuesto para nuestra norma concursal actualmente vigente. Porque, en efecto, el TRLC establece diversas medidas de protección de los intereses de créditos —o clases de créditos— disidentes o, inclusive, no participantes en la aprobación del plan, tales como: una clasificación de créditos y su sometimiento a unas mayorías reforzadas; la necesidad de un trato paritario entre créditos dentro de cada clase; la imposibilidad de un perjuicio injustificado de acreedores —al hilo de ofrecerse una nueva financiación—; o los principios de cuota de liquidación, de enriquecimiento injusto o de equidad horizontal y vertical. Ahora bien, muchas de esas medidas son una copia —con matices— de los mecanismos de tutela utilizados desde antaño en la norma jurídico-concursal norteamericana y conocidos, entre otros, como el *best interest of creditors test* o el *fair and equity test*, que incluye además el *no more than 100% rule*, la *no unfair discrimination rule* y la *absolute priority rule*. De ahí, la necesidad de empezar analizando la norma jurídico-concursal estadounidense, o *Bankruptcy Reform Act*, de 6 de noviembre de 1978, incorporada como Título 11 al Código de los Estados Unidos[89]; así como, por ende, sus similitudes y diferencias con respecto a nuestro ordenamiento jurídico. Sobre todo, estas últimas. Porque este estudio comparado —y comparativo— nos permitirá comprobar, entre otras cosas, la «vuelta de tuerca» que se ha producido a este respecto en nuestro ordenamiento jurídico, siendo un paso intermedio para ello, la regulación europea contemplada en la Directiva (UE) 2019/1023 (*Tol 7307647*).

DOS. Pero no podemos dejar de lado tampoco el especial tratamiento que reciben los socios de un deudor empresario en lo tocante al consentimiento de un plan de reestructuración se refiere. Porque, como indiscutible novedad recogida en el TRLC, se establece en este una posibilidad de arrastre de socios por vía del artículo 640.2 *in fine*, al contemplarse una posibilidad de homologación judicial de

---

89 Este Código norteamericano no es sino una codificación de normas de alcance general, clasificadas según materias. Al respecto, *vid. United States Code*, https://uscode.house.gov.

un plan de reestructuración aun sin el consentimiento mayoritario de la junta de socios, con respecto a sociedades mercantiles que no cuenten con socios legalmente responsables de las deudas sociales y solo para casos de insolvencia; a diferencia de lo que, entendemos, ocurre con el plan de continuación.

Veamos, pues, estas cuestiones tomando como punto de partida el plan de reorganización norteamericano que, como decimos, ha servido de guía indiscutible, tanto para el legislador comunitario como para el interno, en la regulación de la crisis del empresario.

2. CÓDIGO DE QUIEBRA NORTEAMERICANO (*PUBLIC LAW* 95-598/1978)

Ya en su momento, comentábamos que un eventual apalancamiento financiero supone un mayor riesgo para el empresario societario en cuanto al cumplimiento de obligaciones se refiere, además de la posibilidad de derivar de ello un conflicto de intereses entre socios y acreedores, al no existir un *equity cushion* —o «colchón patrimonial»— suficiente que le permita contrarrestar, a aquel empresario, la mayor parte del riesgo por él asumido[90]. Porque lo más probable es que los socios estén a favor de operaciones de alto riesgo para la sociedad, al tiempo que los acreedores de la empresa vean, por ello, altamente comprometida la devolución de sus créditos[91]. Pero, al margen de donde provenga una situación de crisis empresarial, lo cierto es que un empresario deudor cuenta con una serie de alternativas de actuación, concursales o no. Así:

Para empezar, podrá proceder a la liquidación individualizada de los bienes y derechos de su empresa, si no como una unidad productiva en funcionamiento —o *going-concern sale*—, a un tercero. Opciones que le permitirán satisfacer sus deudas con el precio de dicha liquidación[92], aun cuando también presentan algunos inconvenientes.

---

90 Al respecto, *vid.* apartado II.3.1. Financiación empresarial.

91 Cuestión analizada por ADAMS, CH. (1991). "An Economic…", *cit.*, en pp. 119-120, 121 y 127. Asimismo, *vid.* apartado II.3.1. Financiación empresarial.

92 HART, O. (1999). "Different Approaches to Bankruptcy". *Governance, Equity and Global Markets, Proceedings of the Annual Bank Conference on Development Economics*

En concreto, podrían serlo —con respecto a esta segunda posibilidad de transmisión de empresa en funcionamiento— la eventual iliquidez del mercado que impida dicha enajenación; o un problema de *private information*, esto es, un desequilibrio en la información que pueda tener el tercer adquirente sobre el valor de la empresa, frente a la propia sociedad —pensando ya en una empresa societaria—[93].

Esta venta libre de cargas a un tercero, sin embargo, podría obviarse si los acreedores «mejor posicionados» —los denominados acreedores *senior*— acuerdan con el deudor no denunciar la falta de cumplimiento de sus créditos, a cambio de mantener una posición de poder en la empresa. De ahí, la necesidad de proceder a una reordenación de la estructura de capital de la empresa, en este caso, al margen de un procedimiento concursal, aquí conocido como *quiebra* —o *bankruptcy*—. Eso sí, sin excluir del proyecto de reestructuración planteado a acreedores «peor posicionados» —o *junior*—, que no podrán ser excluidos de manera unilateral[94]; siendo, además, la ventaja que presenta este tipo de actuación la evitación de gastos excesivos que, de otra manera, se derivarían del inicio de un procedimiento judicial de quiebra[95] —más en concreto, con el denominado *plan de reorganización* empresarial, regulado en el Capítulo 11 del Título 11 del Código norteamericano—.

Pero más frecuente es aún si cabe —en algún momento, incluso, en un porcentaje relevante de casos— que el empresario decida optar por proceder a una reorganización empresarial negociada entre las partes también de manera extraconcursal para, después de alcanzado el correspondiente porcentaje mayoritario de acreedores

---

in Europe, (June 21-21), 105-114, https://scholar.harvard.edu/hart/publications/different-approaches-bankruptcy. Recuperado el 3 de diciembre de 2020.

93 Así, BAIRD, D. G. (2017). "Priority Matters: Absolute Priority, Relative Priority, And The Costs Of Bankruptcy". *University of Chicago Law School Chicago Unbound, Journal Articles*, 785-829, https://scholarship.law.upenn.edu/cgi/viewcontent.cgi?article=9573&context=penn_law_review. Recuperado el 12 de noviembre de 2020, pp. 789-790.

94 BAIRD, D. G. (2017). "Priority Matters...", *cit.*, p. 791, utiliza, para ello, una expresión muy ilustrativa sobre que se crearía una nueva estructura de capital que mantiene a todos los acreedores «en la foto» —«*in the picture*»—; y HART, O. (1999). "Different Approaches...", *cit.*, p. 108.

95 BAIRD, D. G. (2017). "Priority Matters...", *cit.*, p. 810.

a favor, ser tramitada de una manera más rápida dentro de un específico procedimiento de quiebra; siendo la ventaja de esta manera de proceder la de ofrecer una mayor seguridad jurídica a esta *clean-up operation*[96] llevada a cabo a través de este procedimiento judicial, a cambio de garantizar a los acreedores del empresario deudor una protección adecuada de sus créditos[97].

Al margen de lo indicado, un empresario con dificultades financieras también tiene la opción de acudir directamente a un procedimiento judicial de quiebra, recogido en el Título 11 del Código norteamericano, siendo —en él— diversas las salidas concursales posibles al conflicto existente. Entre ellas, la prevista en el Capítulo 7, de liquidación —o *liquidation*— que derivará en una enajenación individualizada o como empresa en funcionamiento de su negocio, esto es, en una venta efectiva de la empresa a un tercero a precio de mercado[98]. O la recogida en el susodicho Capítulo 11, sobre un plan de reorganización —o *reorganization plan*— que ofrece una pluralidad de salidas al conflicto empresarial, aun liquidatorias, pero más flexibles que la recogida en el Capítulo 7, siendo de especial consideración la consecución de un plan que traiga consigo la reorganización de la estructura de capital de la empresa que, en situación de dificultad financiera, es económicamente viable, para así proteger y maximizar su valor[99]. Se trataría, al fin y al cabo, de una «venta virtual» en pro de un restablecimiento patrimonial —el ya menciona-

---

96 *Bankruptcy Reform Act*, de 6 de noviembre de 1978, Public Law 95-598, modificado parcialmente por la *Small Business Reorganization Act* —SBRA—, de 23 de agosto de 2019, Public Law 116-54, con la incorporación de un subcapítulo V, al antedicho Capítulo 11. Normativa https://uscode.house.gov/download/download.shtml.

97 Así, BAIRD, D. G. y BERNSTEIN, D. (2006). "Absolute Priority, Valuation Uncertainty, and the Reorganization Bargain". *The Yale Law Journal*, 1930-1970, pp. 1947-1948, https://www.researchgate.net/publication/276267377_Baird_BernsteinYLJ2006. Recuperado el 14 de enero de 2021.

98 Con respecto a los inconvenientes derivados de ello, *vid.* CRYSTAL, M. y MOKAL, R. J. (2006). "The Valuation of Distressed Companies - A Conceptual Framework". *SSRN's eLibrary*, 1-22, p. 3, https://papers.ssrn.com/sol3/papers.cfm?abstract_id=877155. Recuperado el 10 de noviembre de 2020.

99 Entre otros, SEYMOUR, J. y SCHWARCZ, S. (2019). "Corporate Restructuring under Relative and Absolute Priority Default Rules: A Comparative Asssessment". *Duke Law School Public Law & Legal Theory Series*, (84), 1-33. https://papers.ssrn.

do *equity cushion*— de una empresa en dificultades financieras, aun en detrimento de sus socios, pues pueden ver diluido —o incluso eliminado— su interés en la sociedad[100].

Y es precisamente este plan de reorganización, previsto en aquel Capítulo 11 —o *Chapter* 11 del 11 U.S.C.—, en el que centraremos nuestra atención, por ser el punto de partida indiscutible de la que es hoy nuestra vigente regulación concursal. Algo que nos obliga a situarnos, antes de nada, en la realidad jurídica de aquel país en cuanto a regulación concursal se refiere, para así poder valorar mejor su efectiva repercusión en nuestro sistema jurídico concursal.

2.1. Antecedentes

Si echamos la vista atrás, uno de los problemas planteados con respecto a la normativa concursal norteamericana ha sido, hasta época reciente, su falta de unificación legislativa o, dicho de otra manera, la inexistencia de una regulación federal al respecto. Y es que, si inicialmente —entre los años 1755 y 1770— fueron solo varios estados norteamericanos los que empezaron a divergir y, por tanto, a distanciarse de lo establecido en el derecho británico de insolvencias[101], no fue hasta la guerra de la independencia de los Estados Unidos de 1775-

---

com/sol3/papers.cfm?abstract_id=3498611. Recuperado el 28 de septiembre de 2023, pp. 1, 2 y 33.

100 Así, BAIRD, D. G. (2017). "Priority Matters...", *cit.*, p. 790. *Vid.*, igualmente, ADAMS, CH. (1991). "An Economic...", *cit.*, pp. 117, 127, 133 y 157; o la referencia a la posibilidad de un plan de liquidación a través del instituto jurídico de reorganización, como más beneficioso que el tramitado a través del Capítulo 7 del 11 U.S.C., en UNITED STATES COURTS, *Services & Forms, Chapter 11 - Bankruptcy Basics* —en su apartado «*Acceptance of the Plan of Reorganization*»—, https://www.uscourts.gov/services-forms/bankruptcy/bankruptcy-basics/chapter-11-bankruptcy-basics. Recuperado el 24 de julio de 2023.

101 Una de las primeras normas concursales que vieron la luz en el continente americano, si no la primera, data del año 1638 —Maryland—, aunque se encontraba sujeta a las directrices de la normativa británica del momento. Recuérdese, a este respecto, el *Statute of Anne*, una ley promulgada por el Parlamento británico en 1710 que vino a recoger la posibilidad —por entonces, muy limitada— de un *discharge* o exoneración de deudas, de aplicación en las colonias americanas. Así nos lo recuerda GANT, J. L. L. (2017). "Constitutions and Crises: Balancing Insolvency and Social Policy through the Lens of Comparative Legal History". *Harmonisation of European Insolvency Law*, 51-70. https://core.ac.uk/download/

1783 y con la ratificación de los *Articles of Confederation* —en marzo de 1781— cuando se empezaron a plantear la normativa concursal como una materia específicamente federal. Aún con ello y tratándose de una competencia exclusiva federal, reconocida igualmente de manera específica en la propia Constitución de los Estados Unidos de América de 1787[102], no llegó a ser una realidad hasta casi dos siglos después[103]. Quizás, por la brevedad en el tiempo que caracterizaba a las leyes concursales federales inicialmente promulgadas[104]; o, probablemente —y de manera correlativa—, por la permisividad del gobierno federal que hacía que fueran los estados miembros los que se preocuparan de proveer las medidas necesarias para la resolución de situaciones de *distress* financiero. En fin, sería la Ley de quiebra, de 1 de julio de 1898, la norma que —con una vigencia de hasta ochenta años— pondría el punto final a una regulación estatal plural en materia concursal[105].

Dicho texto legal adoptó como principio lo que será, después y hasta la actualidad, una constante en esta rama del derecho: la necesidad de auxiliar al deudor en crisis —llegado el caso, *debtor in possession*—[106] a través del instituto jurídico del *discharge*. O, lo que es lo mismo, un deudor —al que podía no llegar a despojársele de

---

pdf/84339502.pdf / http://irep.ntu.ac.uk/id/eprint/31980/1/9424_Gant.pdf. Recuperado el 3 de diciembre de 2020, p. 52.

102 En pro de una mayor uniformidad en la materia, en su artículo I, sección. 8ª, cláusula 4, vino a decirse que el Congreso tendría capacidad para establecer normas uniformes en materia de quiebras en todos los Estados Unidos —«*[t]he Congress shall have power to [...] establish [...] uniform laws on the subject of bankruptcies throughout the United States*»—.

103 Así, GANT, J. L. L. (2017). "Constitutions...", *cit.*, p. 56.

104 La primera norma concursal federal data del año 1800, pero se derogó tres años después. En 1841 se promulgó una segunda ley concursal, si bien esta solo se mantuvo en vigor dos años. Seguidamente, en 1867, una nueva norma al respecto se vería modificada en 1874 y revocada en 1878. Un esquema de la evolución detallada de la normativa concursal norteamericana se encuentra en FEDERAL JUDICIAL CENTER. *The evolution of the U.S. Bankruptcy Law. A time line*. https://www.rib.uscourts.gov/newhome/docs/the_evelution_of_bankruptcy_law.pdf. Recuperado el 21 de enero de 2021.

105 GANT, J. L.L. (2017). "Constitutions...", *cit.*, p. 57.

106 Aunque aquello no impide tampoco tratar a sus acreedores de la manera más justa posible, según GANT, J. L.L. (2017). "Constitutions...", *cit.*, p. 58-59.

la facultad de administrar y disponer de su patrimonio—[107] se vería exonerado de pagar parte del pasivo por él insatisfecho; una medida, por lo demás, sujeta a condiciones, matizaciones y/o excepciones[108]. Y ello, por el especial énfasis que se puso en el rescate y reestructuración de empresas en crisis y por ese tan apreciado *fresh start* que se pretendía ofrecer al empresario. Un *financial fresh start* que, no olvidemos y con el tiempo, se ha venido introduciendo en otras normativas jurídico-concursales, como ocurrirá en nuestro caso —aunque de manera tardía con respecto a otros sistemas jurídicos de nuestro entorno— a través de la Ley 25/2015, de 28 de julio[109].

Con posterioridad, la norma concursal de 1898 resultaría sustituida por la que es su actual Ley concursal o *Bankruptcy Reform Act*, de 6 de noviembre de 1978, también conocida como *Bankruptcy Code*. Esto es, un texto legal codificado como el Título 11 del Código de los

---

107 Figura del *debtor in possession*, incorporada tras la reforma concursal de 1978 —*vid.* EHMKE, D. C., GANT, J. L. L., LANGKJAER, L. y GHIO, E. (2019). "The European Union preventive restructuring framework: A hole in one?". *International Insolvency Review*, (28), (2), 1-26, doi:10.1002. https://scholarlypublications.universiteitleiden.nl/access/item%3A2984314/view. Recuperado el 16 de octubre de 2023, p. 2—, resulta inaplicable para el caso de la liquidación concursal, regulada en el Capítulo 7 del actual 11 U.S.C.; aunque sí tiene cabida dentro de los planes de reorganización y pagos de los Capítulos 11 y 13, respectivamente. Así, LAWLESS, R. (2019). "Chapter 2. Creditors' remedies in Bankruptcy". LOPUCKI, L M., WARREN, E. y LAWLESS, R., *Secured Transactions: A Systems Approach*. Aspen, p. 96.

108 En concreto, la Constitución norteamericana viene a autorizar al gobierno federal para proceder a una exoneración de deudas del deudor y son los jueces competentes los que ejecutan dicha facultad, siempre que el deudor cumpla los requisitos legalmente establecidos en el actualmente vigente Código de quiebra norteamericano. Así, LAWLESS, R. (2019). "Chapter 2…", *cit.*, p. 94.

109 Como bien dice GANT, J. L.L. (2017). "Constitutions…", *cit.*, pp. 57, 59 y 69, los EE.UU. crearon un sistema que permitió una exoneración de deuda dentro de la quiebra, poniendo énfasis en el rescate y la reestructuración; aspectos estos de la cultura americana que se encuentran profundamente arraigados en su historia —«*US created a system that allowed for bankruptcy discharge and an emphasis on rescue and restructuring. These aspects of the American culture are deeply imbedded in its history*»—. Asimismo, *vid.* FEDERAL JUDICIAL CENTER. "The evolution…", *cit.*; o KILBORN, J. J. (2021). "Small business recovery in the United States under the Small Business Reorganization Act". *Revista General de Insolvencias & Reestructuraciones* (*Journal of Insolvency & Restructuring*), (1), 199-209, pp. 203 y 208.

EE.UU. —en adelante, 11 U.S.C.— que habrá de servirnos para analizar el mecanismo concursal norteamericano de «reorganización» empresarial[110], regulado en su Capítulo 11 y punto de partida de la que será después nuestra normativa preconcursal.

2.2. *Presupuestos*

El plan de reorganización, inserto en el procedimiento de quiebra del 11 U.S.C[111]., es un instituto jurídico al que puede optar *hoy* cualquier empresario deudor, persona natural o jurídica, ante una situación de inviabilidad financiera. Algo que empezamos matizando porque, en sus orígenes, la complejidad del régimen jurídico aplicable al plan de reorganización, centrado en la resolución de situaciones de inviabilidad financiera —o *financial distress*— de empresas de gran tamaño —corporaciones—, obligaba al pequeño empresario a buscar otras salidas concursales a su situación de endeudamiento, diversas a la establecida en el Capítulo 11[112]. Aunque una circunstancia

---

110 *Vid. Bankruptcy Reform Act*, de 6 de noviembre de 1978, *Public Law* 95-598 o Código de quiebra norteamericano. Una reforma legislativa que, además, supone la reunificación del régimen de reorganización del deudor en un único capítulo, antes disperso en los Capítulos 10, 11 y 12 del Código, por reforma parcial acaecida en 1938 con la conocida como *Chandler Act* -o Bankruptcy Act, *Public Law* 75-696). En palabras de LAWLESS, R. (2019). "Chapter 2...", *cit.*, p. 93, estamos ante una norma jurídica que se preocupa de dos cosas, de manera esencial: (i) para muchos deudores, ofrecerles la posibilidad de un emprendimiento empresarial —o *financial fresh start*—; y (ii) coordinar la resolución de los conflictos económicos de esos deudores, frente a sus acreedores. Para un análisis retrospectivo de dicha reforma legislativa, *vid. a.e.* WILDE, C. (1938). "The Chandler Act". *Indiana Law Journal*, (2), (14), 93-148. https://www.repository.law.indiana.edu/ilj/vol14/iss2/1/. Recuperado el 10 de marzo de 2021.

111 El procedimiento de reorganización tiene sus orígenes en el *equity receivership*, aplicable a las compañías ferroviarias, tal y como nos recuerda ADAMS, CH. (1991). "An Economic...", *cit.*, pp. 131 y 142.

112 En efecto, la compleja regulación que presentaba el instituto jurídico de reorganización del Capítulo 11 para el empresario individual provocaba, en la práctica, una desviación en el uso de las distintas soluciones concursales ofrecidas por el 11 U.S.C. hacia otros mecanismos jurídicos. Concretamente, el empresario individual terminaba optando por soluciones concursales de rescate de empresas viables más simplificadas, recogidas en los Capítulos 7 y 13 del 11 U.S.C., en evitación de los altos costes administrativos y considerables gastos de solicitud que había de soportar a través del capítulo 11 —respectivamente, para gana-

que, con el tiempo, provocaría la necesidad de un cambio normativo que, finalmente, tuvo lugar a través del *Small Business Reorganization Act* —SBRA—, de 23 de agosto, de 2019, con el objeto de encajar mejor este mecanismo concursal de reorganización empresarial a microempresas, pequeñas y medianas empresas —MIPYMEs o *small business debtors*— mediante la incorporación de un subcapítulo V al Capítulo 11 del 11 U.S.C. A este respecto, se entiende por *pequeño empresario deudor* —siempre ajeno al sector inmobiliario— aquella persona natural o jurídica que, en el ejercicio de una actividad comercial o empresarial, cuenta con un pasivo —deudas líquidas, no contingentes, garantizadas o no—, igual o inferior a 7.500.000 $[113]; habiéndose generado, como poco, el cincuenta por ciento de aquel en el ejercicio de dicha actividad[114].

Estamos ante el titular de una empresa «*cash-flow insolvent*», esto es, con dificultades financieras, por lo que aquel no podrá cumplir las obligaciones que tenga con terceros acreedores en el momento

deros, agricultores y pescadores (*Family Farmers or Family Fishermen with Regular Annual Income*); o con respecto a personas asalariadas y deudas de consumo (*individuals With Regular Income*)—. Finalmente, la inclusión de unas normas específicas para MIPYMEs en el propio Capítulo 11, a través de una reforma parcial o *Small Business Reorganization Act* —SBRA—, de 23 de agosto, de 2019, supondrá la tan deseada flexibilización del régimen ordinario de reorganización, además de un abaratamiento de costes, según WANG EKVALL, L. L. y EVANSTON, T. (2020). "The Small Business Reorganization Act: Big Changes for Small Businesses". *ABA* (*AmericanBarAssociation*). https://www.americanbar.org/groups/business_law/publications/blt/2020/02/small-business-reorg/. Recuperado el 8 de abril de 2021.

113 Inicialmente, la cuantía máxima establecida en la norma fue de 2.725.625 $. Si bien, aunque se trata de una cuantía actualizada de manera progresiva en el tiempo, resultó cuestionada por la doctrina, al limitar previsiblemente los efectos y el impacto de la nueva normativa, centrándose más en microempresas que en pequeñas y medianas empresas. Así lo hizo JANGER, E. J. (2020). "Las enmiendas al concurso de pequeñas empresas en Estados Unidos. ¿Un modelo para una reforma global"? *Revista de Derecho Concursal y Paraconcursal*, (32), 273-281, p. 278, al entenderla escasa y limitada solo a un número de empresas; o KILBORN, J. J. (2021). "Small business...", *cit.*, pp. 203-204; frente a la cuantía propuesta por la *American Bankruptcy Institute Commission*, en su *Final Report and Recomendation 279*, en 2014 —de hasta 10.000.000 $— o por la National Bankruptcy Review Commission, en 1997 —de hasta 5.000.000 $—.

114 La ley establece una serie de matizaciones, aquí no apuntadas. Al respecto, *vid.* §§101, 51D (B) y 1182 (B) 11 U.S.C.

de su vencimiento. Con una especialidad y es que, aun con ello, ese empresario, persona natural o jurídica, sí cuenta con un activo cuyo valor como unidad productiva en funcionamiento —*going concern value* o valor empresarial— es mayor que el valor o precio que se pagaría por él, en caso de proceder a la enajenación individualizada de cada uno de sus elementos —*liquidation value*—. De ahí que, gracias a ese excedente patrimonial —o *going concern surplus*—, pueda plantearse mantener la empresa en el tráfico, en tanto sujeta a una adecuada reordenación de su estructura de capital[115].

Siendo más precisos, un empresario, en caso de ser persona jurídica, puede buscar la manera de aliviar su preocupante situación financiera alcanzando un acuerdo de reestructuración de su pasivo con sus acreedores —y/o socios— a través de un plan de reorganización; lo que supone, en principio, una recolocación de las participaciones sociales de la empresa afectada entre acreedores y socios o cambio en la *estructura de capital* de la empresa en dificultades —esto es, una venta virtual—[116]. Y no deja de ser una ventaja, porque esta operación no precisa la búsqueda del capital necesario para que se adquiera la empresa afectada por un tercero —esto es, una venta efectiva—[117]. Con otras palabras, se busca la manera de minimizar la cuantía del capital que tiene que aportarse para el restablecimiento patrimonial necesario —o *equity cushion*—, manteniéndose parte de la estructura de capital existente dentro de la sociedad afectada[118].

Pero también es cierto que no es esa la única salida al conflicto por la que puede optar un empresario deudor, a través del Capítulo 11.

---

115 Una recolocación del capital social de una sociedad reorganizada cuenta con ventajas e inconvenientes que se preocupa de mencionar ADAMS, CH. (1991). "An Economic...", *cit.*, pp. 130-131, 136-138, 141-144 y 148.

116 Un concepto sobre «estructura de capital» se encuentra en el apartado II.2. Perspectiva económico-contable.

117 Ya en el siglo XIX, las empresas ferroviarias optaron por la utilización de un mecanismo del que el actual instituto de reorganización deriva, el *equity receivership*. Pues no resultaba en ningún caso fácil encontrar a terceros interesados en la compra de este tipo de empresas —siendo para ello necesario una cantidad ingente de dinero—; más allá de la especificidad del activo que les era propio, que hacía más lógico su mantenimiento en el tráfico. Así, ADAMS, CH. (1991). "An Economic...", *cit.*, pp. 142-144.

118 ADAMS, CH. (1991). "An Economic...", *cit.*, p. 148.

Como ya mencionamos en su momento[119], el titular de una empresa en dificultades financieras —o incluso insolvente— puede optar por una enajenación efectiva de su empresa en funcionamiento a un tercero. Así lo admite como posible el legislador norteamericano en el §1123 (b)(4) 11 U.S.C., al decirnos que un plan puede «suponer la venta de la totalidad de la empresa —o de una parte sustancial de la misma— para, con su producto, proceder a satisfacer los intereses de acreedores y socios»[120]; siendo un ejemplo relativamente reciente de este tipo de solución al conflicto la enajenación a un tercero de la empresa *Voyager Digital Ltd. ex* Capítulo 11 del 11 U.S.C[121].

2.3. Tramitación

La disponibilidad formal del procedimiento debe ser adecuadamente comprendida. No cabe desdeñar la dificultad que pueda llegar a plantear la tramitación de un plan de reestructuración dentro de un procedimiento de quiebra: no solo por los costes de coordinación y motivación que supone, pues siempre puede resultar complicado un plan a negociar con un número elevado y disperso de suje-

---

119 Al respecto, *vid.* apartado IV.2. Código de quiebra norteamericano (Public Law 95-598/1978).

120 Según el §1123 (b)(4) 11 U.S.C.: «*[a] plan may [...] provide for the sale of all or substantially all of the property of the estate, and the distribution of the proceeds of such sale among holders of claims or interests*». Asimismo, *vid.* §1123 (a)(5)(B).

121 En concreto, *Voyager Digital Ltd.* es una empresa de corretaje de criptomonedas que solicitó acogerse al Capítulo 11 del 11 U.S.C. en septiembre de 2022, solicitándole al tribunal competente, en enero de 2023, la aprobación de un plan de reorganización consistente en la venta de sus activos a Binance.US —*vid.* JIMÉNEZ. F. J. (2022). "La quiebra de la cripto Voyager desvela un oscuro entramado de préstamos entre cryptobrokers". *elEconomista.es*, https://www.eleconomista.es/mercados-cotizaciones/noticias/11857010/07/22/La-quiebra-de-la-cripto-Voyager-desvela-un-oscuro-entramado-de-prestamos-entre-cryptobrokers.html. Recuperado el 22 de octubre de 2023; KNAUTH, D. (2023). "Voyager gets initial approval for $1 billion Binance deal amid national security concerns". *Euronews.com.* https://www.euronews.com/next/2023/01/10/fintech-crypto-voyager-bankruptcy. Recuperado el 22 de octubre de 2023; o REUTERS (2022). "Corredora de criptomonedas Voyager venderá activos a Binance.US por 1.000 millones de dólares". *Euronews.com.* https://es.euronews.com/next/2022/12/19/mercados-criptomonedas-voyager-binance. Recuperado el 22 de octubre de 2023.

tos implicados[122]; sino también por los costes y demora que supone calcular cuál es el valor de la empresa como unidad productiva en funcionamiento —o *going concern value*—, como tendremos oportunidad de ver[123].

En cualquier caso, la presentación de un plan de reorganización —por parte del deudor o de otros legitimados (acreedores) *ex* §§301 y 303, 11 U.S.C.— exige, primero, una solicitud de apertura del Capítulo 11 del Título 11 U.S.C., dentro de un procedimiento de quiebra. Según quien dé ese primer paso hablaremos de quiebra voluntaria o involuntaria[124].

Dicha solicitud de apertura —o *petition*— lleva aparejada, a su vez, una «solicitud de exoneración» —u *order for relief*—[125] cuyo primer efecto favorable para el deudor es la suspensión automática de las acciones individuales a ejercitar frente a él —o *automatic stay*— hasta la finalización de la reestructuración, con las salvedades del §362, 11 U.S.C[126]. Y no deja de ser aquel un momento importante porque

---

122 Una forma de contrarrestar dichas dificultades será el establecimiento de un sistema de aceptación de un plan de reorganización a través de unas mayorías reforzadas que vinculen a minorías disidentes —así, CRYSTAL, M. y MOKAL, R. J. (2006). "The Valuation…", *cit.*, p. 5—.

123 ADAMS, CH. (1991). "An Economic…", *cit.*, pp. 138 y 141.

124 De manera excepcional para las MIPYMEs, el §1198 11 U.S.C. establece al deudor como único legitimado para presentar un plan de reorganización.

125 En el caso de la quiebra voluntaria, la solicitud de apertura del procedimiento por el propio concursado es, en sí, dicha solicitud de exoneración; en el caso de la quiebra involuntaria, es un documento separado a la solicitud de apertura presentada por los acreedores. Así nos lo recuerdan ROSENBERG, MUSSO y WEINER, LLP. (2018). "What is the 'order for relief' in bankruptcy?". https://nybankruptcy.net/main/order-relief-bankruptcy/. Recuperado el 24 de julio de 2023.

126 En principio, esta paralización automática —o suspensión temporal del ejercicio de acciones desde el inicio del procedimiento concursal— afecta tanto a titulares de créditos garantizados como a no garantizados. Algo que se traduce, para con los primeros, en una retención del bien sobre el que recae la garantía dentro de la masa activa —*estate*— de la quiebra. No obstante, el tribunal competente siempre puede alzar dicha suspensión temporal, según indicaciones del §362 (d) 11 U.S.C.: (i) por no ofrecerse una «adecuada protección» —*adequate protection*— a los acreedores del deudor, que les permita, a esos acreedores garantizados, instar el levantamiento de la mencionada paralización temporal de acciones. O (ii) aun ofreciéndose dicha protección, por incurrir en supuestos

marca un antes y un después en cuanto a deudas del concursado se refiere, ya que el procedimiento de reorganización solo habrá de atender a las deudas anteriores a ese momento[127]. Pero, además, con esa solicitud de exoneración, lo que se pretende es un *discharge* o exoneración de pago de determinado pasivo insatisfecho por el deudor, esto es, una descarga en la satisfacción de deudas surgidas con anterioridad a la fecha de solicitud del procedimiento de quiebra[128]. Sin olvidar que el deudor mantiene la capacidad de administrar y disponer de su patrimonio como *debtor in possession* —§1107, 11 U.S.C.—. O, lo que es lo mismo, estamos ante una ficción creada por el legislador norteamericano que le permite al deudor concursado continuar ejerciendo las facultades de administración y disposición sobre el patrimonio, pero teniendo además que desarrollar los deberes propios de un *trustee* —o administrador concursal—. Aunque en

---

tales como que el valor de la garantía no sirva, además, para satisfacer los intereses de los acreedores no garantizados —imaginemos el valor de un bien dado en prenda que resulte inferior al valor de la deuda que garantice—; o por resultar innecesario dicho bien para la debida eficacia del plan de reorganización —piénsese en un bien sobre el que recaiga la garantía que no resulte necesario para la continuidad de la empresa que se pretende mantener en activo—. Y se entiende por *adequate protection* cuando el deudor adopta una serie de medidas para que aquellos no se vean afectados por una depreciación del valor de sus garantías, al hilo de la suspensión temporal del ejercicio de acciones individuales por su parte. Estaríamos hablando de medidas tales como la realización de pagos periódicos, según depreciación de los bienes sobre los que recaigan dichas garantías; o el establecimiento de garantías adicionales. No obstante, se trata de medidas que no serán de precisa consideración si el valor de la garantía excede del valor del crédito garantizado con la misma y no existe un peligro real de depreciación normal. En este sentido, LAWLESS, R. (2019). "Chapter 2...", *cit.*, pp. 100-101.

127 Asimismo, *vid.* ROSENBERG, MUSSO y WEINER, LLP. (2018). "*What is...*", *cit.*

128 Por lo demás, esta exoneración de deuda o *discharge* se propugna para otras tantas soluciones a la quiebra. Así, por ejemplo y con respecto al Capítulo 7, atinente al mecanismo de liquidación, se prevé un *discharge* del deudor —con respecto a las deudas que puedan ser objeto de exoneración— a cambio de la entrega de sus bienes al *trustee* —administrador— de la quiebra; aunque no todo deudor puede beneficiarse de tal exoneración, siendo solo útil aquella regulación para las personas naturales —al respecto, *vid.* §727, 11 U.S.C.—. Asimismo, *vid.* USLEGAL.COM, *Order for Relief [Bankruptcy] Law and Legal Definition*, https://definitions.uslegal.com/o/order-for-relief-bankruptcy/. Recuperado el 24 julio 2023.

ocasiones se haga preciso —concretamente, en casos de negligencia grave o dolo por parte del deudor— el nombramiento efectivo de ese *trustee*[129], si no de un *examiner*, que asuma funciones de aquel —§1106, 11 U.S.C.—[130].

A la presentación de ese plan de reorganización, ya sea por el propio deudor o por terceros legitimados *ex* §1121, 11 U.S.C. —cuyo contenido podrá, además, ser objeto de modificación *ex* §1127, 11 U.S.C.—, le sigue la convocatoria de una junta para proceder a su evaluación y eventual aceptación mayoritaria. O *notice and hearing* al que habrá de incorporarse de manera necesaria, también, una declaración de la situación financiera del deudor concursado o *disclosure statement*[131], esto es, un documento que habrá de contener información sobre el activo y pasivo, así como los negocios jurídicos que pueda tener el deudor, de manera suficiente para que los acreedores puedan formarse un juicio informado sobre el plan de reorganización del deudor[132].

Por lo demás, en el §1126, 11 U.S.C. se establece que la adopción de un plan de reorganización en junta precisa de un quorum decisorio reforzado, según clases de créditos y/o intereses. Algo que presupone distinguir entre: (i) clases de créditos e intereses —enten-

---

129 El *trustee* es un sujeto encargado de administrar la masa activa de la quiebra —o *estate*—. En palabras de LAWLESS, R (2019). "Chapter 2…", *cit.*, p. 94; o WANG EKVALL, L. L. y EVANSTON, T. (2020). "The Small…", *cit.*, generalmente, un abogado o economista que no hay que confundir con el *United States trustee* —este un abogado, especialista en materia concursal del propio Departamento de Justicia, encargado de supervisar el procedimiento—. Por lo demás, a diferencia del régimen general marcado para la gran empresa en este Capítulo 11 del Título 11 U.S.C., un plan de reorganización relativo a una MIPYME sí precisa de una actuación conjunta del *debtor in possession* y del *trustee ex* §§1181 (a) y 1183, 11 U.S.C., distinguiéndose las funciones que les competen a uno y otro.

130 También resulta posible la conformación de un comité de acreedores, titulares de créditos no garantizados, encargado de la supervisión de la actuación de aquel *debtor in possession*; así como de otros comités facultativos *ex* §1102, 11 U.S.C.

131 A este respecto, *vid.* UNITED STATES COURTS, *Services & Forms, Chapter 11 - Bankruptcy Basics, cit.*

132 Una vez más y como matiz al régimen general de reorganización analizado, ese *disclosure statement* no está previsto como un documento de obligatoria presentación, para las MIPYMEs —§ 1125 (f) 11 U.S.C.—.

diéndose por esto último las participaciones del único propietario de una empresa no societaria, así como las participaciones de socios colectivos, de socios con responsabilidad limitada o de accionistas ordinarios o preferentes—[133]; (ii) clases *no perjudicadas —unimpaired—* de créditos e intereses, aceptantes del plan; y (iii) clases excluidas de reparto alguno, no aceptantes. Para, una vez alcanzadas aquellas mayorías, en todas y cada una de las clases *perjudicadas —impaired—* por el plan o solo en algunas de ellas, abrir paso a la celebración de una audiencia ante el tribunal competente solicitándole la confirmación judicial del plan propuesto *ex* §1128, 11 U.S.C. —salvo eventual oposición—.

Pero si la aceptación de un plan de reorganización sobre cuál habrá de ser el futuro de la empresa[134] da paso, necesariamente, a su subsiguiente confirmación judicial, la justificación de este control judicial es más que evidente. Este tipo de planes siempre va a contar con acreedores y/o socios afectados, vinculados aún de manera forzosa. Una extensión de efectos derivados del plan o «arrastre» denominado *cramdown* que puede producirse dentro de cada clase de sujetos afectados *—intra-class cramdown—* o, inclusive, entre clases *—extra-class cramdown—*, como veremos. De ahí que la confirmación de dicho plan, por parte del tribunal competente, sea la manera de garantizar a cualquier tercero, entre otras cosas: la legalidad del plan y el cumplimiento de esa legalidad por el propio proponente —en su §1129 (a)(1) y (2)—; el sometimiento al principio de buena fe —§1129 (a)(3)—; la «razonabilidad» de los pagos efectuados o *feasibility test* que hace que el juez tenga que asegurarse de que la empresa reorganizada cuente con suficiente colchón patrimonial *—equity cushion—* para proteger a los acreedores presentes y futuros, frente a un riesgo sustancial de una eventual insolvencia —§1129 (a)(11)—[135]; así como una política de publicidad adecuada —§1129 (a)(5)—. Sin olvidar, en ningún caso, la importancia de una regulación como la establecida en el §1129 (a)(7), (8) y (10), así como (b)(1) y (2) 11

---

[133] Así, *vid.* anexo informativo incluido en la norma *—United States Code. Title 11) Bankruptcy. Chapter 11) Reorganization. §1129. Historical and revision notes legislative statements—*.

[134] Así, HART, O. (1999). "Different Approaches...", *cit.*, pp. 108-109.

[135] ADAMS, CH. (1991). "An Economic...", *cit.*, p. 139.

U.S.C[136]. Estamos, en definitiva, ante un control *a priori* del contenido de un plan de reorganización por parte del tribunal de la quiebra en el momento de tener que proceder a su confirmación judicial.

En fin, una revocación de dicha confirmación judicial es posible solo en caso de fraude y en tanto en cuanto se haya solicitado a instancia de parte dentro de los ciento ochenta días siguientes —§1144, 11 U.S.C.—.

2.4. Clasificación de créditos e intereses

Una manera evidente de proteger a los acreedores —y socios— de un empresario deudor que habría que destacar, de entre las posibles, en la tramitación de un plan de reorganización, es la aceptación del plan atendiendo a unas mayorías reforzadas dentro de cada clase de créditos o intereses; esto es, unos *planes consensuales* que, no obstante, hay que diferenciar de los considerados como *no consensuales*, cuando esas mayorías no se alcanzan en todas y cada una de las clases afectadas por el plan. Ahora bien, antes de seguir avanzando en esta cuestión, debemos primero hacer una serie de precisiones que el propio legislador recoge, en el texto concursal, sobre la formación de esas clases de créditos o intereses. En concreto, con respecto a:

UNO. *Clases de créditos e intereses* —§1122, 11 U.S.C.—. El legislador norteamericano asimila la figura del socio a la del acreedor de un empresario deudor[137], pero distingue ambas figuras jurídicas a los efectos de votación del plan.

---

136 En cuanto a la posibilidad de una modificación del plan antes o incluso después de su confirmación judicial, *vid.* §1127, 11 U.S.C.

137 DÍAZ MORENO, A. (2020). "Socios, planes de reestructuración y capitalización de créditos en la Directiva (UE) 2019/1023, sobre reestructuración e insolvencia". *Anuario de Derecho Concursal*, (49), 1-77 (versión digital), §14, reconoce que, desde una perspectiva jurídico-formal, los socios no son equiparables a los acreedores. Sin embargo, añade que «la asimilación de su tratamiento en determinados escenarios preconcursales puede tener cierta lógica económica, por cuanto desde esta perspectiva los socios resultan finalmente acreedores «residuales», en el sentido de que tienen derecho a participar en el patrimonio resultante «de la liquidación una vez satisfecho el pasivo exigible. Son titulares, en definitiva, de una expectativa jurídicamente protegida sobre el patrimonio neto de la compañía —posición que (no hace falta decirlo) en el plano jurídico-

Porque no olvidemos que esa referencia a unos «intereses», junto a los derechos de crédito que puedan existir frente a un deudor, ha de identificarse con las participaciones del único propietario de una empresa no societaria, así como —en caso de serlo— las participaciones de socios colectivos, de socios con responsabilidad limitada o de accionistas ordinarios o preferentes[138].

Tampoco se debe pasar por alto que la norma jurídica no hace distingos a la hora de proceder a la clasificación de los créditos e intereses afectados cuando establece, en el §1122 (a) 11 U.S.C., que habrán de conformarse atendiéndose a su «sustancial similitud». Un criterio distributivo este que, por lo demás y si lo comparamos con el previsto por el legislador concursal español para el plan de reestructuración, resulta un tanto restringido. Pues, por lo pronto, esa sustancial similitud se identifica con la naturaleza jurídica, garantizada o no, de los derechos de crédito en cuestión; como bien se menciona en el Informe del Senado inserto en el texto legislativo[139] y se preo-

---

formal no encuentra su fundamento en un propio derecho de crédito, sino en el conjunto de facultades patrimoniales inherentes a la titularidad de la participación social—». Por su parte, BUIL ALDANA, I. (2021). "Socios...", *cit.*, pp. 129 y ss. y 148, hace hincapié en la idea de que un socio puede tener una doble posición de financiador: no solo a través de su participación en la sociedad —o financiación propia—; sino como acreedor *insider* —por financiación ajena—, al recibir la sociedad de este unas cantidades en forma de deuda o préstamo no integrado en el capital social. Con respecto a este último, además, nos recuerda la doctrina jurisprudencial norteamericana de «re-caracterización» —o *recharacterization*— que le permite al tribunal competente proceder a una reclasificación del crédito del socio como acreedor *insider* en capital social, en sede concursal, por tratarse de aportaciones encubiertas de capital. Algo que supondrá un tratamiento del mismo, no como un crédito concursal, sino como un *propietary interest* —*vid. op. cit.*, p. 130—; aunque mecanismo un tanto diverso al modelo español de «postergación automática y objetiva del crédito, sin que sea necesaria la existencia de fraude o circunstancia análoga» que critica en *op. cit.*, pp. 131-132.

138 Así, *vid.* anexo informativo incluido en la norma —*United States Code. Title 11) Bankruptcy. Chapter 11) Reorganization. §1129. Historical and revision notes legislative statements.* https://uscode.house.gov.

139 §1122 (a) 11 U.S.C.: «[...] *a plan may place a claim or an interest in a particular class only if such claim or interest is substantially similar to the other claims or interests of such class*». Algo que se puntualiza, en el Informe del Senado —*Senate Report* n. 95-989— recogido en la propia norma jurídica, como que «*[i]t requires classification based on the nature of the claims or interests classified, and permits inclusion of claims or*

cupa de concretar el legislador concursal a lo largo del articulado del texto normativo, al diferenciar en todo momento entre clases de créditos dotados de garantía real —*secured*— y no garantizados —*unsecured*—[140]. Aun cuando esto tampoco impedirá una subclasificación de créditos con un mismo rango concursal —o intereses— por así inferirse del principio de no discriminación mencionado en el §1129 (b)(1) *in fine* 11 U.S.C., al hablarnos del necesario trato paritario que debe existir entre esas clases de mismo rango crediticio; muy al estilo, parece, de lo previsto para nuestro plan de continuación.

Pero, con todo, es en la identificación de las mayorías reforzadas a aplicar en cada caso cuando el legislador norteamericano sí se preocupa de distinguir entre clases de créditos o intereses en el §1126, 11 U.S.C., al requerir a los titulares de créditos de una clase un doble criterio cuantitativo —suma del importe— y nominal —número de acreedores— para la aceptación del plan; frente a la mayoría solicitada con respecto a una clase de intereses, que solo atiende a una específica mayoría cuantitativa.

DOS. *Clases de créditos e intereses no perjudicadas —unimpaired— y aceptantes del plan* —§1126 (f) 11 U.S.C.—[141]. Simplemente, se presume su aceptación por tratarse de sujetos que no verán su posición jurídica alterada por el contenido de un plan de reorganización.

Se trata de sujetos no perjudicados por el plan, *a sensu contrario* de lo establecido en el §1124, 11 U.S.C., porque: o bien, el plan deja inalterados sus derechos legal, equitativa o convencionalmente reconocidos; o bien, a través suyo, se subsanan los efectos del incumplimiento provocado por el deudor, restableciéndose los términos originales de su obligación. De ahí que el legislador concursal norteamericano directamente establezca una presunción de aceptación para con ellos, esto es, no requiera ningún tipo de aceptación a los titulares de

---

interests in a particular class only if the claim or interest being included is substantially similar to the other claims or interests of the class».

[140] Asimismo, *vid.* §506, 11 U.S.C.

[141] §1126 (f) 11 U.S.C.: «[…] *a class that is not impaired under a plan, and each holder of a claim or interest of such class, are conclusively presumed to have accepted the plan* […]».

créditos o intereses *unimpaired*[142]; en contraposición a aquellas otras *clases perjudicadas* —o *impaired— de créditos o intereses*[143], en las que los «derechos de sus miembros se ven alterados en cualquier forma por el plan, aun cuando puedan resultar plenamente satisfechos a través del plan»[144].

TRES. *Clases excluidas de reparto alguno, no aceptantes* —§1126 (g) 11 U.S.C.—. No se presume aceptado un plan de reorganización por aquellas clases de créditos o intereses cuyos titulares no tienen posibilidad de recibir o retener patrimonio alguno a través del plan, como contrapartida a sus créditos o intereses[145].

Se trataría, pues, de clases «*valueless*» o «*under water*» dentro del plan de reorganización. Esto es, clases situadas por debajo de esa línea en la que «rompe el valor» o línea de corte a partir de la cual ningún crédito o interés puede verse satisfecho, ni siquiera parcialmente. De ahí, su lógica disconformidad con lo establecido en el plan de reorganización y consiguiente falta de participación en la decisión última a tomar, como bien reconoce de manera expresa el legislador norteamericano en el anexo informativo del §1129, 11 U.S.C. Y es que se hace innecesaria una aceptación del plan por su parte si se trata de socios que están «"por debajo del nivel"», porque «no tendrán valor y el plan podrá ser confirmado incluso a pesar del rechazo de dicha clase de intereses, si el plan prevé que los titulares

---

142 *Vid.* Informe del Senado —*Senate Report* n. 95-989— correspondiente al precepto mencionado, en el que se recoge la idea de que, no teniendo nada que perder, mientras otros reciben menos o nada, son sujetos que no habrían de cuestionar el plan de reorganización.

143 Contraposición de clases de créditos o intereses expresamente reconocida en el §1123 (b) 11 U.S.C.: «*[…] a plan may— (1) impair or leave unimpaired any class of claims, secured or unsecured, or of interests […]*».

144 TOLLENAAR, N. (2017). "The European Commission's Proposal for a Directive on Preventive Restructuring Proceedings". *Insolvency Intelligence*, (30), (5), https://papers.ssrn.com/sol3/papers.cfm?abstract_id=2978137. Recuperado el 16 de abril de 2021.

145 Según el §1126 (g), 11 U.S.C.: «*Notwithstanding any other provision of this section, a class is deemed not to have accepted a plan if such plan provides that the claims or interests of such class do not entitle the holders of such claims or interests to receive or retain any property under the plan on account of such claims or interests*».

de esos intereses no recibirán patrimonio alguno a cuenta de tales intereses»[146].

2.5. *Mecanismos de protección ex lege*

Por lo demás, un plan de reorganización es un instituto jurídico inserto en un procedimiento judicial que cuenta, como ventaja, con la incorporación de una serie de medidas de tutela de los intereses de acreedores y socios afectados por la situación de dificultad financiera y/o económica por la que atraviesa un empresario deudor. Algo que inyecta seguridad jurídica a su tramitación.

Algunas de esas medidas de tutela ya las hemos mencionado. En concreto, nos estamos refiriendo a las recogidas en los apartados (1), (2), (3), (5) y (11) del §1129 (a) 11 U.S.C.; o a la preceptiva clasificación de los créditos —o intereses— existentes frente al deudor empresario como paso previo a la aceptación de un plan de reorganización y subsiguiente confirmación judicial. Pero otras, en especial, las recogidas en el §1129 (a) y (b) 11 U.S.C., necesitan de un análisis más detallado. Porque, como las anteriores, son la contrapartida al carácter vinculante del contenido de este tipo de planes concursales que, aun de manera forzosa, afecta a titulares de créditos o intereses que se hayan opuesto al mismo o, sin más, para los que no hayan participado en su tramitación. Esto es lo que se conoce como *cramdown*. Y aquellas, una serie de mecanismos de protección *ex lege* de sus intereses, ya de manera individual, ya de manera colectiva, que, por lo demás, el legislador concursal de la reforma ha terminado haciendo suyos en el TRLC, al incorporarlos al plan de reestructuración y al de continuación, aunque con inevitables matices.

---

146 *Vid.* anexo informativo del §1129, 11 U.S.C.: «*[i]f the interests are "under water" then they will be valueless and the plan may be confirmed notwithstanding the dissent of that class of interests even if the plan provides that the holders of such interests will not receive any property on account of such interests*». Asimismo, *vid.* Informe del Senado recogido en el §1126, 11 U.S.C., al decirnos que «*Subsection (g) provides that any class denied participation under the plan is conclusively deemed to have rejected the plan. There is obviously no need to submit a plan for a vote by a class that is to receive nothing*».

2.5.1. Test de cuota de liquidación (best interest of creditors test)

Un primer principio que debemos tener en consideración es el *best interest of creditors test* —o «prueba del mejor interés de los acreedores»—. También denominado *regla de cuota de liquidación*, se encuentra previsto en el §1129 (a)(7)(A) 11 U.S.C.

Resulta aplicable a cualquier clase *impaired* —perjudicada— de créditos o intereses; o, lo que es lo mismo, protege tanto al titular de un crédito como al socio —o único propietario, en su caso— de la empresa afectada por la reorganización. Porque, no olvidemos, para el legislador norteamericano un socio es también acreedor —aunque residual— del empresario deudor[147]. La claridad del Derecho estadounidense contrasta con la situación en el Derecho europeo y, por derivación, en el español. Pues la Directiva europea de 2019 pareció restringir el alcance subjetivo de esta medida de protección al referirse solo a los «créditos» disidentes en su artículo 10.2 (d); y, en el caso del Derecho español, el TRLC de 2022 lo regula como prueba del «interés superior de los acreedores» dentro del plan de reestructuración y de continuación, respectivamente, en sus artículos 654.7.º y 698 *bis*.6 4.º[148].

Se trata de un mecanismo de protección individualizada, por centrar su atención en la figura del titular de un crédito o interés: (i) incluido dentro de una clase *impaired* —o perjudicada— por el plan; (ii) pero al mismo tiempo no aceptante de ese plan de reorganización, aun cuando la clase a la que aquel pertenezca sí lo haya aceptado mayoritariamente. Por lo que, siendo este el caso, la protección *ex lege* ofrecida por el legislador estadounidense consiste en que el plan de reorganización ha de garantizarle a aquel sujeto, en el momento en el que surta efecto el plan, la percepción —o retención— de un

---

147 Al respecto, *vid.* nota 138.

148 PULGAR EZQUERRA, J. (2023). "Artículo 654. Impugnación del auto de homologación del plan aprobado por todas las clases de créditos". *Comentario a la Ley Concursal* (dir. J. Pulgar), vol. II, 1313-1336. La Ley, pp. 1315-1316, critica la falta de precisión que presentó, en su momento, la versión traducida de la Directiva europea, al transcribir el *best-interest-of-creditors test* —o «del mejor interés»— de manera incorrecta como la prueba del interés «superior» de los acreedores.

valor por su crédito o interés[149] en ningún caso menor a la cuantía que habría de haber obtenido, de haberse procedido a la liquidación individualizada de los bienes y derechos de la empresa del deudor; debiéndose calcular ambos valores —satisfacción *ex* reorganización *vs. ex* liquidación— en el momento de la confirmación judicial del plan[150].

Con esta regla, pues, se pretende una satisfacción —como poco— idéntica a la que habrían de recibir como consecuencia de una liquidación concursal. Prevista con el objeto de incentivar el uso del plan de reorganización regulado en el Capítulo 11, frente a la liquidación concursal del Capítulo 7 del 11 U.S.C[151]., tiene su razón de ser en el hecho de que, a cambio, el titular de un crédito o interés perjudicado y no aceptante va a verse sometido de manera forzosa —o *cramdowned*— al plan aceptado de manera mayoritaria por el resto de titulares de créditos o intereses que conforman la clase a la que aquel pertenece. Es lo que ha venido a denominarse un «arrastre horizontal» o *intra-class cramdown.*

No obstante, no deja de contar tampoco este mecanismo de protección con una destacable matización. Y es que estamos ante una medida de tutela no aplicable a titulares de créditos dotados de garantía real, perjudicados y no aceptantes del plan, si la clase a la que pertenecen ha decidido optar —por votación mayoritaria— por el régimen excepcional del §1111 (b)(2) 11 U.S.C., en contraposición a la previsión genérica del §506 (a)(1) 11 U.S.C. Este último precepto establece como regla la consideración de que el titular de un

---

149 Se entiende por «*[v]alue, as of the effective date of the plan*» como «valor presente». A este respecto, *vid.* nota 172.

150 Esta valoración de la empresa no tiene la complejidad de la valoración que se precisa para la aplicación de la «regla de prioridad absoluta» —o mecanismo de protección para casos en los que no se produce una aceptación del plan por todas y cada una de las clases de créditos o intereses afectadas— suponiendo la primera una «mínima atención judicial», tal y como reconocen SEYMOUR, J. y SCHWARCZ, S. (2019). "Corporate…", *cit.*, p. 8.

151 CARLSON, D. G. y WILLIAMS, J. F. (2000). "The Truth about the New Value Exception to Bankruptcy's Absolute Priority Rule". *Cardozo Law Review*, (21), 1303-1334, p. 1318. https://larc.cardozo.yu.edu/cgi/viewcontent.cgi?article=1035&context=faculty-articles. Recuperado el 10 de noviembre de 2020.

derecho de crédito dotado de garantía real cuenta con que, a efectos de la quiebra, estará garantizada en todo caso la parte de su crédito cubierta con el bien sobre el que recaiga dicha garantía, con independencia de la cuantía total del mismo[152]; frente a la excepción del citado §1111 (b)(2) 11 U.S.C. que viene a establecer que, siempre que no haya sido transmitida la propiedad del bien sujeto a esa garantía, cuando una clase de créditos dotados de garantía real haya elegido la aplicación de esta específica norma, habrá de entenderse como efectivamente garantizada la cuantía total de su crédito[153].

La diferencia es importante si ponemos como ejemplo el de un préstamo que, por valor de 15.000.000 €, haya sido garantizado con un bien del deudor que valía originariamente 18.000.000 €, pero cuyo valor resulta haber caído hasta los 12.000.000 € en el momento de iniciarse el procedimiento concursal[154]. Por lo dicho en el §506 (a)(1) 11 U.S.C., solo habría de entenderse garantizada la parte del préstamo cubierta con el valor del bien —12.000.000 €—, siendo el resto del préstamo —3.000.000 €— considerado como crédito no garantizado —o *deficiency*—, frente al supuesto excepcional contemplado en el §1111 (b)(2) 11 U.S.C. Pues, de haberse elegido la aplicación de este último precepto, el valor del crédito garantizado se co-

---

152 El §506 (a) (1) 11 U.S.C. establece que «*[a]n allowed claim of a creditor secured by a lien on property in which the estate has an interest [...] is a secured claim to the extent of the value of such creditor's interest in the estate's interest in such property [...] and is an unsecured claim to the extent that the value of such creditor's interest [...] is less than the amount of such allowed claim [...]*». Algo que interpretamos como que hay derechos de crédito —diríamos— «suficientemente» garantizados cuando el valor del interés que tenga un acreedor sobre un bien de la masa de la quiebra sí está cubierto —esto es, cubre la cuantía total de su crédito—; frente a derechos de crédito «no suficientemente» garantizados —o «*undersecured*» *creditor's claims*—, esto es, cuando el valor de ese interés sobre el bien sea inferior a la cuantía de su crédito o, dicho de otra manera, cuando la garantía no alcanza a cubrir la totalidad del derecho de crédito que aquella asegura. Al respecto, *vid.* Informe del Senado —*Senate Report.* N. 95-989— de la norma prescrita.

153 Según lo establecido en el §1111 (b)(2) 11 U.S.C., en caso de elección de aplicación del régimen excepcional de este precepto no obstante lo establecido en el citado §506 (a), un derecho de crédito se entenderá garantizado en la medida —y por el valor— del derecho de crédito reconocido en el concurso —«*[i]f such an election is made, then notwithstanding section 506 (a) of this title, such claim is a secured claim to the extent that such claim is allowed*»—.

154 Supuesto específicamente recogido en el §1129, 11 U.S.C. *cit.*

rresponderá con la cuantía total con la que este haya sido reconocido dentro de la quiebra —15.000.000 €—.

Dicho de otra manera, la ventaja que supone para los acreedores «electores» de la norma excepcional del §1111 (b)(2) 11 U.S.C. es que, como a través del plan se les está garantizando la cuantía total de su derecho de crédito reconocido en el procedimiento concursal, cualquier pago diferido posterior a aquellos efectos —por ejemplo, como consecuencia de una revalorización sobrevenida del bien sobre el que recaiga dicha garantía— se encuentra siempre garantizado. De ahí, la «razonabilidad» o incluso «necesidad» de ser excluidos de la aplicación del test de cuota de liquidación[155]. Y una especialidad para con este tipo de créditos que, por lo demás, no habría de sorprendernos puesto que el legislador de la reforma, en nuestro caso, también ha previsto una situación excepcional pareja para los acreedores dotados de garantía real disidentes de un plan de reestructuración, al tiempo que incluidos en una clase de créditos que haya votado mayoritariamente en contra del mismo —*ex* art. 651 TRLC—, como tendremos ocasión de ver en otro momento[156].

2.5.2. Aceptación consensuada de una reorganización empresarial

Pero una cosa es la protección individualmente recibida por un acreedor o socio no aceptante del plan, dentro de una clase de créditos o intereses efectivamente perjudicada por un plan, a través del *best interest of creditors test* citado. Y otra, la protección colectiva que también habrán de recibir esos acreedores y socios del empresario como grupo o clase dentro de un plan de reorganización, que el legislador estadounidense se preocupa de detallar en otros apartados del, siempre esencial, §1129 del Código de quiebra norteamericano.

Para empezar, el §1129 (a)(8) 11 U.S.C. establece la necesidad de condicionar la confirmación judicial de un plan de reorganización a su debida aceptación por parte de cada clase de créditos o intereses. Aunque la norma también matiza de manera expresa: primero,

155 En palabras del legislador concursal norteamericano. Así, *vid.* Anexo informativo del §1129, 11 U.S.C.

156 Al respecto, *vid.* apartado IV.4.2.6. Régimen especial.

que no debe exigirse ese consentimiento a clases «*not impaired under the plan*» —o clases no perjudicadas por el plan de reorganización— porque poco habrían de cuestionar un plan alcanzado si resulta que este en nada cambia sus derechos de crédito o intereses —en conexión con el §1126 (f) 11—. Y, segundo, la idea recogida en el §1126 (g) 11 U.S.C., en conexión con lo dicho en el anexo informativo del §1129, 11 U.S.C., sobre que es posible prescindir del parecer de clases de créditos o intereses *under water*, en tanto en cuanto no habrían de recibir nada a través del plan y presumir, por ello, que su voto sería inevitablemente contrario al plan[157].

Con otras palabras, una medida protectora del interés colectivo de cualquier clase de créditos o intereses *impaired* —o perjudicada— por un plan de reorganización, pero situada por encima de la línea en la que «rompe el valor», es su debida aceptación por todas y cada una de las clases *impaired*; lo que no impide su aprobación, por otro lado, necesaria dentro de cada clase a través de unas mayorías reforzadas —en importe y/o cabezas, como decíamos *ex* §1126, 11 U.S.C.—. Estaríamos ante lo que se ha denominado un plan de reorganización *consensual*, que el legislador concursal norteamericano establece como regla general de actuación, dentro del ámbito de la reorganización concursal. Porque solo con la aceptación de todas esas clases de créditos e intereses, *en principio*, podrá procederse a la confirmación judicial del plan; siendo un efecto derivado de esta confirmación judicial, como decimos, el consiguiente «arrastre horizontal» —o *intra-class cramdown*—, esto es, una vinculación forzosa de una minoría no aceptante —dentro de una clase— a lo establecido en un plan de reorganización aprobado por cada una de esas clases —a través de mayorías reforzadas, dentro de cada una de ellas—.

Aunque decimos que solo es en principio porque, junto a este plan consensuado por todas las clases perjudicadas de créditos o intereses, cabe una excepción a la regla en el §1129 (b) 11 U.S.C., esto es, la confirmación judicial de un plan *no consensual*, al no haber

---

157 No olvidemos a este respecto la previsión recogida de manera expresa en el texto legislativo norteamericano —concretamente, en el Informe del Senado inserto en el §1126, 11 U.S.C.— que viene a reconocer esto, al decirnos que «*There is obviously no need to submit a plan for a vote by a class that is to receive nothing*». Asimismo, *vid.* nota 146.

sido alcanzado por todas y cada una de esas clases. Eso sí, a cambio, se incrementa el número de medidas de protección *ex lege* que se tratan, a continuación, en el análisis del llamado test de equidad. Y es que, en estos casos, no solo será posible un arrastre horizontal o vinculación forzosa del plan, con respecto a créditos o intereses no aceptantes del plan, sino un «arrastre vertical» o vinculación forzosa de clases de créditos y/o intereses no aceptantes —o *cross-class cram-down*—. Cuestión esta última que, no obstante, hoy tampoco habría de sorprendernos puesto que la Directiva (EU) 2019/1023 también adoptó en su día esta doble clasificación de planes consensuales y no consensuales, con respectiva eficacia vinculante «intraclase» y «extra-clase» de créditos y/o intereses en sus artículos 10 y 11. Sí debemos hacer, no obstante, una salvedad importante en relación al régimen implementado en nuestro ordenamiento jurídico, pues ha optado finalmente por no asimilar la figura del socio a la del acreedor —por otro lado, posible *ex* art. 12.1 de la Directiva—; algo que supondría limitar esa calificación —y efectos— de plan consensual o no consensual al ámbito de los acreedores, exclusivamente[158].

2.5.3. Test de equidad (fair and equitable test)

El legislador concursal norteamericano de 1978 sigue en la línea de su predecesor —la Ley de quiebra de 1898— y ofrece también una salida a planes de reorganización no consensuales, esto es, a planes que no han sido aprobados por todas y cada una de las clases perjudicadas [§1129 (b)(1) 11 U.S.C.], sino, al menos, por una clase de créditos *impaired* —sin contar como tal cualquier clase de personas especialmente relacionadas con el deudor (*insiders*)[159] *ex* §1129 (a)(10) 11 U.S.C.—. Y resultado de ello ha sido la lógica inclusión, junto al resto de medidas de tutela previstas para los planes de reorganización consensual[160], de un mecanismo de protección aún más estricto

158 Al respecto, *vid.* apartado IV, 4.2.3. Clasificación de créditos *vs.* socios; así como 4.2.4. Aprobación.

159 Para una definición exacta de qué entender por *insider*, *vid.* §101 (31) 11 U.S.C.

160 Así lo establece de manera expresa el §1129 (b)(1) 11 U.S.C., al decirnos que «*if all of the applicable requirements of subsection (a) of this section other than paragraph (8) are met with respect to a plan, the court, on request of the proponent of the plan, shall confirm the plan notwithstanding the requirements of such paragraph if the plan does not*

para este tipo de planes de reorganización no consensuales, aplicable solo a clases de créditos o intereses perjudicados —*impaired*— y no aceptantes —según indicaciones del §1129 (b)(1) 11 U.S.C.— como contrapartida a una vinculación forzosa del contenido del plan para con cualquiera de esas clases disidentes —o *cross-class cramdown*— que, por su parte, el tribunal de la quiebra habrá de comprobar en el momento de proceder a su confirmación judicial.

Estamos hablando del denominado *test de equidad* —o *fair and equitable test*—, reconocido en el §1129 (b)(1) 11 U.S.C. y desarrollado de una manera muy amplia en su apartado (b)(2); aun cuando con un alcance un tanto diverso al test de equidad previsto por el legislador europeo en el artículo 11.1 c) y 2 de la Directiva, que vino a hacer suyo solo en parte aquel test de equidad al introducir como principio general del mismo una «regla de prioridad relativa», en ningún caso considerada por el legislador norteamericano —pero sí propugnada por su doctrina—[161]. Llamativo es que, después y para el plan de reestructuración, el legislador de la reforma haya preferido ajustarse al primigenio test de equidad del 11 U.S.C. —aun con algún matiz—, que no al sistema propuesto por el legislador europeo, en sentido estricto[162].

a) Delimitación normativa

Para empezar, el principio de equidad previsto en el §1129 (b) 11 U.S.C. aglutina una serie de medidas destinadas a la satisfacción de la correspondiente cuota del valor de la reorganización a cada clase de acreedores, atendiéndose a un adecuado orden de prelación[163] y en protección, como decimos, de clases perjudicadas de créditos e intereses, al mismo tiempo que disidentes del plan[164]. Unas medidas que,

---

discriminate unfairly, and is fair and equitable, with respect to each class of claims or interests that is impaired under, and has not accepted, the plan».

161 Al respecto, *vid.* apartado IV.3.4.2. Test de equidad (fair and equitable test).

162 *Vid.* apartado IV.4.2.5.d) Test de equidad.

163 Nos estamos refiriendo al orden propio de la liquidación. Así, THERY MARTÍ, A. (2017). "Los marcos… (I)", *cit.*, p. 541.

164 Por lo establecido de manera expresa en el anexo informativo del §1129, 11 U.S.C. Por su parte, HARRIS, C. S. (1991). "A Rule Unvanquished: The

a meros efectos expositivos, podríamos calificar —y clasificar— como un control judicial *a priori* «hacia arriba», «de igual a igual» y «hacia abajo» con respecto a estas clases disidentes. Esto es:

Un control judicial «hacia arriba» es la denominada *prohibición de enriquecimiento injusto —o no more than 100% rule—*. Aplicable por interpretación de lo establecido en el anexo informativo del §1129 (b), supone impedir una apropiación indebida de cantidades que excedan la cuantía de sus créditos, por parte de cualquier clase *senior*, esto es, mejor posicionada que la clase de créditos o intereses disidente[165]. Con otras palabras y poniendo como ejemplo un supuesto reconocido de manera expresa en el propio texto concursal, será perfectamente homologable un plan de reorganización no consensuado por todas las clases perjudicadas que, no obstante, contenga, un «pacto de cesión de valor» entre clases de créditos o intereses siempre que se cumpla esa prohibición de enriquecimiento injusto. Esto es, el plan tendrá que ser justo y equitativo para con una clase disidente de créditos o intereses si se opta por prever una cesión de valor por parte de una clase *senior* (A) a una clase *junior* (C), esto es, una cesión de patrimonio que, en principio y por la reorganización pactada, habría de haber correspondido a esa clase *senior*. ¿Y cómo? Garantizando a cualquier clase disidente (D) a través del plan, siempre que sea esta una clase *junior* con respecto a la clase a la que se le haya cedido valor (C), que no se producirá una satisfacción de esa clase superior (C) que sobrepase el cien por cien de la cuantía total de sus créditos, en perjuicio de la clase disidente (D).

New Value Exception to the Absolute Priority Rule". *Michigan Law Review*, (89), (8), 2301-2328. https://repository.law.umich.edu/cgi/viewcontent.cgi?article=2231&context=mlr. Recuperado el 19 de enero de 2021, deja claro el alcance exclusivamente colectivo del principio de equidad; no siendo, pues, un mecanismo de protección individualizado de acreedores disidentes, dentro de una clase de créditos.

165 En una redacción previa al actualmente vigente §1129 (b), 11 U.S.C., se establecía como regla la prohibición de un enriquecimiento injusto, de manera expresa en el texto legal. Con posterioridad, se eliminó del precepto. Con todo, dicha supresión del texto legal se entiende, no como una cuestión de fondo, sino de forma, por lo que no puede impedirse su aplicabilidad, al resultar fundamental para la interpretación de ese «trato justo y equitativo», propugnado a través de este principio de equidad —así, *vid.* §1129, 11 U.S.C.—.

Un control judicial «de igual a igual» es la denominada *regla de equidad horizontal* —o *no unfair discrimination*—. Prevista en su §1129 (b)(1) *in fine*, exige un mismo trato entre clases del mismo rango perjudicadas por el plan, aunque no aceptantes del mismo[166].

Y un control judicial «hacia abajo» tiene que ver con la *regla de equidad vertical*, más conocida como *regla de prioridad absoluta* —o *absolute priority rule*—. Recogida en el § 1129 (b)(2), prevé un mejor trato de clases *senior* —como decíamos, mejor posicionadas— frente a clases *junior* —peor posicionadas—. Porque, no habiendo consenso por todas las clases perjudicadas de créditos o intereses, resulta más que improbable una satisfacción de manera suficiente de la totalidad de las deudas del empresario deudor[167]. De ahí, la necesidad de establecer un orden de prelación entre clases atendiéndose a cuál sea la naturaleza jurídica de los créditos o intereses en ellas incluidas, esto es, por su condición de créditos dotados de garantía real, créditos que no cuentan con una garantía real y clases de intereses. Resultado de lo cual y siguiendo con el ejemplo anterior, podrá admitirse como posible un plan de reorganización no consensual que prevea un «pacto de cesión de valor» de una clase *senior* (A) a una clase *junior* (C) en tanto en cuanto sea justo y equitativo para con una clase *impaired* disidente (B); esta, a su vez, clase *senior* frente a aquella otra (C). ¿Y cómo? Recogiéndose en el plan que la clase disidente (B) no podrá recibir menos del valor total de su crédito, si una clase *junior* a ella, la clase (C), va a recibir algo a través del mismo. Destacable es, por lo demás, que esta interpretación de la norma que nos ofrece el propio texto legislativo casa perfectamente con los «pactos de subordinación» admitidos como posibles por nuestra doctrina, al hilo del estudio de la regla de prioridad absoluta del artículo 655.2 4.º y 3 TRLC, para el plan de reestructuración[168].

---

166 Asimismo, *vid.* §1129, 11 U.S.C. *cit.*, según el cual «*classes of equal claims are being treated so that the dissenting class of impaired unsecured claims is not being discriminated against unfairly*».

167 BAIRD, D. G. (2017). "Priority Matters...", *cit.*, p. 806; y LUBBEN, S. J. (2016). "The Overstated Absolute Priority Rule". *Fordham Journal of Corporate & Financial Law*, (21), (4), 581-606, p. 583. https://ir.lawnet.fordham.edu/jcfl/vol21/iss4/1/. Recuperado el 10 de noviembre de 2020.

168 BUIL ALDANA, I. (2023). "Artículo 655. Impugnación del auto de homologación del plan no aprobado por todas las clases de crédito". *Comentario a la Ley*

Hasta aquí, un régimen jurídico-concursal de protección de clases de créditos o intereses disidentes que veremos después reflejado, de una u otra manera, en la Directiva europea —art. 11— y en el TRLC, con respecto a clases de créditos no aceptantes de un plan de reestructuración —en su art. 655—.

Pero lo cierto es que, además, el legislador norteamericano de 1978 se ha visto obligado a profundizar en la regulación de esta última regla de prioridad absoluta, para atender a situaciones planteadas en su ordenamiento jurídico. En concreto: (i) en contestación a una incipiente corriente doctrinal que, por entonces, solicitaba un cambio o flexibilización de la norma concursal a este respecto; (ii) así como en respuesta a la práctica jurisdiccional vivida en la práctica en aquellos momentos que provocó la necesidad de contemplar una alternativa de actuación, dentro del texto legislativo, para con las clases disidentes de créditos dotados de garantía real.

Y es que, como respuesta a una incipiente corriente doctrinal en pro de una relativización de la norma, el legislador norteamericano de 1978 rechazó una posible flexibilización de la regla de prioridad absoluta[169], ofreciendo a cambio una mayor concreción sobre cómo habría de funcionar esta regla de equidad vertical dentro de cada clase de créditos, con o sin garantía real, y de intereses.

En primer lugar, un plan de reorganización no consensual es «justo y equitativo» para cualquier clase disidente de créditos dotados de garantía real, con el objeto de poder ser después confirmado judicialmente, cuando ofrece a esta clase de créditos tres soluciones alternativas de actuación, *ex* apartado (A) del §1129 (b)(2) 11 U.S.C.: contar con un derecho de retención, que es la opción más utilizada en la práctica —con independencia de que la titularidad del bien sobre el que recaiga dicha garantía sea o no transmitida a un tercero—, en la medida que, con él, se garantice la satisfacción de su derecho de crédito tal y como ha sido reconocido en la quiebra *al menos* en la cuantía, «a valor presente», del bien sobre el que recae la garantía. Una segunda opción es la venta del bien sobre el que recaiga la

---

Concursal (dir. J. Pulgar), vol. II, 1344-1354. La Ley.

169 *Vid.* una referencia histórica recogida en el apartado IV.2.5.3. b) a. Antecedentes.

garantía real libre de cargas para, con su producto, atender al pago del derecho de crédito garantizado con dicho bien, recibiendo dicho gravamen el tratamiento recogido en los apartados (i) o (iii) del §1129 (b)(2)(A) 11 U.S.C. Y la tercera posibilidad es un «equivalente indubitable» del crédito garantizado; o, lo que es lo mismo, podrá entenderse como tal, por ejemplo, el abandono del bien sobre el que recae la garantía en manos del acreedor, o el establecimiento de un gravamen sobre otro bien similar del empresario[170].

Eso sí, matizamos aquella primera opción, porque el legislador concursal añade a ello la idea, un tanto compleja, de que el acreedor garantizado habrá de recibir, a partir del momento en el que surta efecto dicho plan de reorganización, pagos presentes —o diferidos en el tiempo— de cantidades que alcancen la cuantía total del crédito[171]. Y no deja de ser esto aparentemente un contrasentido si, siguiendo con el ejemplo antes mencionado, lo que la norma nos estaría diciendo es que a ese acreedor se le ha de garantizar el pago, presente o aplazado, de cantidades que cubrirán la totalidad de tu crédito —15.000.000 €—, pero cobrando *al menos* el valor presente del bien sobre el que recaiga su garantía —12.000.000 €—. Pero es que sí tiene sentido al hilo de la explicación del régimen excepcional del §1111 (b)(2) 11 U.S.C., como veremos seguidamente.

Por su parte, no puede ignorarse que «a valor presente» es un término financiero que viene a establecer cuál «es el valor actual de una cantidad de dinero en el futuro». O, lo que es lo mismo, es el «valor

---

170 Por el contrario y como también se reconoce en el Anexo Informativo de la norma analizada, los pagos actuales en efectivo inferiores al crédito garantizado no cumplirían esa condición de «equivalente indubitable» porque se privaría al acreedor de la oportunidad de beneficiarse de un aumento futuro del valor de la garantía. Como tampoco la cumplirían «los pagarés no garantizados con respecto al crédito garantizado o las acciones del deudor».

171 En concreto, el §1129 (b)(2)(A) 11 U.S.C. viene a especificar que: «(i) *(I) With respect to a class of secured claims, the plan provides—that the holders of such claims retain the liens securing such claims, whether the property subject to such liens is retained by the debtor or transferred to another entity, to the extent of the allowed amount of such claims; and (ii) that each holder of a claim of such class receive on account of such claim deferred cash payments totaling at least the allowed amount of such claim, of a value, as of the effective date of the plan, of at least the value of such holder's interest in the estate's interest in such property*».

actual de una suma de dinero futura o de flujos de efectivo dado un tipo de rendimiento determinado»; pues los «flujos de caja futuros se descuentan a un tipo de interés, y cuanto más alto sea el tipo de descuento, menor será el valor presente de los flujos de caja futuros». Esto, a modo de ejemplo, significa que si contamos con que el tipo de interés —del dinero— es del 10%, el valor presente de 100 € que se vayan a recibir dentro de un año es de 91 €; mientras que, si a esa cantidad futura se le aplica un interés del 4%, el valor presente de esos 100 € es de 96 € —como resultado de dividir 100 € por el interés aplicable, en cada caso—. Y ello porque recibir hoy una cantidad de dinero —100 €— vale más que si esa misma cantidad —100 €— se recibe, no hoy, sino dentro de un año[172].

En segundo lugar, un plan de reorganización no consensual será «justo y equitativo» para cualquier clase disidente de créditos no dotados de garantía real *ex* apartado (B) del §1129 (b)(2) 11 U.S.C., a los efectos de su confirmación judicial, siempre que les ofrezca una posible alternativa: la recepción o retención de patrimonio —*lato sensu*— del deudor por un valor presente, en el momento de surtir efecto dicho plan, igual a la cuantía de sus derechos de crédito o, al menos, que exista una «razonable probabilidad» de que ello sea así[173]; o el cumplimiento de la condición de que ninguna clase de créditos o intereses, inferior a esa clase disidente, recibirá patrimonio alguno como consecuencia del plan[174].

---

172 En este sentido, *vid.* HENDERSON, D. R. "Present value". *The Library of Economics and Liberty (Econlib)*, https://www.econlib.org/library/Enc/PresentValue.html. Recuperado el 21 de octubre de 2023; y JASON, F. (2024). "What Is Present Value? Formula and calculation". *Investopedia*, https://www.investopedia.com/terms/p/presentvalue.asp. Recuperado el 15 de septiembre de 2024.

173 Tal y como se recoge en el texto legal, no siempre es fácil para el tribunal calcular de manera adecuada el valor presente de los bienes del deudor —*a.e.* valores—, por lo que dicho tribunal solo necesitará determinar que existe una «probabilidad razonable» —o *reasonable likelihood*— de que el patrimonio entregado a esa clase disidente de créditos no garantizados equivale al valor presente de sus derechos de crédito, reconocidos en la quiebra.

174 El §1129 (b)(2)(B) 11 U.S.C. establece que: «*(i) the plan provides that each holder of a claim of such class receive or retain on account of such claim property of a value, as of the effective date of the plan, equal to the allowed amount of such claim; or (ii) the holder of any claim or interest that is junior to the claims of such class will not receive or retain under the plan on account of such junior claim or interest any property [...]*».

En fin, un plan puede confirmarse judicialmente aun sin contar con el consentimiento de clases de intereses que no puedan ser cubiertos con el producto de la reorganización acometida. Eso ocurre cuando se trata de intereses «sin valor» —o *valueless*— y están «*under water*», esto es, cuando no existe patrimonio suficiente derivado de la reorganización que pueda destinarse, ni siquiera parcialmente, a la satisfacción de tales intereses[175]. Ahora bien, en caso de que un plan de reorganización sí prevea una satisfacción, al menos, parcial de una clase de intereses disidente, será justo y equitativo para ellos el plan siempre que les ofrezca a estos socios, de manera similar a lo que ocurre con los titulares de créditos no garantizados, una doble salida: o bien, la recepción o retención de patrimonio del deudor por un valor presente —en el momento de surtir efecto dicho plan— igual al mayor entre el importe de cualquier preferencia de liquidación fija a la que tenga derecho, el precio de reembolso fijo al que también pueda tener derecho, o el valor de su participación en la sociedad; o bien, el cumplimiento de la condición de que ninguna clase de intereses inferior a la clase disidente habrá de recibir patrimonio alguno[176].

En lo que se refiere al segundo aspecto particular del ordenamiento estadounidense, esto es, la necesidad de dar una respuesta normativa a una situación fáctica vivida en la práctica jurisdiccional de aquellos momentos, el legislador concursal norteamericano optó por ofrecer dos alternativas de actuación a las clases disidentes de créditos dotados de garantía real. Porque, en efecto, la manera de entender un «crédito garantizado» y reconocido en la quiebra, según lo establecido en el §1129 (b)(2)(A) 11 U.S.C., varía atendiendo al hecho de que una clase haya —o no— elegido la aplicación del citado §1111.

---

[175] De hecho, el legislador concursal presume que serán clases no aceptantes del plan de reorganización.

[176] El §1129 (b)(2)(C) 11 U.S.C. establece que: «*[w]ith respect to a class of interests— (i) the plan provides that each holder of an interest of such class receive or retain on account of such interest property of a value, as of the effective date of the plan, equal to the greatest of the allowed amount of any fixed liquidation preference to which such holder is entitled, any fixed redemption price to which such holder is entitled, or the value of such interest; or (ii) the holder of any interest that is junior to the interests of such class will not receive or retain under the plan on account of such junior interest any property*».

Y es que, recuérdese, a una clase disidente de créditos dotados de garantía real que no haya optado por la aplicación del §1111 (b)(2) 11 U.S.C. se le aplica la regla general del §506 (a)(1) 11 U.S.C., a la hora de hacer valer la regla de prioridad absoluta y, en concreto, el derecho de retención. Esto significa que solo se entenderá como crédito garantizado, a efectos de la quiebra, la parte del crédito cubierta con el valor presente del bien sobre el que recaiga dicha garantía[177]. Siguiendo con las cuentas de antes, con relación a un préstamo de 15.000.000 € garantizado con un bien que ha sufrido una devaluación sobrevenida —originariamente, por valor de 18.000.000 € (frente a los 12.000.000 €, al inicio de la quiebra)—, la parte restante del crédito —3.000.000 €— que exceda del valor presente de ese bien se entenderá como no garantizada —*deficiency*—[178].

Esta situación contrasta con lo que le ocurrirá al titular de un crédito de una clase disidente dotado de garantía real que, por acuerdo mayoritario, haya optado por aplicar el §1111 (b)(2) 11 U.S.C. Pues este verá su crédito garantizado en la cuantía total del mismo aun cuando el valor presente del bien sobre el que recaiga dicha garantía —que habrá de haber cuantificado por el tribunal competente, en el momento de la confirmación judicial del plan— sea inferior. Eso significa, para aquel acreedor, tener asegurada también la parte del crédito —3.000.000 €— que no se haya visto cubierta con el valor del bien sobre el que recaía su garantía, en caso de haber sufrido este una devaluación —hasta alcanzar los 12.000.000 €— en el momento de su valoración, a efectos de la quiebra. Se trataría, pues, de un acreedor que renuncia a que la parte de su crédito no cubierta

---

177 Al respecto, *vid.* Anexo Informativo del §1129, 11 U.S.C., según el cual: «*nonelecting creditors retain a lien on collateral only to the extent of their allowed secured claims and not to the extent of any deficiency, and such secured creditors must receive present or deferred payments with a present value equal to the allowed secured claim, which in turn is only the equivalent of the value of the collateral under section 506 (a)*».

178 Por su parte, la ventaja que tiene esta falta de elección del régimen excepcional del §1111 (b)(2) 11 U.S.C., por parte de una clase de créditos dotados de garantía real, es que, en caso de producirse una revalorización sobrevenida del bien en cuestión —esto es, que finalmente este valga más que la cuantía total del crédito garantizado—, los titulares de dichos créditos podrán también ver satisfechas, además de su derecho de crédito, otras cantidades conexas al mismo —gastos (*a.e.* de abogados), costes, etc.— *ex* §506 (b) 11 U.S.C. Asimismo, *vid.* §506, 11 U.S.C.

por el valor presente del bien sobre el que recaiga dicha garantía sea clasificada —y tratada— como crédito «no garantizado» dentro de la quiebra y, por ende, a cualquier reparto de cantidades que pudieran corresponderle, dentro de esta última categoría. Porque, a cambio, prefiere mantener la cuantía total de su crédito como «garantizado». ¿Y cómo? Podría ser a través del compromiso del deudor a realizar a su favor unos pagos, presentes o diferidos en el tiempo, por el total del crédito —15.000.000 €—, aun cuando el valor presente del bien sea inferior a esa cuantía total —12.000.000 €—. Algo que podría ocurrir si, por ejemplo, en vez de cobrar dicho acreedor garantizado, en un breve espacio de tiempo a contar desde el momento de confirmarse judicialmente el plan y a valor presente —esos 12.000.000 € a los que podrían añadirse unos intereses por aplazamiento (por ejemplo, de un año)—, se procede a un pago diferido en el tiempo lo suficientemente amplio, por parte del deudor, como para que le permita a este obtener una rentabilidad suficiente de su patrimonio —intereses por aplazamiento— por valor de 3.000.000 €; lo que, añadidos a aquellos 12.000.000 € del valor del bien sobre el que recae la garantía, supondría entonces el pago total de 15.000.000 €, en favor del acreedor garantizado. Siendo, quizás, la justificación jurídica de esta específica medida excepcional o facultad de elección —recogida en el §1111 (b)(2) 11 U.S.C., junto a la previsión del apartado (II) del §1129 (b)(2) 11 U.S.C.— la evitación de comportamientos oportunistas, por parte de un deudor que quiera aprovecharse de una valoración judicial a la baja a través de un pago al acreedor garantizado: excesivamente precipitado en el tiempo y a un valor presente del bien sobre el que recae la garantía, inferior al que habría de corresponderle realmente, como resultado de una valoración judicial a la baja. Así, con esa elección normativa y la específica medida contemplada en el apartado (II) del precepto aquí analizado, el legislador concursal norteamericano estaría ofreciendo al acreedor garantizado una eventual satisfacción dilatada en el tiempo que le permite recibir, del deudor, la cuantía total de su crédito reconocida en la quiebra[179].

---

179 Ideas recogidas en el texto gracias a la ayuda y conversaciones mantenidas con el profesor Robert M. Lawless —Universidad de Illinois, Facultad de Derecho

En definitiva, una regulación jurídica detallada y casuística la recogida en el §1129 (b) 11 U.S.C. que, por lógica, no tiene por qué hacerse coincidir con el principio de equidad instaurado en el artículo 655 TRLC, al responder ambos ordenamientos jurídicos a realidades —por lógica— dispares. Aunque, si en el término medio está la virtud, sí habríamos de cuestionarnos en este punto la regulación de un principio de prioridad absoluta en el TRLC con una falta de precisión y exhaustividad significativas, a diferencia de lo ocurrido en la norma estadounidense y con la inseguridad jurídica que ello supone, en nuestro caso. De ahí que resulte preceptivo a efectos interpretativos, al mismo tiempo que enriquecedor, un análisis más detallado sobre el origen, justificación e inconvenientes que presenta la regla de prioridad absoluta prevista en el sistema concursal norteamericano.

b) Regla de prioridad absoluta (absolute priority rule)

a. Antecedentes

La regla de equidad vertical —de prioridad absoluta o *absolute priority rule*— surge como una medida de protección, de alcance meramente jurisprudencial, a favor de clases de acreedores no garantizados, en tanto no aceptantes de un plan de reorganización aplicable a compañías ferroviarias en crisis y dentro de un procedimiento conocido como *equity receivership*, a finales del siglo XIX[180]. Impedía, ya desde sus orígenes, la confirmación judicial de un plan que pretendiese la distribución de patrimonio del deudor entre clases *junior* sin antes haber satisfecho en su totalidad a cualquier clase de créditos no garantizados y no aceptantes del mismo[181]. Y ello por ser práctica habitual el que el órgano de administración, de las susodichas compañías ferroviarias, pretendiese negociar con los acreedores garantizados —*senior*— cuál habría de ser el futuro de dichas empresas, buscando alcanzar acuerdos que les permitieran a los socios de aque-

---

—al respecto, *vid.* https://law.illinois.edu/faculty-research/faculty-profiles/robert-m-lawless/–, en septiembre/octubre de 2023.

180 Así, HARRIS, C. S. (1991). "A Rule...", *cit.*, pp. 2301 y 2305; siendo el primer caso en el que se puso límite al *equity receivership* el de *Louisville Trust Co. v. Louisville, New Albany and Chicago Railway Co.*

181 CARLSON, D. G. y WILLIAMS, J. F. (2000). "The Truth...", *cit.*, p. 1309.

llas compañías mantener su interés en la empresa, tras la reorganización. Una negociación que, aun incluso de manera fraudulenta, podía llegar a suponer un perjuicio para acreedores —*mezzanine* o intermedios— no garantizados, en la medida en que estos no veían sus créditos satisfechos por el deudor o menos aún contaban con una participación en la empresa reorganizada.

Inicialmente conocida como la «regla Boyd» —*the Boyd rule*— por el caso *Louisville Trust* in *Northern Pacific Railway Co. v. Boyd* (228 U.S. 482, 1913)[182], resulta acuñada por la doctrina, por primera vez, en 1928[183]; pasa a incorporarse a la norma jurídico-concursal en 1933 como la necesidad de contar con un plan «justo» —o *fair*—, en la §77B de la derogada ley concursal de 1898, dentro del mencionado procedimiento de *equity receivership*; para, ya en 1934, cambiarse aquella expresión por la de un plan «justo y equitativo» —o *fair and equitable*— y recogerse, en la actualidad, en el §1129 (b) del vigente 11 U.S.C.

Es una regla que adquiere protagonismo en el momento de la aprobación de un plan de reorganización, pero solo cuando alguna de las clases participantes y perjudicadas por el mismo lo rechaza, siendo entonces previsible una imposible satisfacción total de las deudas del concursado[184]. Además, supone una satisfacción íntegra por orden descendente, esto es, la necesidad de satisfacer los créditos o —en su caso— intereses del empresario deudor atendiendo a un orden de prelación de clases; por lo que no es posible que una clase *junior* reciba patrimonio alguno del procedimiento de reorganiza-

---

182 Por lo establecido en el caso *Louisville Trust Co. v. Louisville Railway Co., 174 U.S. 683, 684,* estamos ante un principio o «*rule that the stockholder's interest in the property is subordinate to the rights of creditors, first of secured and then of unsecured creditors. And any arrangement of the parties by which the subordinate rights and interests of the stockholders are attempted to be secured at the expense of the prior rights of either class of creditors comes within judicial denunciation*».

183 BAIRD, D. G. (2017). "Priority Matters...", *cit.*, p. 786, ve el origen de un tratamiento diferenciado entre una prioridad absoluta y una relativa, en el ámbito de las reorganizaciones empresariales, en el escrito presentado por Bonbright y Bergerman, allá por 1928 —al respecto, *vid.* BONBRIGHT, J. C. y BERGERMAN, M. M. (1928). "Two Rival Theories of Priority Rights of Security Holders in a Corporate Reorganization". *Columbia Law Review*, vol. 28 (2), 127-165—.

184 Entre otros, BAIRD, D.G. (2017). "Priority Matters...", *cit.*, p. 806.

ción mientras una clase *senior* a aquella no haya visto satisfecha la totalidad de su crédito o interés antes.

b. Justificación

El objetivo de esta medida de protección es distributivo, al igual que sancionador, porque: a la par que en el plan de reorganización ha de especificarse el valor de la empresa en funcionamiento en el momento en el que se homologa, para repartir el patrimonio del deudor en orden descendente entre acreedores y socios preexistentes al inicio del procedimiento —implementándose aquí lo que algunos dicen es una manera de preservar derechos no concursales—[185]; la regla de prioridad absoluta cumple una función destacadamente «intimidatoria» al prever como preceptivo el establecimiento de un valor específico de la empresa en dificultades —o insolvente—, ya que una falta de acuerdo entre la partes a través de un plan consensuado por todas y cada una de las clases de créditos o intereses por él perjudicados deriva en la necesidad de tener que acudir al tribunal de la quiebra para que sea quien dirima sobre el desacuerdo, imponiéndose entonces una valoración, previsiblemente imparcial, pero

---

185 Así nos lo recuerdan SEYMOUR, J. y SCHWARCZ, S. (2019). "Corporate…", *cit.*, pp. 3, 4 y 8. En cualquier caso, el mantenimiento de la regla de prioridad absoluta en el texto concursal de 1978 vino a justificarse de forma dispar por parte de la doctrina. Pues hubo quien vio en la intención del legislador el querer preservar derechos no concursales al mantener en activo, dentro de la quiebra, derechos adquiridos por los acreedores frente al deudor, antes de iniciarse el mismo; de ahí, la aplicación propia del orden de prelación estricta de liquidación —así, JACKSON, T. H. (1982). "Non-Bankruptcy Entitlements, and the Creditors' Bargain". *The Yale Law Journal*, (91), 857-907. https://digitalcommons.law.yale.edu/cgi/viewcontent.cgi?article=6733&context=ylj. Recuperado el 30 de agosto de 2021. Pero, contrariamente, hubo quien consideró el objetivo a alcanzar con esta regla de prioridad absoluta la minimización de un comportamiento oportunista: de los acreedores, al prohibirles exigir más de lo que se les debe; o por parte del deudor, al prohibirle pagar de menos. Algo que podía llegar a suponer una eventual eliminación de derechos adquiridos antes de la quiebra, después de declarada la misma —así, CASEY, A. J. (2011). "The Creditors' Bargain and Option— Preservation Priority in Chapter 11". *The University of Chicago Law Review*, (78), (3), 1-50, pp. 141, 157, 162 y 164. https://www.researchgate.net/publication/228235790_The_Creditors%27_Bargain_and_Option-Preservation_Priority_in_Chapter_11. Recuperado el 4 de octubre de 2023-.

también incierta[186]. Algo que bien pueden querer eludir acreedores y socios, incentivándose así un acuerdo entre todas las clases perjudicadas y, por ende, la consecución de un plan consensual de reorganización «a la sombra» del §1129 (2) 11 U.S.C., esto es, en evitación de una valoración judicial[187]. Pero, además, una medida disuasoria previsiblemente convincente si atendemos a estadísticas de uso del plan de reorganización recogido en el Capítulo 11 ya que, por regla general, los planes de reorganización alcanzados dentro de un procedimiento de quiebra suelen ser planes consensuales y, por tanto, aprobados —a través de mayorías reforzadas— por todas y cada una de las clases perjudicadas[188].

c. Inconvenientes

Por regla, un plan de reorganización supone la modificación de la estructura de capital de una empresa en dificultades financieras que tiene visos de continuidad y, por tanto, una previsible recolocación de las participaciones sociales de una sociedad concursada entre sus acreedores y/o socios —y/o la implicación de otros terceros, posibles inversores— o cambio de control en el gobierno corporativo de una sociedad.

Ahora bien, ante la probabilidad de que no exista patrimonio suficiente para pagar de manera íntegra a los acreedores del titular de aquella empresa tras la reorganización, se hace también precisa la implantación de un régimen de prioridad —u orden de prelación entre inversores— ya en el momento de negociarse dicho plan de reorganización; pero, más en concreto, una regla de prioridad absoluta en aquellos casos en los que no haya habido consenso por parte de todas las clases de créditos o intereses perjudicados por un plan de reorganización *ex* §1129 (b)(2) 11 U.S.C.

---

186 Como bien considera SEYMOUR, J. y SCHWARCZ, S. (2019). "Corporate...", *cit.*, p. 12, los tribunales no son expertos tasadores.

187 Entre otros, BAIRD, D.G. (2017). "Priority Matters...", *cit.*, pp. 786, 788, 804, 821 y 822. o SEYMOUR, J. y SCHWARCZ, S. (2019). "Corporate...", *cit.*, pp. 11, 13, 20, 28 y 33. En este sentido, *vid.* asimismo, GARCIMARTÍN ALFÉREZ, F. (2022). "Las reglas...", *cit.*, p. 281.

188 En palabras de SEYMOUR, J. y SCHWARCZ, S. (2019). "Corporate...", *cit.*, pp. 3 y 9.

El primer inconveniente que esta regla plantea es para con los socios. Pues, tratándose de un sistema de protección excesivamente riguroso de satisfacción en cascada o por orden descendente de clases de créditos *senior*, *junior* y socios, en tanto las clases disidentes de acreedores o socios han de ver sus créditos satisfechos en su totalidad para dar paso a un subsiguiente reparto entre clases peor posicionadas, la aplicación de esta regla de prioridad absoluta está abocada a una previsible exclusión de los últimos de la lista, los socios, en el reparto del *going concern surplus* o excedente resultante de la reorganización. Sin olvidar el poco —o ningún— margen de interacción que habrían de tener en la negociación de un plan de reorganización[189].

Pero tampoco parece una medida al antojo de los acreedores. Y es que la necesaria determinación *a priori* —concretamente, en el momento de la confirmación judicial del plan de reorganización— del valor previsible que pueda llegar a tener la empresa como unidad productiva en funcionamiento una vez reorganizada —o *going concern value*—, de estar ante un plan no consensual, se deja necesariamente en manos del tribunal competente. Porque una cosa es la cuantía de los créditos —reconocidos dentro de la quiebra— que se adeudan por el deudor al momento de iniciarse un procedimiento concursal; y otra, el valor de la empresa en funcionamiento, aunque solo «estimado» en el momento de confirmarse judicialmente dicha reorganización —también frente a su valor real o efectivo—. Así que una falta de acuerdo entre las partes sobre la que habría de ser su previsible valoración —lógico sería que acreedores *senior* tiraran por lo bajo, mientras que acreedores *junior* intentasen sobrevalorarla—[190] aboca a una subsiguiente valoración estimada de la empresa reorganizada en funcionamiento por parte del tribunal competente, en el momento de la confirmación judicial del plan propuesto por

---

189 Entre otros, *vid.* CASEY, A. J. (2016). "Bankruptcy's endowment effect". *Bankruptcy Developments Journal, University of Chicago Coase-Sandor Institute for Law & Economics Research*, (33), (789), 141-170, p. 146. https://papers.ssrn.com/sol3/papers.cfm?abstract_id=2882885. Recuperado el 3 de diciembre de 2020; o SEYMOUR, J. y SCHWARCZ, S. (2019). "Corporate…", *cit.*, p. 16.

190 Ejemplos de ello se encuentran en CRYSTAL, M. y MOKAL, R. J. (2006). "The Valuation…", *cit.*, pp. 5-6. Asimismo, *vid.* SEYMOUR, J. y SCHWARCZ, S. (2019). "Corporate…", *cit.*, p. 12.

las partes; quien, en su caso, podrá contar con la ayuda de un experto independiente.

Valoración que, por lo demás, no resulta en ningún caso fácil[191], siendo muy diversos los mecanismos de valoración utilizados por los tribunales. Así y a modo de ejemplo, podríamos mencionar[192]: un sistema a través del cual se procede a la realización de una métrica de la situación financiera de la empresa, en comparación con otras existentes en el mercado —o *market comparison* (*or 'comparable company'*) *approach*—; un sistema igualmente comparativo que, en lugar de atender a los valores empresariales asignados por el mercado, procede a valorar la empresa del deudor a partir de los precios pagados por los compradores en adquisiciones recientes, en empresas del sector con las que podría compararse aquella —o *comparable transaction* (*or 'precedent transaction'*) *approach*—; o el sistema a través del cual se calcula el valor de la empresa en función del valor presente de los flujos de efectivo previstos por el deudor —o *discounted cash flow* (*DCF*) *approach*—[193]. Sin olvidar tampoco que estamos hablando de tasaciones que, además de costosas, aun a pesar de la lógica imparcialidad del juez competente, no dejan de ser estimaciones de un valor futuro que podrían divergir del valor real de la empresa, con desviaciones de hasta un diez por ciento. De ahí, el incentivo para alcanzar un acuerdo sobre el valor de la empresa y evitar que sea un tercero, ajeno a las partes, quien termine determinándolo.

En fin, otros tantos inconvenientes derivados del uso de esta regla de prioridad absoluta son: los mayores costes, directos e indirec-

---

191 Al respecto, *vid.* CRYSTAL, M. y MOKAL, R. J. (2006). "The Valuation…", *cit.*, p. 8, quienes además recogen supuestos concretos de aplicación combinada de dichas medidas de valoración.

192 Así, BAIRD, D. G. y BERNSTEIN, D. (2006). "Absolute Priority…", *cit.*, pp. 1956, 1957-1958 y 1969; o BAIRD, D. G. (2017). "Priority Matters…", *cit.*, p. 807.

193 Por su parte, el Juzgador de lo Mercantil del caso Celsa, en sentencia 26/2023, de 4 de septiembre (*Tol 9696169*), Fundamento Jurídico octavo (8.2), p. 44, nos recuerda que «[l]a valoración mediante el sistema de DFC es relativamente sencilla. Consiste en determinar los flujos de efectivo, esto es las entradas y salidas de dinero de una compañía durante un período de tiempo determinado, actualizándolas a valor presente aplicando una tasa de descuento en función del coste promedio del capital (WACC) a la que ha de añadirse, finalmente, el valor residual de la compañía».

tos, de la mencionada valoración judicial; una menor rapidez; una limitación de perspectivas empresariales para el deudor; la eventual distracción del equipo directivo de la empresa; o, por qué no, cuestiones de imagen[194].

Estos factores explican que la doctrina —científica y jurisprudencial— haya venido propugnando, ya desde hace tiempo, otras maneras alternativas de protección algo más flexibles que la prescrita a través de la *absolute priority rule.* Eso sí, estamos hablando de mecanismos aplicados *de facto* en distintas resoluciones judiciales o de meras discusiones doctrinales; nunca, de institutos jurídicos contemplados en la legislación norteamericana actual como medidas alternativas a la regla de prioridad absoluta, con una única salvedad prevista en el §1181 (a) 11 U.S.C. para microempresas y PYMEs. Todo ello, en clara contraposición a lo ocurrido en nuestro ordenamiento jurídico interno que sí reconoce supuestos en los que impera una prioridad absoluta suavizada —art. 655.3 TRLC— o incluso una regla de prioridad relativa —arts. 684.4 y 698 *bis*.6 5.º TRLC—.

2.6. Mecanismos de protección alternativos

2.6.1. Principio de mayor esfuerzo («best efforts» principle)

La única excepción legal a la regla de prioridad absoluta recogida en el §1129 (b) 11 U.S.C. la encontramos en el régimen incorporado como subcapítulo V, del susodicho Capítulo 11, para las microempresas y PYMEs. En él, se obvia por el legislador de la reforma una aplicación directa de la regla de prioridad absoluta, por lo establecido de manera expresa en el §1181 (a) 11 U.S.C., y se ofrece, a cambio para este tipo de empresarios deudores, el denominado *principio de mayor esfuerzo* —o *"best efforts" principle*—, muy al estilo de lo establecido en el Capítulo 13 del texto concursal norteamericano para con deudores personas naturales no empresarias.

194 SEYMOUR, J. y SCHWARCZ, S. (2019). "Corporate...", *cit.*, pp. 9 a 12. Asimismo, *vid.* BAIRD, D. G. (2017). "Priority Matters...", *cit.*, p. 788.

Más en concreto, conforme al §1191 (c) 11 U.S.C[195]., se entiende que un plan de reorganización es «justo y equitativo» con respecto a clases de créditos garantizados a través del cumplimiento de los requisitos del §1129 (b)(2)(A) 11 U.S.C. Así pues y para con los acreedores dotados de garantía real, no queda otra que cumplir lo prescrito en el §1129 —otrora mencionado— para la regla de prioridad absoluta sobre un derecho de retención, un pago en efectivo —previa venta del bien sujeto a garantía—, o un equivalente indubitable[196]. Por lo que la novedad o especialidad aquí hay que buscarla en el hecho de que, en los demás casos, el plan debe prever, a partir de la fecha en la que este surta efecto, que: (i) los previsibles ingresos disponibles que pueda llegar a recibir el deudor, en un periodo de tiempo que va de los tres a los cinco años, habrán de destinarse al pago de acreedores. O (ii) que el valor del patrimonio que habrá de ser distribuido dentro de aquel plazo de tiempo no será inferior a aquellos «previsibles ingresos disponibles». Y se entiende por «ingresos disponibles», *ex* §1191 (d) 11 U.S.C., aquellos ingresos recibidos por el deudor que no sean razonablemente necesarios para el mantenimiento o manutención del deudor —o dependiente suyo—, o un deber de manutención que sea pagadero por primera vez después del inicio del procedimiento de quiebra; o el pago de gastos necesarios para la continuación, conservación o funcionamiento de la empresa del deudor. Sin olvidar tampoco la exigencia de que el deudor habrá

---

195 En palabras del legislador norteamericano: «(c) [...] *the condition that a plan be* fair and equitable *with respect to each class of claims or interests includes the following requirements: (1) With respect to a class of secured claims, the plan meets the requirements of section 1129 (b)(2)(A) of this title. (2) As of the effective date of the plan— (A) the plan provides that all of the projected disposable income of the debtor to be received in the 3-year period, or such longer period not to exceed 5 years as the court may fix, beginning on the date that the first payment is due under the plan will be applied to make payments under the plan; or (B) the value of the property to be distributed under the plan in the 3-year period, or such longer period not to exceed 5 years as the court may fix, beginning on the date on which the first distribution is due under the plan is not less than the projected disposable income of the debtor. (3)(A)(i) The debtor will be able to make all payments under the plan; or (ii) there is a reasonable likelihood that the debtor will be able to make all payments under the plan; and (B) the plan provides appropriate remedies, which may include the liquidation of nonexempt assets, to protect the holders of claims or interests in the event that the payments are not made*».

196 *Vid.* p. 99.

de ser capaz de satisfacer los pagos según lo establecido en el plan; o, al menos, que existe una razonable probabilidad de que así lo hará. Pues, de otra manera, el plan habrá de haber previsto otro tipo de remedios —inclusive, la liquidación de activos no exentos— para proceder a la satisfacción de los intereses de acreedores o socios.

2.6.2. Excepción del nuevo valor (new value exception rule)

Más allá de la especialidad legal recogida para las microempresas y PYMEs, se constata en el panorama jurídico norteamericano una pluralidad de posturas doctrinales y jurisprudenciales propuestas o previstas con el objeto de evitar la aplicación de una regla de prioridad absoluta. Un buen ejemplo de ello es la «excepción de nuevo valor» —o *new value exception*—. Una técnica, por lo demás, asumida por nuestra doctrina al hilo de la explicación de la norma de flexibilización que se ha recogido para la regla de prioridad absoluta, en el plan de reestructuración *ex* artículo 655.3 TRLC[197].

Esta *new value exception rule* admite como posible que los socios de una concursada retengan su interés como propietarios en la empresa reorganizada, con preferencia al interés que puedan tener otros acreedores —concretamente, los no garantizados— cuando, a través de un plan de reorganización, dichos socios se ofrezcan a contribuir con nueva financiación. Eso sí, el mantenimiento de su condición de socios en la empresa reorganizada siempre habrá de sujetarse a una serie de requisitos: (i) habrá de resultar necesaria su contribución en la reorganización empresarial planteada. (ii) Su participación en la sociedad reorganizada será razonablemente equivalente a la nueva financiación realizada por ellos. Y (iii) dicha nueva inversión se habrá de hacer en efectivo —o signo que lo represente—[198].

Como resultado de ello, esos socios inversores podrán contar con un derecho a retener —si no a pujar, en subasta pública—[199] una can-

---

197 Al respecto, *vid.* apartado IV, 4.2.5. d) b. Regla de prioridad absoluta.

198 Así, CARLSON, D. G. y WILLIAMS, J. F. (2000). "The Truth...", *cit.*, p. 1310; y HARRIS, C. S. (1991). "A Rule...", *cit.*, p. 2303.

199 Matiz importante este último, con respecto a la idea inicial de un derecho de retención *stricto sensu* para los socios de una sociedad concursada sujeta a un plan de reorganización al que aplicar la *new value exception*, contemplado en el caso

tidad estipulada con respecto a nuevas participaciones en la empresa reorganizada, aun habiéndose opuesto al plan de reorganización los acreedores no garantizados.

Esta *new value exception* se contempló en el caso *Kansas City Terminal Ry. Co. v. Cent. Union Trust Co. of N.Y.*, allá por 1926, siendo luego eventualmente incorporada a la Ley concursal de 1898 a través de la *Bankruptcy Act*, de 7 de junio de 1934, y posteriormente revisada en 1976; y ser finalmente derogada, *supuestamente*, en 1978. Decimos que solo se supone porque es una regla que no dejó de aplicarse en una pluralidad de resoluciones judiciales entre 1978 y 1988; momento en el que, en conexión con el caso *Norwest Bank Worthington v. Ahlers*, el Tribunal Supremo rechazó su aplicabilidad por entender que transgredía los requisitos propios del test de equidad[200]. Aun cuando esta circunstancia también fuera igualmente matizada por la doctrina y no existiera una posición unánime al respecto sobre su eventual supresión[201], reconociéndose su existencia en distintas reso-

---

LaSalle —Bank of America National Trust & Savings Association v. 203 North LaSalle Street Partnership—. Pues, aun admitiendo el tribunal competente la validez de una medida excepcional de protección del socio frente a la regla de prioridad absoluta, el mismo consideró que esa reserva de opción exclusiva para *insiders* era inapropiada y contraria a derecho. De ahí que insistiera en que, como mínimo, esas nuevas participaciones en el capital de la sociedad reorganizada habrían de ofrecerse en pública subasta; algo que permitiría a los acreedores no garantizados, en su caso, superar la puja realizada por dichos socios. Así nos lo cuenta HARRIS, C. S. (1991). "A Rule...", *cit.*, p. 2327.

200 Según HARRIS, C. S. (1991). "A Rule...", *cit.*, p. 2309, en todas las resoluciones judiciales dictadas entre 1978 y 1988 se presumió la continuidad de la aplicabilidad de la *new value exception*, salvo en un caso concreto —*in re Pine Lake Village Apartment Co.*—. De ahí que este autor criticase la decisión judicial mencionada que entiende inaplicable dicho principio. Más aún cuando, con posterioridad y en un caso de análoga naturaleza —*United Savings Assn. v. Timbers ofInwood Forest*—, el propio Tribunal Supremo vino a decir de manera expresa que: "*[s] uch a major change in the existing rules would not likely have been made without specific provision in the text of the statute; it is most improbable that it would have been made without even any mention in the legislative history*". Y es que existía la presunción de que un silencio parlamentario sobre cuál habría de ser el alcance de la revisión de la norma jurídica debía entenderse, en sí mismo, como una aceptación de la susodicha doctrina —al respecto, *vid. op. cit.* p. 2316-2319—.

201 HARRIS, C. S. (1991). "A Rule...", *cit.*, p. 2328, hace hincapié en la idea de que resulta preciso que el legislador se pronuncie de manera expresa sobre la existencia o no de este principio, en la propia Ley concursal.

luciones judiciales de manera subsiguiente —en especial, la de 1999 en el caso *Bank of America National Trust & Savings Association v. 203 North LaSalle Street Partnership*—[202].

2.6.3. Otras propuestas doctrinales

Entre los años 60 y 70 se acentuó, más aún si cabe, la existencia de un apoyo doctrinal y jurisprudencial en favor de un cambio en el tratamiento de la *absolute priority rule* en el contexto del procedimiento de reorganización empresarial, hasta el punto de que se llegó a presentar, por parte de la Comisión Nacional del Mercado de Valores —o *Securities and Exchange Commission*—, una propuesta de eliminación de dicha regla de prioridad. Sin embargo, esta tendencia imperante y correlativa propuesta de cambio no fue finalmente atendida por el legislador de la reforma de 1978. Como ya mencionamos, no solo se decidió mantener en el §1129 (b), Capítulo 11, Título 11 U.S.C., esa necesidad de un principio de justicia y equidad *stricto sensu* para el plan de reorganización no consensual —y, por tanto, una regla de prioridad absoluta—[203]; sino que, incluso, el legislador concursal procedió a concretarla, más aún si cabe, en el propio texto legal, distinguiendo entre clases de créditos garantizados [con la previsión excepcional del §1111 (b)(2) 11 U.S.C.], no garantizados y clases de intereses[204].

De una u otra manera, han sido siempre muy diversas las posturas doctrinales que han buscado evitar una costosa —y cuestionable—

---

202 Aunque habría que hablarse de un antes y un después al caso *Bank of America National Trust & Savings Association v. 203 North LaSalle Street Partnership*, lo cierto es que parecía defenderse la existencia de esta *new value exception* —así, CARLSON, D. G. y WILLIAMS, J. F. (2000). "The Truth…", *cit.*, pp. 1303-1304, quienes se detienen a analizar el contenido de la citada sentencia en *op. cit., pp.* 1321 y ss.—. Eso sí, no dejaba de ser una medida excepcional poco utilizada pues, atendiendo a estadísticas —recogidas en su momento por CARLSON, D. G. y WILLIAMS, J. F. (2000). "The Truth…", *cit.*, pp. 1312-1314, 1330 y ss.— entre los años 1978 y 2000, de doscientos dos planes sujetos a la excepción de nuevo valor, solo doce fueron confirmados y solo cinco se confirmaron después de la sentencia *LaSalle*.

203 *Vid.* apartado IV.2.5.3. b) Regla de prioridad absoluta (absolute priority rule).

204 Asimismo, *vid.* apartado IV.2.5.3. b) Regla de prioridad absoluta (absolute priority rule).

valoración judicial de la empresa en funcionamiento de un empresario deudor, como alternativas a la regla de prioridad absoluta. Así, podríamos hablar de la *teoría de convenio entre acreedores —creditors' bargain theory—*[205]; la *teoría de prioridad en la conservación de una opción* —«option-preservation priority»[206]; o la denominada de manera expresa como de *prioridad relativa —relative priority rule—*[207].

Con respecto a esta última teoría, una regla de prioridad relativa como alternativa a la prioridad absoluta[208] presenta como ventaja aquí, frente a la medida de protección de acreedores o socios prevista por el legislador, el poder ofrecer una opción de compra, a un precio y fecha —de ejercicio de la opción— preestablecidos, de la posición que pudiera tener un acreedor *senior* en la nueva estructura de capital, permitiéndose así una participación de clases de créditos *junior* en la «foto» final, esto es, en la nueva estructura de capital de la empresa reorganizada.

Y es que, el régimen de prioridad absoluta hace posible una exclusión en la configuración de una nueva estructura de capital de clases de créditos *junior*, si atendemos al hecho de que el valor de la empresa reorganizada que pueda llegar a determinar, previsiblemente, el tribunal competente —en el momento de la homologación del plan no consensual— puede no superar el valor de la inversión que se le debe a una clase *senior*; situación que provocará una falta de interés de pacto alguno, por parte de clases de créditos *junior* a aquella otra.

Ahora bien, el establecimiento de una prioridad relativa abre las puertas al eventual mantenimiento de estas clases de créditos *junior* también «en escena», esto es, en la nueva estructura de capital de la empresa reorganizada, si resulta previsible que el valor final de la empresa reorganizada puede llegar a superar la cuantía que se le adeuda a la clase de créditos *senior*; y ello, a través de una *call option* —u opción de compra—. Pues la inevitable incertidumbre de una valoración judicial de la empresa en funcionamiento siempre puede fa-

---

205 Al respecto, *vid.* JACKSON, T. H. (1982). "*Non-Bankruptcy...*", *cit.*, pp. 857-907.

206 *Vid.* CASEY, A. J. (2011). "The Creditors' Bargain...", *cit.*

207 En este sentido, *vid.* BAIRD, D. G. (2017). "Priority Matters...", *cit.*, pp. 785-829.

208 Al respecto, *vid.* nota 183.

vorecer un acuerdo entre acreedores mejor y peor posicionados, por suponer para el acreedor *junior* una *option value* —opción de valor—.

A modo de ejemplo, ante una situación de inviabilidad financiera de un empresario deudor, dos acreedores —*senior* y *junior*— pueden creer que la empresa vale X. Ese valor es también la cuantía X que se le debe al acreedor *senior*. Atendiendo a lo establecido en el §1129, 11 U.S.C., el acreedor *senior* podrá recibir la cuantía total de su crédito o, incluso, una participación en la empresa reorganizada por valor X. Algo que le podría llevar a plantearse solicitar la aplicación de la regla de prioridad absoluta para cobrar, previsiblemente, el cien por cien de su crédito. Pero no deja de ser tampoco una decisión que también podría cuestionarse, porque la norma jurídico-concursal prevé la necesidad de una valoración judicial de la empresa en funcionamiento y esta puede no ser lo suficientemente ajustada a la realidad —recuérdese, con desviaciones de valor de hasta un diez por ciento—. Una incertidumbre sobre cuál será finalmente la valoración judicial de la empresa financieramente inviable que, por ende, además de suponer un riesgo para aquel acreedor *senior*, ofrece una oportunidad para el acreedor *junior* de contar con una *call option*. Y se entiende por *call option* la opción de compra, a un precio y fecha —de ejercicio de la opción— preestablecidos, de la posición que pudiera tener un acreedor *senior* en la nueva estructura de capital que pueda tener una empresa reorganizada, por parte de un acreedor *junior*. Esto es, un precio preestablecido que se ajustaría a la cuantía total adeudada al acreedor *senior* y cuya posición, dentro de la nueva estructura de capital, quiera subsumir un acreedor *junior*. Así como una fecha de ejercicio de esa opción de compra que, en este caso de prioridad relativa se pospondría al momento final en el que las cuentas tienen que ser saldadas entre las partes. Porque «prioridad» significa «lo que recibe cada inversor de la empresa cuando se tengan que cuadrar las cuentas de manera definitiva»[209]. Como vemos,

En conclusión, mientras la regla de prioridad absoluta hace preciso el establecimiento, *a priori* y por parte del tribunal competente, del valor estimado de la empresa reorganizada —valor solo estimado (y, por tanto, probablemente desviado de su valor final y efectivo, des-

209 BAIRD, D. G. (2017). "Priority Matters...", *cit.*, p. 795.

pués de reestructurada)—, adelantándose la fecha en la que el acreedor *junior* tendría que decidir si pagar o no al acreedor *senior* por su participación en la nueva estructura de capital; en el caso de la prioridad relativa, esa elección se pospone en el tiempo, concretamente, al momento en el que el plan de reorganización se ha llevado a efecto, que es cuando habrán de saldarse cuentas de manera definitiva. En este caso, pues, no será otra la preocupación del tribunal competente en el momento de la homologación judicial del plan que la de saber cuánto se le debe al acreedor *senior* —precio preestablecido— y cuál es la fecha límite en la que se tiene que rendir cuentas —fecha de ejercicio de una eventual opción de compra—[210]. Porque el régimen de prioridad relativa no exige una valoración judicial de la empresa en funcionamiento en el momento de confirmarse el plan de reorganización, a diferencia de la regla de prioridad absoluta[211].

Adviértase, pues, el alcance diverso de esta regla de prioridad relativa con respecto al que será después el régimen legalmente previsto en nuestro TRLC y en el que se plantea una flexibilización de la regla de prioridad absoluta, pero ya no ofreciéndose una opción de compra como esta a clases *junior*, sino una posible satisfacción parcial de sus créditos —*junior*— aun cuando haya clases *senior* que no hayan recibido el cien por cien del valor de sus créditos.

En cualquier caso y aun después de todo lo dicho, lo cierto es que a día de hoy, y aun siendo muchas —además de muy distintas— las aportaciones doctrinales propugnadas en conexión a la eventualidad de un plan de reorganización no consensual, la única regla aplicable a un plan de reorganización no consensual es la regla de prioridad absoluta; con una única salvedad, la prevista para el pequeño empresario, a través del test de mayor esfuerzo. No hay más. Otra cosa es que estas propuestas doctrinales bien puedan servirnos para ejemplificar o acotar de alguna forma las reglas de prioridad incorporadas al vigente TRLC. Veremos, en su momento.

---

[210] Así, BAIRD, D. G. (2017). "Priority Matters...", *cit.*, pp. 791, 793, 795 y 796.

[211] Igualmente, BAIRD, D. G. (2017). "Priority Matters...", *cit.*, pp. 807 y 812.

3. DIRECTIVA (UE) 2019/1023 SOBRE MARCOS DE REESTRUCTURACIÓN PREVENTIVA

3.1. Cuestiones generales

La Directiva (UE) 2019/1023 del Parlamento Europeo y del Consejo, de 20 de junio, «sobre marcos de reestructuración preventiva, exoneración de deudas e inhabilitaciones, y sobre medidas para aumentar la eficiencia de los procedimientos de reestructuración, insolvencia y exoneración de deudas, y por la que se modifica la Directiva (UE) 2017/1132» (*Tol 7307647*), marcó un hito en el avance hacia una armonización de la normativa concursal a nivel europeo. Porque, hasta la fecha, el legislador comunitario solo se había preocupado de promulgar un Reglamento en materia de conflictos de competencia, procedimientos transfronterizos y reconocimiento de resoluciones de insolvencia —Reglamento (CE) 1346/2000, de 29 de mayo, refundido en el Reglamento (UE) 2015/848, de 20 de mayo (*Tol 5436815*)—[212]; dejándose así cualquier otra cuestión sobre la crisis empresarial e insolvencia a la discrecionalidad de los Estados miembros que bien podrían —o no— aplicar lo establecido en una Recomendación de la Comisión de 12 de marzo de 2014, "sobre un nuevo enfoque frente a la insolvencia y el fracaso empresarial Texto pertinente a efectos del EEE"[213]. De ahí, la necesidad de una norma-

---

212 *Reglamento (UE) 2015/848, de 20 de mayo, sobre procedimientos de insolvencia* (*Tol 5436815*), https://www.boe.es/doue/2015/141/L00019-00072.pdf.

213 Así, *vid. 2014/135/UE: Recomendación de la Comisión, de 12 de marzo de 2014, "sobre un nuevo enfoque frente a la insolvencia y el fracaso empresarial Texto pertinente a efectos del EEE"*, https://eur-lex.europa.eu/legal-content/ES/ALL/?uri=celex%3A32014H0135. Recuperado el 21 septiembre 2023, en la que se establecía ya la necesidad de «fomentar una mayor coherencia entre los marcos nacionales de insolvencia a fin de reducir las divergencias y las ineficiencias que obstaculizan la reestructuración temprana de empresas viables con dificultades financieras y la posibilidad de una segunda oportunidad para los empresarios honrados y, de este modo, reducir el coste de la reestructuración, tanto para los deudores como para los acreedores. Una mayor coherencia y eficiencia de las normas nacionales de insolvencia maximizaría los pagos a todo tipo de acreedores e inversores y fomentaría la inversión transfronteriza. Una mayor coherencia también facilitaría la reestructuración de los grupos de empresas, independientemente de la ubicación de sus miembros en la Unión» —considerando 11—.

tiva jurídica al respecto que sí fuera inevitablemente atendida por todos los Estados miembros.

Pero si es una Directiva comunitaria que sienta las bases de un cambio normativo en el ámbito específico de las reestructuraciones empresariales preconcursales al establecer una regulación pretendidamente armonizadora del derecho concursal europeo[214], en verdad es solo «el primer paso» hacia esa pretendida armonización europea. O, lo que es lo mismo, es el «pistoletazo de salida» de la que habrá de ser una regulación jurídica europea en materia de derecho concursal que, además, parece seguir su curso, si atendemos al hecho de que en este momento está pendiente de tramitación una propuesta de Directiva del Parlamento europeo y del Consejo, «relativa a la armonización de determinados aspectos de la legislación en materia de insolvencia», de 7 de diciembre de 2022[215].

Paradójico es, por lo demás, el resultado dispar de su transposición a cada uno de los Estados miembros. Y es que la Directiva europea de 2019 es también una norma jurídica de mínimos, visto el alcance abierto, flexible y general con el que regula los marcos de reestructuración preventiva[216]. Algo que ha dejado la puerta abierta a una regulación muy diversa de institutos jurídicos, según

---

214 Un análisis detallado de los pasos dados hasta la publicación de esta norma jurídica se encuentra en THERY MARTÍ, A. (2017). "Los marcos… (I)" *cit.*, pp. 516-518.

215 *Vid. Propuesta de Directiva del Parlamento europeo y del Consejo, "relativa a la armonización de determinados aspectos de la legislación en materia de insolvencia. COM/2022/702 final*". https://eur-lex.europa.eu/legal-content/ES/TXT/?uri=CELEX%3A52022PC0702. Recuperado el 21 septiembre 2023. Por lo pronto, son temas objeto de consideración por parte de esta propuesta legislativa: las acciones revocatorias; el rastreo de los activos pertenecientes a la masa del concurso; procedimientos de *pre-pack*; los deberes de los administradores y responsabilidad en casos de insolvencia; procedimientos de liquidación simplificados para microempresas; comités de acreedores; o medidas para aumentar la transparencia. Y, en conexión con esta, *vid.* el *Dictamen del Comité Económico y Social Europeo sobre la propuesta de Directiva del Parlamento Europeo y del Consejo relativa a la armonización de determinados aspectos de la legislación en materia de insolvencia*, publicado el 25 de mayo de 2023, https://eur-lex.europa.eu/legal-content/ES/TXT/?uri=CELEX%3A52022AE5781. Recuperado el 3 junio 2024].

216 En palabras de PULGAR EZQUERRA, J. (2023). "Artículo 583. Presupuesto subjetivo". *Comentario a la Ley Concursal* (dir. J. Pulgar), vol. II, 756-792. La Ley, pp. 757 y 761, la Directiva europea de 2019 parte de una aproximación más

el país de la Unión Europea donde se ubique la empresa que, aunque presumiblemente viable, intente solventar una situación de crisis o insolvencia a través de la reestructuración de su pasivo y/o activo. Un claro ejemplo de ello, que además tendremos ocasión de analizar, es la normativa resultante de la transposición de la Directiva en ordenamientos jurídicos como el italiano o el español: en el caso italiano, a través del el *Codice della crisi d'impresa e dell'insolvenza* —por decreto Legislativo núm. 14, de 12 de enero de 2019, en adelante CCII—[217]; y en nuestro caso, a través del texto refundido de Ley concursal —Ley 16/2022, de 5 de septiembre (*Tol 9180212*)—.

En cualquiera de los casos, esta novedosa norma europea parte de una idea clara: la necesidad de adelantarnos en el tiempo y de actuar con diligencia cuando un empresario —*lato sensu*—[218] se encuentra en una situación de dificultad financiera. Pero ¿cómo? A través de la incorporación de mecanismos de alerta temprana. Y, muy especialmente, a través de la implantación de un plan de reestructuración preventiva, esto es, un mecanismo esencialmente negocial, preventivo de un estado de insolvencia y de reestructuración de empresas con el que resolver situaciones de dificultad financiera que un empresario pueda estar atravesando; algo que la doctrina norteamericana califica como ser «*cash flow insolvent*». Porque, gracias a esta actua-

---

económico-financiera que jurídica de las dificultades económicas empresariales en las que pueda encontrarse un empresario deudor.

217 Es el resultado de una Ley de delegación, núm. 155, de 2017, que pretendía una reforma orgánica del sistema jurídico anterior. En cuanto a los objetivos de aquel texto legislativo, *vid.* PACCHI, S. (2022). "La legislación concursal italiana de frente a la Directiva UE 2019/1023". *El Derecho Concursal y la transposición de la Directiva sobre Reestructuración Preventiva* (dir. L. Garnacho y F. J. Arias), 25-59. La Ley —Wolters Kluwer. Asimismo, *vid.* GARNACHO CABANILLAS, L. (2023). "Modelo italiano de transposición de la Directiva comunitaria sobre reestructuración preventiva de empresas (Italian model for transposition of the community directive on preventive restructuring of companies—". *Revist@ E-Mercatoria. Universidad Externado de Colombia*, (22), (1), 1-32.

218 De hecho, la Directiva europea entiende como destinatarios de la norma a aquellas «empresas y empresarios viables que se hallen en dificultades financieras» —*vid.* considerando 1—, sin dejar de especificar en su art. 2.1.9) que «empresario» es «toda persona física que ejerza una actividad comercial, industrial, artesanal o profesional».

ción preventiva, el titular de una empresa podrá «evitar la insolvencia y garantizar su viabilidad», protegiéndose así al mismo tiempo «el empleo y manteniendo la actividad empresarial» —art. 4.1 de la Directiva—.

Como vemos, un fin claramente conservativo de empresas presuntamente viables es el que propugna el legislador europeo para este tipo de mecanismos jurídicos, que pasamos a analizar. No sin antes dejar constancia de la indudable influencia que ha supuesto el sistema concursal norteamericano para el régimen preconcursal europeo previsto en 2019. Porque, muy al estilo del plan de reorganización estadounidense del *Chapter 11* del 11 U.S.C., la norma comunitaria recoge soluciones que no nos resultan desconocidas, por haberse ya previsto en aquel otro mecanismo jurídico. En concreto, se diseña un plan de reestructuración preventiva que precisa de una clasificación de créditos y/o intereses; y, subsiguientemente, de una votación del plan a través de clases. Aflora también la diferencia entre un plan consensual o no consensual; con la correspondiente protección de los intereses de créditos y/o intereses no aceptantes dentro de una clase o, incluso, de clases disconformes con aquel, con mecanismos tales como el test de cuota de liquidación o el test de equidad, ante el arrastre horizontal y/o vertical del plan —o vinculación forzosa— al que se van a ver sometidos. Pero, de cualquier modo, debe advertirse la manera un tanto dispar con la que, finalmente, el legislador europeo ha hecho suya dicha regulación, siendo un ejemplo de esa diversidad o distanciamiento del ordenamiento jurídico norteamericano en la concreción de la norma, como veremos, la regla de prioridad inserta en el test de equidad citado y aplicable en aquellos casos en los que el plan no es consensual, aquí, una regla de prioridad relativa.

3.2. Naturaleza jurídica, sujetos afectados y contenido

Un plan de reestructuración preventiva es un negocio jurídico celebrado entre un deudor y, *en principio*, todas las partes afectadas por él, clasificadas en categorías; aunque eventualmente sometido a una intervención judicial —o administrativa—, por preverse a través suyo la posibilidad de una aplicación extensiva de su contenido a aquellos sujetos afectados por el plan, pero disidentes del mismo[219]. Es lo que conocemos como *plan consensual*, en este caso, de reestructuración preventiva.

Pero decimos que es solo en principio, porque la norma europea también admite como posible excepción a aquella específica «solución contractualista y convencional a la crisis económica» de empresa, la celebración de un plan igualmente negociado entre las partes, esto es, propuesto por un deudor —o con su consentimiento—, pero sin contar con el beneplácito de todas y cada una de las clases de sujetos afectados por el mismo, sino solo de alguna/s de ellas; admitiéndose como posible, aun con ello, su confirmación judicial —o administrativa—[220]. Algo que conocemos como *plan no consensual* o, en palabras del legislador europeo, una «reestructuración forzosa de la deuda» que tiene que ver con clases de sujetos afectados por el plan, pero también disidentes del mismo[221], por suponer un arrastre vertical —o *cross-class cramdown*— *ex* artículo 11.1 I de la Directiva.

Si bien y frente a aquellas dos alternativas de negociación, habría que mencionar un tercer tipo de plan de reestructuración preventiva, igualmente previsto por el legislador europeo, aunque solo de manera eventual y absolutamente excepcional, pues puede no existir si los legisladores nacionales deciden no incluirlo en sus ordenamientos jurídicos internos. Un plan de reestructuración preventiva que podríamos calificar de *unilateral*, específicamente regulado en el artículo 11.1 II de la Directiva y que habría que distinguir de los anteriores planes —consensuales o no consensuales— ya que, a través suyo, se hace posible una ratificación judicial —o administrativa— de un plan cuando, al menos, una clase de sujetos afectados lo apruebe y aun sin contar, ni siquiera, con el consentimiento del propio deudor. Una previsión excepcional de la Directiva que exige de una concreción específica al respecto en la norma concursal interna de aquellos Estados miembros que consideren oportuna su implemen-

---

219 Así, DÍAZ MORENO, A. (2020). "Socios…", *cit.*, en su §10.

220 PULGAR EZQUERRA, J. (2023). "Artículo 583…", *cit.*, pp. 759 y 765.

221 *Vid.*, asimismo, PULGAR EZQUERRA, J. (2023). "Artículo 583…", *cit.*, pp. 759 y 765.

tación; además de solo aplicable *ex lege* con respecto a empresas de gran tamaño, esto es, que no tengan la consideración de PYMEs.

Por otro lado, el deudor ha de ser un empresario, persona natural que ejerza «una actividad comercial, industrial, artesanal o profesional» —art. 2.1 (9) de la Directiva— o persona jurídica; previsible proponente del plan de reestructuración preventiva —salvo extensión de legitimación a otros sujetos (acreedores y administradores en materia de reestructuración) *ex* art. 9.1, a elección de los propios Estados miembros—.

Y las *partes afectadas* por el plan —o *affected parties*— son «los acreedores, incluidos, cuando proceda con arreglo a la normativa nacional, los trabajadores o las categorías de acreedores y, cuando proceda con arreglo a la normativa nacional, los tenedores de participaciones cuyos créditos o intereses respectivamente se vean directamente afectados por un plan de reestructuración» —art. 2.1 (2) de la Directiva—. Esto es y a modo de ejemplo, si pasan a recibir instrumentos de deuda o capital en lugar del debido cumplimiento de las obligaciones primigenias a las que se hubiera comprometido inicialmente el deudor; o cuando se sustituyen las condiciones del crédito —*a.e.*, con un nominal de cien, vencimiento a un año y un interés del cinco por ciento, por un crédito con el mismo nominal, pero con vencimiento a dos años y un interés del ocho por ciento— aunque el valor actual de ambos instrumentos sea el mismo[222]. Un término jurídico que, por lo demás, no debe confundirse con el concepto de *impaired parties* —o «partes perjudicadas»— de las que ya hablara el legislador norteamericano de 1978. Y ello, por hacer ese distingo la propia norma europea en su considerando (54)[223] y artículo 11.1 (b) (II), cuando nos dice que estos últimos, aun tratándose de sujetos también afectados por el plan, sufren —además— algún tipo de menoscabo en su crédito o interés —en el sentido, por ejemplo, de que no van

---

222 GARCIMARTÍN ALFÉREZ, F. (2018). "La Propuesta de Directiva europea sobre reestructuraciones y segunda oportunidad: el arrastre de acreedores disidentes y la llamada «regla de prioridad absoluta»". *Anuario de Derecho Concursal*, (43), 1-16 (versión digital), p. 4. Asimismo, *vid.* DÍAZ MORENO, A. (2020). "Socios...", *cit.*, §42.

223 En concreto, en él se nos dice que *«[t]he impairment of creditors should be understood to mean that there is a reduction in the value of their claims»*.

a recibir el cien por cien de su crédito—[224]. Al mismo tiempo que habría que diferenciar de aquellas otras *not affected parties* —o «partes no afectadas»— por un plan de reestructuración del artículo 8.1. e) de la Directiva, en tanto en cuanto se ha de especificar, de manera individualizada en el plan de reestructuración, qué sujetos —o categorías— no habrán de verse afectados por este, así como las razones de su exclusión; no debiendo sus créditos o intereses ser cuantificados, a efectos de cómputo de mayorías necesarias, ni menos aún contar con un derecho de voto —art. 9.2 *in fine*—. Sin olvidar que, ya de por sí, la Directiva recoge una previsión específica de créditos excluidos *ex lege* del ámbito de aplicación del plan —art. 1.5—[225] .

En cuanto a cuál pueda ser el contenido del plan de reestructuración preventiva, propuesto por el empresario deudor en dificultades financieras —o, inclusive, por sus acreedores o los expertos en la reestructuración *ex* art. 9.1 de la Directiva— y negociado bajo el paraguas del derecho concursal, se entiende de manera ciertamente amplia. Pues se reconoce como posible contenido de un plan la «modificación de la composición, las condiciones o la estructura de los activos y del pasivo o cualquier otra parte de la estructura del capital del deudor, como las ventas de activos o de partes de la empresa, venta de la empresa como empresa en funcionamiento, así como cualquier cambio operativo necesario o una combinación de estos elementos»[226] —art. 2.1 de la Directiva—. Esto es, se admite como posible contenido de un plan de reestructuración preventiva, tanto una venta virtual de la empresa del deudor —o cambio en la estructura de capital—, como una venta efectiva de la misma a un tercero; al igual que ocurre con el plan de reorganización norteamericano. Aunque, como contrapartida a esta «muy plural» reestructuración preconcursal, se entienda preciso contar con una perspectiva razo-

---

224 Asimismo, DÍAZ MORENO, A. (2020). "Socios...", *cit.*, §42.

225 Según el art. 1.5 de la Directiva, «[l]os Estados miembros podrán disponer que los siguientes créditos queden excluidos o no se vean afectados por los marcos de reestructuración preventiva a que se refiere el apartado 1, letra a): a) los créditos existentes o futuros de antiguos trabajadores o de trabajadores actuales; b) las obligaciones de alimentos derivadas de relaciones de familia, de parentesco, de matrimonio o de afinidad, o c) créditos derivados de la responsabilidad extracontractual del deudor».

226 Al respecto, *vid.* apartado II.2. Perspectiva económico-contable.

nable de que, con aquel plan, se va a evitar la insolvencia del empresario o, al menos, asegurar la viabilidad de la empresa. Estamos, pues, ante el ya denominado por la doctrina norteamericana como *feasibility test* —§1129 (a)(11) 11 U.S.C.— o *test de viabilidad* —si se quiere, de razonabilidad— previsto en el artículo 10.3 de la norma europea, que aquí también se ve sometido a un control judicial *ex ante* al contemplarse como un presupuesto de confirmación del plan de reestructuración preventiva[227].

3.3. Tramitación: clasificación y aprobación

El legislador europeo no se detiene a establecer, de manera detallada, cuál es la tramitación de un plan de reestructuración preventiva. Al fin y al cabo, son cuestiones que competen a cada uno de los Estados miembros. Pero sí analiza momentos sustanciales de esa tramitación que, como mínimo, tienen que incluirse en cualquiera de los institutos jurídicos preconcursales que se habrían de instaurar en cada uno de los ordenamientos jurídicos de los países miembros, de manera subsiguiente. Se trata de cuestiones tales como la clasificación de las partes afectadas, la aprobación del plan o, incluso, una eventual impugnación de la confirmación judicial —o administrativa— de aquel. Porque siempre será preciso proceder a la votación de un plan de reestructuración preventiva —en importe y/o número *ex* art. 9.6 de la Directiva— en cada una de las clases de créditos y/o intereses afectados, que aquí califica como «categorías», previa conformación de las mismas —art. 9.4—; siendo varios los posibles resultados de esa votación previstos en la norma comunitaria —arts. 10.2 a) y 11— que dan paso a una confirmación judicial —o administrativa— sujeta, además, a eventual impugnación por parte de sujetos afectados disidentes —arts. 14 y 16—[228]. Sin olvidar que, como contrapartida a la eficacia extensiva del contenido de un plan a acreedo-

---

[227] Según dicho precepto, «[l]os Estados miembros velarán por que las autoridades judiciales o administrativas puedan negarse a confirmar un plan de reestructuración cuando dicho plan no ofrezca ninguna perspectiva razonable de evitar la insolvencia del deudor o de garantizar la viabilidad de la empresa».

[228] Sobre estas cuestiones, *vid.* un análisis comparativo de la Directiva con respecto al Anteproyecto de Ley de Reforma de 2021 en GUTIÉRREZ GILSANZ, A. (2022). "Mayorías y arrastres en las reestructuraciones preconcursales". El Dere-

res y/o socios o clases disidentes, el legislador europeo contempla la necesidad de un control judicial —o administrativo— sobre el cumplimiento de unas medidas de protección en favor de aquellos —arts. 10 y ss.—. Hasta aquí, como vemos, cuestiones que mucho tienen que ver con el sistema de reestructuración empresarial contemplado por el legislador norteamericano en el 11 U.S.C.

Pero esto no quita para que la normativa europea marque distancia con respecto al régimen estadounidense, con matices que la hacen diferente. Sirva como ejemplo de ello la determinación expresa de una categorización de los créditos —y/o intereses—[229] afectados por el plan de reestructuración preventiva atendiendo a una «comunidad de intereses suficiente basada en criterios comprobables, con arreglo a la normativa nacional» —artículo 9.4—, pues abre las puertas a una diversificación de clases, más allá de la relativa a su naturaleza jurídica. Y es que, frente a la referencia norteamericana de una clasificación de créditos y/o intereses atendiendo meramente a su «sustancial similitud», esto es, por razones de naturaleza —aun cuando esto también permita una diversidad de clases con un mismo rango concursal—, el legislador europeo parece decantarse por una conformación de «categorías» de partes afectadas[230] en la que podrán conjugarse factores diversos a una mera clasificación de los créditos atendiendo a su «rango crediticio» —o *claims rank*, esto es, créditos privilegiados, ordinarios o subordinados—. Algo que ha permitido una interpretación amplia de cómo configurar esas clases, atendiendo a la existencia de unos derechos contractuales preexistentes y al tratamiento que habrían de recibir esos sujetos a través del plan[231]. Más allá de que la norma comunitaria también especifica, ya

---

cho Concursal y la transposición de la Directiva sobre Reestructuración Preventiva (dir. L. Garnacho y F. J. Arias). La Ley - Wolters Kluwer, pp. 143-170.

229 Al respecto, *vid.* nota 133.

230 Aun tratándose de dos términos distintos, «clases» y «categorías», el legislador comunitario los utiliza de igual manera y con un mismo sentido. Y es que en la versión inglesa de la norma se habla de *classes*, cuando al mismo tiempo se utiliza el término de categoría, en su versión en español.

231 Tal y como consideró THERY MARTÍ, A. (2017). "Los marcos… (I)", *cit.*, p. 532, al analizar la «formación de clases» en la propuesta de Directiva de 2016, en su art. 2.6), que nos viene a decir qué entender por «clasificación en categorías de acreedores», esto es, «la agrupación de los acreedores y los tenedores de

no la posibilidad, sino la necesidad de configurar clases que tengan en cuenta la protección de «acreedores vulnerables», tales como los «pequeños proveedores» —aunque de algo parecido también hablara el legislador estadounidense—; o de que sea posible la conformación de una clase específica para los trabajadores del deudor empresario —al respecto, *vid.* considerandos 44, 62 y art. 9.4—. Eso sí, como contrapartida a esa amplitud de miras en la conformación de clases de créditos y/o intereses y en evitación de posibles subterfugios, el legislador europeo reconoce la posibilidad de un eventual control y constatación judicial —o administrativa— de la adecuada categorización de las partes afectadas con carácter previo a la fase de confirmación judicial —o administrativa— del plan de reestructuración preventiva —art. 9.5 II—.

Llamativo es, no obstante, el hecho de que el legislador de la reforma haya seguido los pasos de la Directiva comunitaria con respecto al plan de reestructuración, en cuanto a formación de clases se refiere, siguiendo esta línea amplia de clasificación; eso sí, con una salvedad importante. Y es que ha optado por una clasificación solo de créditos *ex* artículos 622 y 623 TRLC, dejando a un lado el interés que puedan tener los socios en la empresa sujeta a reestructuración, que trata de manera diversa por no considerarles titulares de créditos, aun residuales, frente al deudor. Como llamativa es la inclusión de una «confirmación judicial facultativa de las clases de acreedores» y, por ende, el que se pueda solicitar «la confirmación judicial de la correcta formación de las clases con carácter previo a la solicitud de homologación del plan de reestructuración», para no errar en esa clasificación, pero solo a instancia de parte *ex* artículos 625 y 626

participaciones afectados en un plan de reestructuración de tal manera que reflejen los derechos y la antigüedad de los créditos e intereses afectados, teniendo en cuenta los posibles derechos preexistentes, los derechos preferentes de un acreedor o los acuerdos entre acreedores, así como su tratamiento en virtud del plan de reestructuración»; añadiéndose a aquel la previsión del art. 9.2, que nos recordaba que «[l]os Estados miembros velarán por que las partes afectadas sean tratadas mediante categorías separadas que reflejen los criterios de clasificación de las categorías. Las categorías estarán formadas de tal manera que cada categoría comprenda créditos o intereses con derechos que son lo suficientemente similares como para justificar que se considere a los miembros de la categoría un grupo homogéneo con similitud de intereses».

TLRC[232]. Cuestión aparte es la diversa regulación que se recoge en nuestro texto legal con respecto al plan de continuación, que dejamos para otro momento[233].

3.4. Mecanismos de protección ex lege

Al margen de que el legislador prevé como medidas de protección una mayoría reforzada dentro de cada clase o categoría de partes afectadas que, según proceda, supondrá la consecución de un plan de reestructuración preventiva consensual o no consensual —o excepcionalmente unilateral, de preverse por los Estados miembros de manera expresa—, la necesaria protección de esos sujetos —o clases— disidentes del plan, en tanto forzosamente vinculados por su contenido, trae consigo el establecimiento de otras tantas medidas de tutela en las que la actuación del órgano judicial —o administrativo— competente resulta esencial, al llevar a cabo una labor de control de fondo del plan. Medidas tuitivas tales como el test de cuota de liquidación o, de manera aún más destacada, el test de equidad, provenientes del sistema concursal norteamericano e igualmente configurados como presupuestos necesarios para proceder a la confirmación judicial —o administrativa— de un plan de reestructuración preventiva —aun cuando también presenten matices con respecto al *Chapter* 11 del Código norteamericano—[234].

3.4.1. Test de cuota de liquidación (best interest of creditors test)

El primer matiz que presenta el test de cuota de liquidación —o *best interest of creditors test*— en la Directiva comunitaria, frente a la previsión del §1129 (a)(7)(A) 11 U.S.C., tiene que ver con el carácter amplio y flexible con el que se regula el plan de reestructuración

---

232 Un ejemplo de esa confirmación judicial previa lo encontramos en SJM Barcelona, núm. 2, 26/2023, de 4 de septiembre (*Tol 9696169*) —caso Celsa—.

233 Al respecto, *vid.* apartado IV, 4.3.1. Cuestiones generales.

234 Un análisis de estas cuestiones ya se adelantó, en su momento, en GARNACHO CABANILLAS, L. (2022). “La pretendida armonización del Derecho pre-concursal europeo y su evidente acercamiento al sistema concursal norteamericano”. *El Derecho Concursal y la transposición de la Directiva sobre Reestructuración Preventiva* (dir. L. Garnacho y F. J. Arias), 111-141. La Ley - Wolters Kluwer.

preventiva. Pues se entiende aquí como «prueba del interés superior de los acreedores: una prueba que se supera si se demuestra que ningún acreedor disidente se vería perjudicado por un plan de reestructuración en comparación con la situación de dicho acreedor si se aplicase el orden normal de prelación en la liquidación según la normativa nacional, tanto en el caso de liquidación de la empresa, ya sea mediante liquidación por partes o venta de la empresa como empresa en funcionamiento, como en el caso de la mejor solución alternativa —o *next-best-alternative scenario*— si no se hubiese confirmado el plan de reestructuración» —arts. 2.1 6) y 10.2 d)—[235]. Además, el momento procesal en el que se ha de atender de manera específica al cumplimiento de dicho principio aquí se pospone a la, también eventual, fase de impugnación del plan —art. 10.2 *in fine*—. El sistema norteamericano, recuérdese, establecía una comparativa solo entre valor de reorganización y valor de liquidación; siendo dicha comprobación llevada a efecto por el tribunal competente *a priori*, esto es, en el mismo momento en el que procede a su confirmación judicial —§1129 (a)(7)(A) 11 U.S.C.—.

Resultado de ello será que el legislador concursal de la reforma siga después los pasos del europeo, en cuanto al momento procesal en el que se solicita ese control judicial, esto es, *a posteriori* —en caso de impugnación de la homologación judicial del plan—; pero prefiera delimitar esta regla del mejor interés de los créditos de una manera menos abstracta, a través de una simple comparativa entre reestructuración y liquidación.

---

[235] Una manera de protección individual —que no colectiva— de los sujetos afectados y disidentes de un plan de reestructuración preventiva que supone una valoración estimada de difícil concreción —pensando ya en la primera de las opciones posibles facilitadas por el legislador europeo— por la complejidad de calcular cuál habría de ser el diferencial entre el valor de una eventual reestructuración y, en su caso, el de liquidación de la empresa —asimismo, *vid.* GARCIMARTÍN ALFÉREZ, F. (2018). "La Propuesta...", *cit.*, p. 5—. Aun cuando, y con respecto al plan de reorganización norteamericano, ya hubiera quienes matizaran que no es tanta la dificultad, si esta valoración se compara con la que tiene llevar a cabo el tribunal competente, a la hora de proceder a confirmar un plan de reorganización no consensual —así, SEYMOUR, J. y SCHWARCZ, S. (2019). "Corporate...", *cit.*, p. 8—.

3.4.2. Test de equidad (fair and equitable test)

Tal y como ocurre con el régimen jurídico-concursal estadounidense, la posibilidad de una homologación judicial —o administrativa— de un plan que no haya sido aprobado por todas las clases afectadas provoca, no solo un arrastre horizontal de créditos y/o intereses disidentes dentro de cada clase, sino un arrastre vertical entre clases. *Cross-class cramdown* o vinculación forzosa al contenido del plan, por parte de clases de acreedores y socios disidentes, que precisa una adecuada protección de sus intereses a través de un test de equidad o *fair and equitable test.* O, lo que es lo mismo, un control «hacia arriba», «de igual a igual» y «hacia abajo», con respecto a clases disidentes.

Los controles «hacia arriba» y «de igual a igual» siguen planteándose en los mismos términos que para el plan de reorganización regulado en el Código de quiebra norteamericano de 1978. Así nos lo recuerda el legislador europeo al establecer una *prohibición de enriquecimiento injusto* —o *no more than 100% rule*— en el artículo 11.1 d) de la norma comunitaria, cuando dice que «en el marco del plan de reestructuración ninguna categoría de las partes afectadas [podrá] recibir o mantener más del importe total de sus créditos o intereses»; o al reconocer igualmente el deber de cumplimiento de un *principio de equidad horizontal* —o *no unfair discrimination*— *ex* artículo 11.1 c) *ab initio*, al tener que garantizar el plan que las «categorías de voto disidentes de los acreedores afectados reciban un trato al menos igual de favorable que el de cualquier otra categoría del mismo rango». Pero es en el momento de plantearse la *regla de prioridad absoluta*, o control «hacia abajo», cuando el legislador europeo sí marca la diferencia al decidir relegarla a un segundo plano «como excepción a lo dispuesto en la letra c) del apartado 1» del artículo 11 de la Directiva[236].

En efecto, la norma comunitaria establece como punto de partida o régimen general aplicable a un plan no consensual de reestructuración preventiva una *regla de prioridad relativa*, al recoger en su artículo 11.1 c) que el plan habrá de garantizar que «las categorías de voto disidentes de los acreedores afectados reciban un trato [...] más

[236] Cuestión que critican, entre otros, SEYMOUR, J. y SCHWARCZ, S. (2019). "Corporate...", *cit.*, pp. 19-20 y 30-34.

favorable que el de cualquier categoría de rango inferior»[237]; siendo aquí solo una excepción a esa regla el principio de prioridad absoluta, según la cual los créditos de una categoría de voto disidente habrán de ser «plenamente satisfechos por medios idénticos o medios equivalentes cuando una categoría de rango inferior haya de recibir cualquier pago o conservar cualquier interés en el marco del plan de reestructuración».

Quizás, con ello, el legislador europeo haya pretendido evitar una realidad previamente vivida en el sistema norteamericano, esto es, el cuestionamiento doctrinal y jurisprudencial, a lo largo de los años, de una estricta medida de protección de clases de créditos y/o intereses como es la *absolute priority rule* en favor de medidas doctrinales y jurisprudenciales más flexibles que, sin embargo y a día de hoy, no han terminado de cuajar en el sistema legal estadounidense. Pero lo cierto es que, una vez más, el legislador europeo de 2019 no asume en su totalidad el régimen jurídico estadounidense. Solo lo hace parcialmente suyo. Porque reconoce, aquí, como regla distributiva un test de prioridad relativa que, en su momento, el legislador norteamericano decidió no incluir en el Código de quiebra de 1978 y que poco tiene que ver con la interpretación preconizada por la doctrina norteamericana con el mismo nombre; sin saber tampoco hasta qué punto será difícil concretar qué entender por «trato más favorable»[238].

---

237 SEYMOUR, J. y SCHWARCZ, S. (2019). "Corporate…", *cit.* pp. 17-18, critican la falta de claridad del texto normativo en este sentido, al hablarnos solo de un trato «más favorable» y no sabiendo con exactitud si esta prioridad relativa habría de requerir —o no— una valoración de la empresa reorganizada.

238 Ya en su momento, ARIAS VARONA, F. J. (2022). "Distribución equitativa y reglas de prioridad en las reestructuraciones". *El Derecho Concursal y la transposición de la Directiva sobre Reestructuración Preventiva* (dir. L. Garnacho y F. J. Arias), 171-198. La Ley - Wolters Kluwer, pp. 184-185, nos recordaba el porqué de la incorporación de la regla de prioridad relativa a la Directiva comunitaria de 2019. Y es que, aunque el legislador europeo no ofrecía una justificación precisa a este respecto, sí hubo quienes hicieron hincapié en el hecho de que, como contrapartida, la prioridad absoluta hacía más difícil la aprobación de planes de reestructuración y complicaba un afrontamiento temprano de las dificultades financieras que pudiera tener un empresario. Hay quien, incluso, puntualizó que la prioridad relativa era una forma de «remunerar» la cooperación en pro-

De ahí que hay quienes critican y consideran un despropósito la inclusión de una regla de prioridad relativa en el régimen propio de un marco de reestructuración preventiva[239]. Y ello, por entender que se trata de un «error comparativo» cometido por el legislador europeo, en concreto, de haber querido compaginar esta regla de prioridad relativa con el régimen de prioridad del Capítulo 11 del Código estadounidense[240]. Para empezar, porque la regla de prioridad relativa viene a contradecir de manera directa la causa jurídica que originó la aparición de la regla de prioridad absoluta del §1129 (b)(2) 11 U.S.C., esto es, la evitación de un acuerdo entre una clase *senior* y *junior* a expensas y en perjuicio de cualquier clase intermedia —*mezzanine*—[241]. Y, en segundo lugar, porque la práctica jurisdiccional norteamericana ha venido a confirmar que, más que una regla distributiva, que lo es, la regla de prioridad absoluta del Capítulo 11 del 11 U.S.C. está designada «para motivar planes consensuales, no para asegurar que dichos planes respetan la prioridad absoluta»[242]. Pues la gran ventaja que se deriva de la inclusión de un único sistema de prioridad absoluta es la evitación de planes no consensuales ante el riesgo de una valoración judicial —necesaria, pero también incierta— de la empresa en funcionamiento que lleva aparejada, precisamente, esta específica regla de prioridad[243]; y, por ende, la de otros factores adversos —su mayor coste, menor rapidez, limitación

---

cesos de reestructuración; si bien, en opinión de dicho autor, este último fuera un argumento de «fácil crítica».

239 En opinión de SEYMOUR, J. y SCHWARCZ, S. (2019). "Corporate…", *cit.* pp. 4, 33 y 34, «no está claro que la regla de la prioridad relativa es necesariamente justa para los acreedores»; siendo probable, además, que la misma haga poco atractiva una inversión en deuda, dentro de la Unión Europea.

240 Ibídem, *cit.* pp. 3 y 28. Y, con respecto a la falta de solidez de una crítica fundamentada en la defectuosa comprensión de las propuestas de flexibilización del Derecho estadounidense, *vid.* ARIAS VARONA, F. J. (2022), "Distribución…", *cit.*, p. 186.

241 Ibídem, *cit.* p. 20.

242 Ibídem, *cit.* p. 28.

243 Ibídem, *cit.* pp. 4, 9 y 10, donde además se nos dice que, tras proceder al estudio pormenorizado de un número elevado de casos de quiebra, tramitados a través del Capítulo 11 del 11 U.S.C., ha de entenderse como regla general la aplicación de planes consensuales.

de perspectivas empresariales para el deudor, distracción del órgano gestor de la sociedad o simple cuestión de imagen—[244].

Aunque también hay quienes consideran su efectiva utilidad y adecuación, por muy diversas razones. Primero, porque la regla de prioridad relativa «elimina la necesidad» de una íntegra satisfacción de créditos disidentes, permitiendo que haya créditos *junior* (o los propios socios) que reciban algún tipo de valor a través del plan. Piénsese, por ejemplo, en aquellas empresas de pequeñas dimensiones en las que la figura del socio es determinante para el buen funcionamiento de la empresa; con esta regla se estaría permitiendo su participación en la empresa —a veces indispensable— tras su reestructuración[245]. Pero, además, porque «estimula un afrontamiento temprano de las dificultades»[246].

4. LEY 16/2022 DE REFORMA DEL TEXTO REFUNDIDO DE LEY CONCURSAL

4.1. Nuevos mecanismos negociales de resolución de conflictos

Como hemos podido observar, la norma comunitaria de 2019 busca una armonización entre todos los Estados miembros en materia de derecho concursal. Pero, como también sabemos, es una norma de mínimos cuya flexibilidad abre las puertas a la posibilidad de una pluralidad de regulaciones jurídicas un tanto dispares, siendo un ejemplo claro de esa diversidad normativa la que plantea el sistema jurídico español, frente al italiano, en la regulación de esta concreta materia. Un análisis comparativo de dos modelos de transposición de la Directiva (UE) 2019/1023 (*Tol 7307647*) que, como podremos comprobar a continuación, nos hace ser conscientes del buen trabajo realizado por el legislador español de la reforma a estos efectos.

---

244 Ibídem, *cit.* pp. 9-10.

245 Entre otros, ARIAS VARONA, F. J. (2022). "Distribución..." *cit.*, pp. 195 y 197.

246 *Ibídem*, *cit.*, pp. 195 y 197.

4.1.1. Prudencia legislativa

Para empezar, es de agradecer la prudencia legislativa con la que se ha tramitado esta última reforma concursal. Porque cierto es que las situaciones de crisis económico-financiera de los últimos años no han sido fáciles de lidiar por ninguno de los países de nuestro entorno. Pero tampoco lo ha sido para el legislador español, a partir de 2007-2008. Más aún cuando, por entonces, contábamos con una norma jurídica promulgada en época de bonanza, la Ley 22/2003, de 9 de julio, Concursal (*Tol 275060*), que poco tenía que ver con la necesidad real de nuestro mercado, vivida unos años después[247]. Una Ley concursal que, además de dejar a un lado el derecho preconcursal, por la mala experiencia vivida con anterioridad[248], resultaba especialmente rígida con las muchas funciones que se le atribuían al juez en un concurso de acreedores; aun a pesar de ofrecer la posibilidad de un convenio anticipado como medida suficiente para una rápida solución a un estado de insolvencia —actual o inminente—. Una normativa concursal que resultaría indudablemente insuficiente e ineficiente; lo que originó la necesidad fáctica de acceder a regulaciones jurídicas más flexibles que la nuestra y provocándose así un elemento de *forum shopping* —o atracción de la inversión a países como Reino Unido—[249] a través de la utilización de mecanismos tales

---

[247] Una referencia histórica del que ha venido siendo nuestro derecho concursal en los últimos años se puede encontrar, asimismo, en PULGAR EZQUERRA, J. (2023). "Artículo 583..." *cit.*, pp. 763 y ss.

[248] Como nos recuerda el preámbulo del TRLC en su apartado I, «la deformación de los procedimientos formalmente predispuestos para el tratamiento de situaciones de iliquidez, [...] habían terminado por superponerse a los procedimientos tradicionales para la solución de las auténticas insolvencias, militaba en contra de la distinción entre el derecho concursal y el preconcursal».

[249] En palabras de GÓMEZ ASENSIO, C. (2019). *Los acuerdos..., cit.*, p. 78, estábamos ante una «práctica oportunista de transmisión de bienes y derechos de un Estado a otro en busca de una jurisdicción más favorable»; circunstancia esta que viene a criticar en *op. cit.*, p. 164. Asimismo, *vid.* AZNAR GINER, E. (2017). *La homologación judicial de acuerdos de refinanciación en la disposición adicional cuarta de la Ley Concursal.* Tirant lo Blanch, p. 75; EHMKE, D.C., GANT, J.L.L., BOON, G-J., LANGKJAER, L. Y GHIO, E. (2019). "The European...", *cit.*, pp. 15, 21 y 25-26; o PULGAR EZQUERRA, J. (2013). "Reestructuración de sociedades de capital y abuso de minorías". *Revista de Derecho Bancario y Bursátil*, (129), 1-26 (versión digital), p. 6; *ibídem*, (2014). "Refinanciación, reestructura-

como el *scheme of arrangement*[250]. De ahí que, de manera inevitable desde 2009, fueran muchos los «parches» que hubo que ponerle a la Ley concursal de 2003, de manera precipitada y por razones de urgencia en 2011, 2013, 2014 y 2015[251].

El acierto del legislador español en el tramo final de la reforma concursal ha sido, entonces, actuar con suficiente cautela y proceder simplemente a la publicación de un texto refundido de la normativa pre-existente —por Real Decreto Legislativo 1/2020, de 5 de mayo (*Tol 7907223*)— en el interín de tiempo que la Directiva ofrecía para la incorporación de su normativa a cada uno de los Estados miembros, aun a sabiendas de su provisionalidad[252]. Su razón de ser resultaba evidente: se hacía preciso «regularizar, aclarar y armonizar» la normativa concursal en aquel momento vigente en España[253], a la espera de transponer de manera definitiva la Directiva europea. Algo que acontecería dos años después, con la promulgación de la Ley 16/2022, de 5 de septiembre (*Tol 9180212*) —recientemente modificada, como consecuencia de la reforma societaria acaecida en materia de modificaciones estructurales, por Real Decreto-ley 5/2023,

---

ción de deuda empresarial y reforma concursal (Real Decreto-Ley 4/2014, de 7 de marzo)". *Diario La Ley, Sección Doctrina,* (8271), 1-31 (versión digital), p. 12; o *ibídem.* (2014). "El nuevo paradigma concursal europeo y su incorporación al derecho español". *Estudios de Derecho Empresario,* 180-189 https://revistas.unc.edu.ar/index.php/esdeem/article/view/8812/9655. Recuperado el 15 de octubre de 2023, p. 181.

250 Tal y como reconoce el preámbulo del TRLC, en su apartado I. Asimismo, *vid.* el análisis comparativo realizado en GARNACHO CABANILLAS, L. (2018). "*Schemes of arrangement vs.* acuerdos de refinanciación". *Derecho concursal y preconcursal en sociedades mercantiles de capital* (dir. A. Gutiérrez). 145-178. Wolters Kluwer.

251 Entre otros tantos autores, ALONSO UREBA, A. (2016). "Artículo 172 bis. Responsabilidad concursal". *Comentario a la Ley Concursal* (dir. J. Pulgar), 1837-1868. Wolters Kluwer, p. 1843, criticó la manera de introducir en nuestro ordenamiento jurídico los acuerdos de refinanciación y extrajudiciales de pagos, por plantear desajustes —no solo sistemáticos, sino conceptuales— en la norma jurídica concursal.

252 Sin dejar de mencionar tampoco el derecho de emergencia, igualmente transitorio, provocado por la crisis generada por la Covid-19, que vino a trastocar nuestro sistema jurídico-concursal. A este respecto, *vid.* ROJO FERNÁNDEZ-RÍO, Á. (2020). "Las opciones de política legislativa en el Real Decreto-ley 16/2020, de 28 de abril". *Anuario de Derecho Concursal,* (50), 17-32.

253 *Vid.* preámbulo del citado texto legislativo de Ley concursal.

de 28 de junio (*Tol 9619853*); o con la Ley Orgánica 1/2025, de 2 de enero, de medidas en materia de eficiencia del Servicio Público de Justicia (*Tol 10322156*), aun no vigente—.

Nada que ver, a efectos comparativos, con la manera atropellada de acometer la reforma concursal, por parte del legislador concursal italiano. Pues, aun a sabiendas de la existencia de una tramitación legislativa europea al respecto, allá por 2019, decidió adelantarse en el tiempo y proceder a la actualización de su derecho concursal —su *Legge Fallimentare* de 1942 (LF), tantas veces reformada— a través de la promulgación de una norma que, por lo establecido en ella, tendría que haber entrado en vigor en agosto de 2020, un *Codice della crisi d'impresa e dell'insolvenza* —en adelante, CCII— promulgado por Decreto Legislativo núm. 14, de 12 de enero de 2019[254]. Y es que lo que pretendió ser un avance en materia concursal y preconcursal derivó en una situación de incertidumbre y complejidad normativa un tanto evidentes[255], al ser muy diversas las modificaciones a las que se sometió el texto legal aún antes de producirse su entrada en vigor y que, además, se pospuso de manera reiterada en el tiempo[256]; al margen de que otras normas jurídicas al respecto sí pudieran salir adelante de manera independiente, incorporando nuevos institutos jurídicos[257] no contemplados en ese Código concursal de 2019, aún

---

254 Resultado de una Ley de delegación, núm. 155, de 2017, que pretendía una reforma orgánica del sistema jurídico anterior. En cuanto a los objetivos del susodicho texto legislativo, *vid.* PACCHI, S. (2022). "La legislación…", *cit.*, pp. 25-59.

255 Con respecto a la «accidentada existencia» del Código italiano, *vid.* también PACCHI, S. (2022). "La legislación…", *cit.*, pp. 34 y ss.

256 Más allá de la necesidad de regular de manera temporal la situación de crisis sanitaria provocada por la Covid-19 —con una diversidad de decretos-leyes, conocidos como *Cura Italia, Liquidità, Rilancio, Semplificazione*, según PACCHI, S. (2022). "La legislación…", *cit.*, p. 36—, fueron diversos los momentos en los que se procedió a una rectificación de la norma concursal publicada, pero —de manera retirada— paralizada, en octubre de 2020, agosto y octubre de 2021, o abril y junio de 2022.

257 El Decreto-Ley núm. 118/2021 sobre «medidas urgentes en materia de crisis de empresa y de saneamiento empresarial, así como otras medidas urgentes en materia de justicia», de 24 de agosto de 2021, convertido en Ley núm. 147, de 21 de octubre de 2021 —al respecto, *vid.* https://www.gazzettaufficiale.it/eli/id/2021/10/23/21A06353/sgc— añadió al sistema concursal mecanismos

pendiente de surtir efecto. Finalmente, el Código de la crisis de empresa y de la insolvencia terminó entrando en vigor el 15 de julio de 2022[258], tras la publicación del Decreto Legislativo, de 17 de junio de 2022, núm. 83, ante la —además— inevitable transposición de la norma comunitaria y siendo el resultado de todo ello la oferta de un amplio abanico de mecanismos de resolución de conflictos para empresas en situación de pre/insolvencia, entre los que habría de añadir al listado pre-existente de «instrumentos de regulación de la crisis y la insolvencia» un nuevo «plan de reestructuración sujeto a homologación» —arts. 64 *bis* y ss. CCII—[259].

4.1.2. Simplificación procedimental

Asimismo, se agradece la simplificación normativa por la que ha optado el legislador de la reforma. Porque, en vez de mantener o, incluso, aumentar el número de institutos jurídicos a los que acudir en un estado de insolvencia —y ahora, también, de probabilidad de insolvencia— lo que ha hecho el legislador es «simplificar», eliminar la dualidad —o, más bien, pluralidad— de procedimientos extrajudiciales con los que contábamos, en favor de un único plan de reestructuración[260].

---

jurídicos tales como: la «composición negociada» de la crisis —o *composizione negoziata della crisi* (arts. 12 y ss. CCII)—, pensada como un mecanismo que permite la reestructuración de empresas que aún pueden generar ingresos, con el objeto de prevenir la aparición de situaciones de crisis —colocando el umbral de actuación sobre la empresa, ya no en un momento de «probabilidad» de insolvencia, sino de «probabilidad de la probabilidad» de la insolvencia—; o el «concordato liquidativo simplificado» —*concordato semplificato per la liquidazione del patrimonio* (art. 25-*sexies* y ss. CCII)— que permite una salida rápida y menos traumática del mercado de empresas, si es que la composición negociada no ha salido adelante.

258 No obstante, la norma jurídica mencionada contaba con preceptos ya aplicables desde el 16 de marzo de 2019 —concretamente, los arts. 27.1, 350, 356, 357, 359, 363, 364, 366, 375, 377, 378, 379, 385, 386, 387 y 388—.

259 Un análisis más detallado de algunos de estos institutos jurídicos se encuentra en GARNACHO CABANILLAS, L. (2023). "Modelo...", *cit.*

260 Solución, en su momento, propugnada por ROJO FERNÁNDEZ-RÍO, Á. (2017). "La propuesta...", *cit.*, p. 9.

No olvidemos que, junto al *acuerdo extrajudicial de pagos*, el TRLC establecía como institutos jurídicos preconcursales: un *acuerdo de refinanciación*, cuya complejidad normativa era tal que permitía a su vez una subclasificación en dos —si no tres— tipos de acuerdo. De ahí que había que distinguir, por un lado, los acuerdos colectivos frente a los singulares —en sus arts. 597 y 604, respectivamente—; y, por otro, los acuerdos colectivos no homologados frente a los acuerdos homologados judicialmente —arts. 597 y 605 respectivamente—. Clasificaciones a las que, además, había que añadir una tercera, con respecto a los acuerdos de refinanciación homologados cuyo contenido y efectos no se extendían de manera forzosa al pasivo financiero del deudor, en tanto disidentes o no participantes en la negociación, en contraposición a los acuerdos en los que sí se producía una vinculación forzosa para con estos —arts. 613.2 y 623 y ss., respectivamente—.

Hoy, sin embargo, el instituto jurídico que regula de manera expresa el legislador concursal en el título III del libro segundo del vigente TRLC es el *plan de reestructuración* homologado judicialmente, con o sin extensión de efectos, para cualquier tipo de empresario —persona natural o jurídica— que no cumpla los requisitos del artículo 685 TRLC. Aunque limitación subjetiva esta última que, sin embargo, nos obliga a diferenciar aquel instituto jurídico de un *procedimiento especial*, excepcional y específicamente previsto para la microempresa, con dos soluciones alternativas —liquidativa o conservativa— al conflicto[261].

Podría cuestionarse aquí, sin embargo, esa pretendida simplificación propugnada por el legislador de la reforma en el propio preámbulo de la Ley de reforma —16/2022, de 5 de septiembre (*Tol*

---

[261] Actualmente, contamos con varias plataformas digitales, destinadas a la tramitación de este tipo de procedimientos: el Servicio Electrónico de Microempresas —acceso a través de https://www.administraciondejusticia.gob.es/-/servicio-electronico-de-microempresas—; así como la Plataforma de Liquidación del Bienes —acceso a través de https://www.administraciondejusticia.gob.es/detalles-plataforma-de-liquidacion-de-bienes—. Para más información, *vid.* AGENCIA TRIBUTARIA. Sede electrónica, "Procedimiento especial para microempresas", https://sede.agenciatributaria.gob.es/Sede/deudas-apremios-embargos-subastas/preconcursos-concursos-procedimientos-especiales-microempresas/procedimiento-especial-microempresas.html. Recuperado el 6 de junio de 2024.

9180212)—, en sus apartados I, II, III y V, si atendemos al hecho de que, junto al plan de reestructuración, está incluyendo un novedoso «plan de continuación» dentro del mencionado procedimiento especial para microempresas —también conservativo de empresas, pero exclusivo y excluyente para estas— cuando, diversamente, podía haber optado por regular un único instituto jurídico de reestructuración empresarial, el plan de reestructuración, con las especialidades que fuera preciso concretar para la microempresa; como sí consideró oportuno hacer el legislador norteamericano para el plan de reorganización, en 2019.

Sin embargo, creemos que, con ello, no se ha incumplido el objetivo de simplificación normativa propugnado, sino todo lo contrario. Su incorporación al TRLC atiende, precisamente, a la necesidad de diversificar institutos jurídicos atendiendo a sus destinatarios, pero sin ampliar el número de procedimientos, entre los que aquellos puedan optar. Esto es, habrá un único plan de reestructuración para la generalidad de los empresarios; pero también un único procedimiento especial, para los titulares de una microempresa —para los que, además, supondrá un abaratamiento de costes sin precedentes—[262].

Una simplificación normativa de la norma concursal que, por lo demás, la hace distanciarse del sistema jurídico italiano resultante de la transposición de la Directiva 2019/1023. Pues, en su caso, son muy diversos los institutos jurídicos a los que puede acceder un empresario en un estado de «crisis» o «insolvencia[263]; una diversidad de institutos, por otro lado, admitida como posible por el legislador comunitario en el artículo 4.5 de la Directiva. Así, entre otros y en contraposición a una *liquidación judicial* —su antigua quiebra, ahora regulada en los arts. 121 y ss. CCII—, son diversos los institutos jurí-

[262] Otra cosa es que no estemos habituados a este procedimiento especial y que su tramitación, como veremos digital, pueda contar con inconvenientes técnicos en su fase inicial —no insalvables— que compliquen su aplicabilidad práctica.

[263] El legislador italiano entiende por «crisis», un «estado del deudor» que hace probable la insolvencia y que se manifiesta, de ser un empresario, en la «previsión de una insuficiencia de flujos de efectivo para hacer frente a las obligaciones dentro de los doce meses siguientes» —art. 2.1 a) CCII—. Y por «insolvencia», «el estado del deudor que se manifiesta con el incumplimiento u otros hechos externos que demuestren que el deudor ya no puede hacer frente regularmente a sus obligaciones» —art. 2.1 b) CCII—.

dicos a considerar: un *acuerdo de reestructuración de deuda* sometido a homologación judicial —arts. 57 y ss. CCII—[264]; un *plan acreditado de saneamiento* no homologado —art. 56 CCII—; un acuerdo o *convención de moratoria* —art. 62 CCII—[265]; un *concordato menor* —arts. 74 y ss. CCII—; o, tras la última de las reformas acaecidas, un *plan de reestructuración sujeto a homologación* —64 *bis* y ss. CCII—; más allá del antaño regulado como *concordato preventivo* —arts. 84 y ss. CCII—[266]. Algo que no facilita su entendimiento y que nos recuerda un poco la experiencia vivida con carácter previo a la transposición de la Directiva comunitaria en nuestro país.

4.1.3. Desjudicialización del proceso

En fin, una constante en la regulación de cualquiera de los mecanismos jurídicos recientemente incorporados a nuestro ordenamiento jurídico es su preceptiva *desjudicialización*. Y ello por atender al *principio de intervención judicial mínima* que ya propugnaba el legislador comunitario de 2019 en base a criterios de «necesidad y proporcionalidad» —en su considerando (29) y artículo 4.6—, como efectivamente reconoce el legislador concursal en el preámbulo de la Ley de reforma, en sus apartados III y IV, para el plan de reestructuración y para el procedimiento especial para microempresas, respectivamente[267].

---

264 Acuerdos que podían venir acompañados de una transacción sobre créditos tributarios y de la Seguridad Social, *ex* art. 63 CCII.

265 Instituto jurídico que viene a ser un *pactum de non petendo ad tempus*, con la peculiaridad de que sus efectos pueden extenderse a acreedores no participantes en el mismo, siempre que cumpla el mismo determinadas condiciones. Por lo demás, previsión normativa aquella —el art. 62 CCII— que ha de ponerse en conexión con el art. 341 CCII, en cuanto a las implicaciones penales que puede llevar consigo un mal uso de este instituto jurídico. Así, NIGRO, A. y VATTERMOLI, D. (2021). *Diritto della crisi delle imprese. Le procedure concorsuali*. Il Mulino, p. 486.

266 Adviértase que el CCII no incluye dentro de su articulado el régimen jurídico del procedimiento de administración extraordinaria. Asimismo, *vid.* nota 256.

267 A este respecto, *vid.* ROJO FERNÁNDEZ-RÍO, Á. (2017). "La propuesta...", *cit.*, p. 9.

Es lo que, con otras palabras, podríamos calificar como una tendencia hacia la *contractualización* del derecho concursal[268]. Porque algo que resulta evidente, tras una lectura rápida del texto legislativo de 2022, es que se incentiva una salida negociada al conflicto siempre que sea posible, en detrimento de institutos jurídicos jurisdiccionales. Más aún si cabe, si atendemos al hecho de que el legislador concursal ha decidido optar por una aplicación extensiva de cualquiera de los planes intrínsecamente conservativos de empresa —el plan de reestructuración y el de continuación— a situaciones, no solo de inviabilidad financiera, sino económica, esto es, también para supuestos de insolvencia —inminente o incluso actual—[269]; muy a pesar de que estamos ante una cuestión de política jurídica no reconocida de manera expresa por el legislador comunitario de 2019. De una u otra manera, no olvidemos que este posible efecto de desjudicialización en la resolución de conflictos por crisis de un empresario en ningún caso significa —o no debería significar— desprotección de acreedores —y clases— disidentes y/o no participantes, en tanto en cuanto son muy diversos los mecanismos jurídicos previstos para

---

268 Las propuestas de acercamiento de las soluciones concursales al modelo contractual son cada vez más habituales. Así, por ejemplo, PULGAR EZQUERRA, J. (2023). "Artículo 583..." *cit.*, pp. 758-759, nos habla de una evolución hacia un derecho de la reestructuración de empresas en crisis, en la que los marcos de reestructuración preventiva representan una «solución contractualista y convencional a la crisis económica versus la solución tradicional procesalista-concursalista»; aunque, sin dejar de recordarnos también la posibilidad de una reestructuración forzosa como «excepción a la regla general del carácter consensual de estas soluciones» —pues, recuérdese, podemos encontrarnos con planes no consensuados por todas y cada una de las clases de créditos afectadas—. *Vid.* asimismo, PULGAR EZQUERRA, J. (2014). "A contractual approach to overindebtedness: rebus sic stantibus instead of bankruptcy". *Life time contracts* (dir. Reiffner y Nogler). Eleven International Publishing. Pero no es algo que ocurra solo entre nosotros, sino incluso fuera de nuestras fronteras, si atendemos a lo dicho por EIDENMÜLLER, H. (2017). "Contracting for a European Insolvency Regime". European Corporate Governance Institute, (347), https://papers.ssrn.com/sol3/papers.cfm?abstract_id=2896340. Recuperado el 14 de noviembre de 2024.

269 Asimismo, PULGAR EZQUERRA, J. (2023). "Artículo 583..." *cit.*, pp. 766 y 767, hace hincapié en el hecho de que no estamos ante un procedimiento judicial.

contrarrestar el arrastre o vinculación forzosa a la que aquellos se van a ver afectados[270].

4.2. Plan de reestructuración

4.2.1. Naturaleza jurídica, caracteres y clasificación

Si tuviéramos que pensar en cuáles son los institutos jurídicos establecidos en nuestra norma concursal para solventar situaciones de inviabilidad financiera —o incluso económica— que, al mismo tiempo, suponen el mantenimiento de una empresa en el tráfico *stricto sensu*, habríamos de responder que dependerá del tipo de empresario con el que nos encontremos. Pues, como decimos, la norma jurídico-concursal instaurada en 2022 como resultado de la transposición de la Directiva (UE) 2019/1023 (*Tol 7307647*) establece un plan de reestructuración para la generalidad de empresarios y profesionales que actúan en el mercado[271], pero también un procedimiento especial para aquellos que pueden calificarse como microempresas.

El plan de reestructuración es un instituto jurídico esencialmente negocial celebrado entre un empresario deudor y todas las clases de créditos afectadas por el mismo, como ocurre con el plan de reestructuración preventiva —y ocurría con el (ya derogado) acuerdo de refinanciación—[272]. Pero es también un instituto jurídico que no

270 Adviértase que, a pesar de que el TRLC incorpora un principio de intervención judicial mínima y de que el plan de reestructuración no es un procedimiento judicial, sí prevé un control judicial más amplio que el previsto para el acuerdo de refinanciación. Con toda lógica, pues este provocaba solo un arrastre horizontal de créditos disidentes, que no vertical —y menos aún de socios—, como ahora ocurre; algo que justifica, a día de hoy, un incremento del control judicial sobre el plan, formal y material —así, PULGAR EZQUERRA, J. (2023). "Artículo 583..." *cit.*, pp. 762 y 791—.

271 Matizamos esa «generalidad», porque la realidad de nuestra práctica empresarial quizás nos diga que un elevado número de las empresas que actúan en nuestro mercado son microempresas. Cierto es, no obstante, que el legislador de la reforma también se encargó de minimizar este efecto durante la tramitación legislativa de la norma concursal, al reducir el límite cuantitativo utilizado para diferenciar la microempresa del resto de empresarios y profesionales. Al respecto, *vid.* nota 15.

272 En cuanto a cuál era la naturaleza jurídica del acuerdo de refinanciación incorporado a la antigua Ley concursal, *vid.* GARNACHO CABANILLAS, L., "Rees-

se encuentra inserto en un procedimiento específicamente jurisdiccional; a diferencia de lo que ocurre con el plan de reorganización norteamericano o, incluso, frente al convenio concursal, regulados ambos desde antaño como soluciones negociadas a la quiebra y al concurso de acreedores, respectivamente.

No obstante, lo primero tampoco significa que no podamos encontrarnos con planes de reestructuración *no consensuales*, esto es, no consensuados por todos y cada una de las clases de créditos afectadas por aquel. Ni lo segundo que resulte inviable una participación activa de un juez de lo mercantil, como efectivamente ocurre aquí en momentos puntuales, pero también esenciales, de la tramitación de un plan de reestructuración —siguiendo los pasos de lo establecido en el art. 10.1 de la Directiva—; siendo uno de esos concretos momentos en los que se exige la intervención del juez del concurso cuando el deudor —o cualquiera de los acreedores firmantes del plan de reestructuración— pretende que se produzca una extensión de los efectos del mismo a acreedores o clases de acreedores disidentes o no participantes en su negociación, o incluso a sus socios. Porque, para que esto ocurra, se hace precisa una homologación judicial del plan en cuestión *ex* artículos 615, 635 y 643 TRLC. Como es también preceptiva esa homologación judicial cuando, a través del plan, se pretende una resolución de contratos en interés de la reestructuración; o cuando, «con independencia de que se prevea o no una extensión de los efectos del plan», se busca proteger la financiación interina o nueva financiación que establezca el plan —así como los actos, operaciones o negocios realizados en el contexto de este—.

De ello se deduce, asimismo, la que habría de ser una subclasificación «tipificada» de los planes de reestructuración. Así: (i) unos *planes homologados judicialmente, con extensión de efectos* a créditos y/o intereses —léase, socios— afectados y no aceptantes del plan; lo que no impide que, además, con ellos se pretenda proteger una eventual financiación interina o nueva financiación; y (ii) unos planes *homologados judicialmente, pero sin extensión de efectos*, en tanto en cuanto a través de la homologación necesariamente se protegerá la financiación

---

tructuración...", *cit.*, pp. 5-6.

interina o nueva financiación, así como actos conexos que el plan lleve aparejados —arts. 615 y 635 TRLC—.

Aunque la duda a este respecto es si, junto a ellos, podemos hablar de un tercer tipo de planes de reestructuración *no homologados judicialmente* a los que aplicarles —aun parcialmente— la norma concursal. Y ello, por razones de sistemática. Porque el TRLC no limita la aplicación de las medidas protectoras del título II, libro segundo del TRLC, sobre «comunicación de apertura de negociaciones con los acreedores» y efectos derivados, a los planes homologados judicialmente; a diferencia de lo que ocurre con el título III, pensado solo para estos. Diversificación normativa, pues, que abre las puertas —al menos en teoría— a una eventual aplicación de las reglas sobre comunicación de apertura de negociaciones a cualquier plan de reestructuración negociado entre las partes, aun cuando no homologable, cuando un deudor empresario se encuentre, al menos, en un estado de probabilidad de insolvencia[273]; una interpretación de la norma, sin embargo, rechazada por parte de la doctrina[274].

De una u otra manera, pero ya centrando nuestra atención solo en el plan de reestructuración homologado judicialmente y con extensión de efectos del título III, no debemos olvidar que estamos ante un negocio jurídico que habría que calificar: (i) «de masa», en tanto en cuanto se produce de manera efectiva una extensión de efectos del contenido del plan con respecto a acreedores que no hayan votado a favor del mismo. Un claro ejemplo de superación del principio de relatividad contractual establecido en el artículo 1257 CC que hay quien, además, califica como negocio jurídico de masa «*sui generis*»[275], a semejanza del convenio concursal[276]. Y es que pue-

---

273 *Vid.* GARNACHO CABANILLAS, L., "Reestructuración…", *cit.*, pp. 19-20.

274 Entre otros, es algo que se cuestionan GELI FERNÁNDEZ-PEÑAFLOR, E. y ARLABÁN GABEIRAS, B. (2022). "Los planes de reestructuración". *Actualidad Jurídica Uría Menéndez*, (59), 30-70, pp. 33-34 y 53; o incluso rechaza PULGAR EZQUERRA, J. (2023). "Artículo 583" *cit.*, p. 765.

275 CERDÁ ALBERÓ, F. (2022). "El plan de reestructuración: contenidos y aprobación (formación de clases de créditos, votación y mayorías)". *Nuevo marco jurídico de la reestructuración de empresas en España* (dir. A. Cohen), 889-1047. Thomson Reuters - Aranzadi, p. 897.

276 Al respecto, *vid.* GUTIÉRREZ GILSANZ, A. (2024) "El convenio concursal". *Manual de Derecho concursal* (dir. J PULGAR). Aranzadi - La Ley, p. 442.

de, incluso, llegar a homologarse judicialmente aun sin contar con el consentimiento de los socios de la sociedad deudora, por lo establecido en el artículo 640.2 *in fine* TRLC —pero siempre que no sea una PYME (por así impedirlo el art. 684.2 TRLC)—. (ii) Pero, además, con una finalidad intrínsecamente conservativa de empresas en situación de dificultad financiera, o incluso económica, por exigirse su previsible viabilidad en el tráfico, lo que debería impedir el uso oportunista de esta institución para otras finalidades —por ejemplo, solo societarias, como medio para tomar el control de una sociedad o conseguir la exclusión de un socio minoritario—[277]. Pues, a cambio de una evidente laxitud en el contenido de un plan de reestructuración, admitiéndose como posible cualquier tipo de medida de modificación de la estructura de capital, enajenación de activo —inclusive de unidades productivas, o de la empresa en su totalidad—[278] y/o de reorganización de su estructura operativa —art. 614 TRLC—[279], será siempre preciso que el plan propuesto ofrezca «una perspectiva razonable» de que se va a «evitar el concurso y asegurar la viabilidad

277 Ya en su momento, SCHMIDT, K. (2014). "¿Desbanca el derecho concursal al derecho de sociedades?". *Revista de Derecho Concursal y Paraconcursal*, (22), pp. 52 y ss. hizo hincapié en el riesgo de un empleo de herramientas concursales para objetivos solo societarios, sobre la experiencia práctica alemana. Aunque lo cierto es que esa situación no parece ser muy distinta en nuestro sistema jurídico, donde se está planteando ahora con particular intensidad.

278 Planes liquidativos, en teoría, perfectamente posibles, aun cuando el legislador concursal no se haya atrevido a modular la normativa tributaria, de Seguridad Social y laboral aplicable a este tipo de operaciones; dificultándose así su aplicabilidad práctica, por suponer esto un freno considerable a la adquisición de unidades productivas del empresario deudor, por parte de terceros. Algo que se cuestiona también AZOFRA VEGAS, F. (2023). "Artículo 614. Concepto". *Comentario a la Ley Concursal* (dir. J. Pulgar), vol. II, 972-976. La Ley, pp. 974-976.

279 En opinión de AZOFRA VEGAS, F. (2023). "Artículo 614...", *cit.*, p. 973, esta ampliación significativa del ámbito de actuación de un plan de reestructuración, con respecto a una empresa en dificultades y frente al acuerdo de refinanciación —solo centrado en una reorganización de su pasivo—, no impide «aventurar» un uso de este tipo de planes de, manera extensiva, para supuestos de reconfiguración del pasivo. Aun con ello, la norma prevé, como herramientas de reestructuración operativa, la resolución de contratos «en interés de la reestructuración (art. 620 TRLC) o la suspensión y resolución de contratos laborales o mercantil con el personal de alta dirección y consejeros ejecutivos (art. 621 TRLC)».

de la empresa en el corto y medio plazo»[280]. Un *test de viabilidad* muy al estilo del *feasibility test* norteamericano *ex* §1129 (a)(11) U.S.C. o del previsto en el artículo 10.3 de la norma europea, recogido aquí en el artículo 638.1.° TRLC como un presupuesto necesario para la homologación judicial del plan.

4.2.2. Tramitación

a) Análisis comparativo

La tramitación del plan de reestructuración mantiene, como no podía ser de otro modo, la coherencia con las previsiones de la Directiva 2019/1023. Siendo una Directiva de mínimos, sin embargo, la transposición a los distintos ordenamientos nacionales explica las diferencias en las soluciones adoptadas entre los ordenamientos europeos. Y así, resalta en este aspecto la cercanía de la solución española a la adoptada por el legislador italiano —aunque solo hasta cierto punto— con respecto a mecanismos tales como su *acuerdo de reestructuración de deuda extendido*, de los artículos 57 y ss. CCII; o el *plan de*

---

[280] El legislador concursal no concreta qué ha de entenderse por corto y medio plazo. Nuestro Plan General de Contabilidad, en sus normas contables 5.ª y 6.ª, equipara el «corto plazo» a un periodo temporal de doce meses; como igualmente considerara ya en su momento —aunque haciendo referencia a los acuerdos de refinanciación— CERDÁ ALBERO, F. (2014). "La extensión de efectos del acuerdo de refinanciación, homologado judicialmente, a los acreedores financieros disidentes o no partícipes". *Anuario de Derecho Concursal*, (33), 143-165, pp. 152-153—; en contraposición a lo dicho por AZOFRA VEGAS, F. (2016). *La homologación judicial de acuerdos de refinanciación*. Reus, pp. 57-58, quien entendía que aquella concreción —en la norma contable— no era un elemento suficiente para su aplicación en el ámbito preconcursal; o por AZNAR GINER, E. (2017), "*La homologación...*", *cit.*, p. 52, quien precisaría que es una cuestión temporal que había que determinar caso por caso y, sobre todo, teniendo en cuenta la actividad de la empresa afectada. En cuanto a qué entender por «medio plazo», por ejemplo, GELI FERNÁNDEZ-PEÑAFLOR, E. y ARLABÁN GABEIRAS, B. (2022). "Los planes...", *cit.*, p. 38, lo sitúan en tres años. Por su parte, en SJM Barcelona, núm. 2, 26/2023, de 4 de septiembre (*Tol 9696169*), Fundamento Jurídico séptimo, p. 40 —caso Celsa—, se nos dice que debemos entender como «corto y medio» plazo cualquier periodo temporal inferior a cinco años.

reestructuración sujeto a homologación, contemplado en los artículos 64 *bis* y ss. CCII[281].

Primero, porque el acuerdo de reestructuración de deuda extendido no deja de ser un acuerdo que, teniendo por destinatario cualquier empresario *lato sensu ex* art. 57.1 CCII —incluyéndose, pues, cualquier empresario aun no mercantil, en tanto no se trate del titular de una microempresa— y habiendo sido negociado con sus acreedores, precisa de una homologación judicial para que surta efecto, incluso, con respecto a créditos no aceptantes del mismo incluidos en una misma categoría de créditos —art. 61 CCII—[282]. Así, el deudor presentará una propuesta de acuerdo de reestructuración a sus acreedores a la que adjuntará un plan económico-financiero y, no contando con el rechazo de estos, procederá a solicitar su homologación judicial; siendo posible, si resultare conveniente, la concreción de un plazo de tiempo por parte del tribunal competente, dentro del cual se procederá a su aceptación por una mayoría reforzada de créditos, concretamente, del setenta y cinco por ciento del pasivo del deudor, dentro de cada categoría de créditos[283]; para así abrir paso a su subsiguiente homologación judicial. Eso sí, el plan económico-financiero inserto en este acuerdo de reestructuración de deuda, propuesto por el deudor, habrá de haber sido redactado según las indicaciones del artículo 56 CCII y cumplir los requisitos documentales del artículo 39.1 y 3 CCII; habrá de garantizar el pago íntegro de créditos *estranei* al mismo —ajenos, entendemos, por no afectados— dentro de los ciento veinte días siguientes a la homologación del plan, con respecto a créditos ya vencidos en esa fecha o, de no serlo,

---

281 NIETO DELGADO, C. (2024). "Homologación...", *cit.*, p. 144, entiende que nuestro plan de reestructuración, en su momento, pudo tomar como «principal referente» el régimen propio de los acuerdos de reestructuración de deuda homologados judicialmente.

282 A diferencia de lo que ocurre con un «plan acreditado de saneamiento» no homologado, regulado en el art. 56 CCII.

283 Se trata de un acuerdo de reestructuración de deuda con eficacia extensiva con respecto a créditos no adherentes dentro de una misma categoría que habría que distinguir de otros tipos de acuerdo de reestructuración de deuda: «simple», cuando esa mayoría lo sea del treinta por cierto del pasivo —aun cuando sujeto a unas condiciones establecidas en el art. art. 60 CCII—; u «ordinario», cuando alcance el sesenta por ciento.

dentro de los ciento veinte días siguientes al vencimiento —art. 57.3 CCII—; y, por la libertad de negociación que supone, puede traducirse en una satisfacción total o parcial, una dilación o una renuncia incluso total del pago de lo debido —con el matiz del art. 61.4 CCII para el acuerdo de reestructuración con eficacia extensiva—. Ahora bien, podrá ser objeto de una eventual renegociación y, por ende, modificación sustancial antes y después de su homologación —art. 58 CCII—.

Y segundo, porque cierto es que el también novedoso plan de reestructuración sujeto a homologación, de los artículos 64 *bis* y ss. CCII, además de ser un mecanismo subjetivamente limitado al deudor empresario *stricto sensu* —excluyendo así su aplicación, no solo con respecto a la microempresa, sino también a cualquier empresario «*non commerciale*» (art. 64.*bis* 1 CCII)—, se caracteriza por su unilateralidad como un «[p]lan o programa [...] privado de cualquier connotación de negociabilidad» que es[284]; de ahí que no pueda ser objeto de renegociación, sino solo objeto de eventual transformación en una propuesta de concordato preventivo, de ser el caso —art. 64 *quater* CCII—. Pero no deja de ser un instituto jurídico que también requiere de una aceptación mayoritaria por clases de créditos, así como de una subsiguiente homologación judicial con efectos extensivos para con créditos no aceptantes, dentro de esas clases de créditos —art. 64 *bis* CCII—.

Frente a ellos, el plan de reestructuración regulado en el título III, libro segundo, del TRLC puede proponerlo un empresario deudor en sentido lato, tanto en un estado de probabilidad de insolvencia como cuando esta es ya inminente o incluso actual —art. 584.1 TRLC—; pero también pueden hacerlo sus acreedores, si atendemos a lo dicho en los artículos 612.1 y 637.1 TRLC, en aquellas ocasiones en las que se solicita una suspensión de una solicitud de concurso voluntario, previamente instada por el empresario deudor con socios no legalmente responsables de las deudas sociales. Tampoco admite una eventual modificación sobrevenida de su contenido. Pero sí comparte con los institutos jurídicos italianos citados, sin embargo, su condición de negocio jurídico con eficacia extensiva a créditos no

---

284 NIGRO, A. y VATTERMOLI, D. (2021). *Diritto... cit.*, p. 465.

aceptantes del mismo, por lo que es un claro ejemplo de superación del principio de relatividad contractual establecido en el artículo 1257 CC; en los mecanismos jurídicos italianos citados, también una excepción a la regla prevista en los artículos 1372 y 1411 de su *Codice Civile*. Como igualmente precisa de una clasificación de los créditos afectados por el plan en categorías o clases, para después pasar a ser aceptado, en principio, por todas y cada una de las clases afectadas —a través de un acuerdo mayoritario reforzado, dentro de esas clases—. Algo que le permite extender sus efectos incluso a acreedores afectados no aceptantes del plan, en pro de una conservación empresarial, en tanto en cuanto el plan resulte finalmente homologado por el juez del concurso; si bien, esta extensión de efectos, en nuestro caso y a diferencia de que lo ocurre con los institutos jurídicos italianos mencionados —que no lo admiten como posible—, también es factible con respecto a clases de créditos disidentes si solo alguna/s de las clases de créditos afectados aceptan el plan propuesto *ex* artículo 639 TRLC[285]. Aunque no debemos olvidar tampoco que una aplicación extensiva del contenido del plan de reestructuración a acreedores afectados no aceptantes o clases de créditos disidentes —un arrastre horizontal y vertical, respectivamente— solo es posible gracias a la homologación judicial del plan por el juez de lo mercantil competente; esta, a su vez, evitable —de manera parcial o total— a través de una impugnación del auto de homologación ante la Audiencia Provincial —arts. 649 y 654 a 656 TRLC—.

Por su parte, la impugnación del auto de homologación judicial del plan carece de efectos suspensivos —art. 660 TRLC—[286] y la sentencia que deba resolver al respecto no es objeto de recurso alguno —art. 659.3 TRLC—. De ser estimatoria, podrá suponer la ineficacia del plan en sí mismo solo en aquellos casos en los que la causa de impugnación hubiera sido la falta de concurrencia de las mayorías necesarias o una formación defectuosa de las clases de créditos —art. 661.2 TRLC—; pero, no siendo esta la causa de impugnación a consi-

---

285 Al respecto, *vid.* p. 218.

286 Por lo demás, el art. 657 TRLC establece un supuesto de impugnación del acuerdo de resolución de un contrato con obligaciones recíprocas pendientes de cumplimiento, incluido en un plan de reestructuración homologado judicialmente.

derar sino cualquier otra, supondrá el mantenimiento de los efectos derivados del plan de manera parcial para con acreedores y socios no impugnantes —art. 661.1 TRLC—. Como tampoco resulta posible pedir una resolución del plan de reestructuración, salvo previsión expresa en el propio plan o por incumplimiento de lo establecido en el artículo 671.1 II TRLC para con los créditos públicos, si no por derivarse ese incumplimiento de un estado de insolvencia del deudor —art. 671.2 TRLC—. En consecuencia, una vez más «automatismo» y «celeridad» son términos adecuados para calificar la tramitación de este sistema de revisión para el plan de reestructuración; al mismo tiempo, muy acordes con la idea de una desjudicialización del proceso en pro del mantenimiento de empresas en activo, en tanto previsiblemente viables. No obstante, este sistema de revisión también presenta como inconveniente la posposición de la firmeza de la homologación judicial, generando con ello incertidumbre a quienes quieran suscribir el plan, pues no deja de existir un riesgo de que la previa homologación sea revocada. Y lo cierto es que, actualmente, aunque hay Audiencias Provinciales que tramitan con cierta agilidad los recursos que les llegan, es fácil que una dilación en la resolución de impugnaciones pueda llegar a ser, incluso, superior a un año[287].

b) Peculiaridades

Al margen de estas pinceladas básicas dadas sobre cómo ha de tramitarse un plan de reestructuración —y los efectos que de ello se derivan—, el legislador de la reforma ofrece una pluralidad de alter nativas de actuación o peculiaridades que habría que destacar. Así:

UNO. Para empezar, el TRLC distingue entre una «comunicación de apertura de negociaciones» con los acreedores[288] y una ho-

---

287 Así, SANCHO GARGALLO, I. (2022). "La impugnación u oposición previa a la homologación del plan de reestructuración y la protección frente a la rescisión concursal". *Nuevo marco jurídico de la reestructuración de empresas en España* (dir. A. Cohen). Thomson Reuters - Aranzadi, 1137-1203, p. 1143.

288 A este respecto, ténganse en cuenta las especialidades que presenta, en cuanto a comunicación de negociaciones se refiere, el régimen específico previsto para el empresario deudor, persona natural o jurídica, con un número medio de trabajadores inferior a cuarenta y nueve —en el ejercicio anterior— y un volumen

mologación directa del plan «sin comunicación previa» —en su art. 584—[289].

En el primer caso, el empresario procede a comunicar la existencia —o inicio— de negociaciones con sus acreedores al juez competente. Algo que abre paso, por tanto, a la negociación de un plan con sus acreedores y a su subsiguiente aprobación por estos, según su clasificación en distintas categorías de créditos afectados y con unas mayorías reforzadas, en un plazo de tiempo de tres meses —prorrogables por otros tres—, con las ventajas procesales y materiales que todo ello supone *ex* artículos 585 y ss. TRLC[290]. Con posterioridad, el deudor o —incluso— cualquier acreedor afectado que lo haya suscrito podrán solicitar la homologación judicial del plan en tanto en cuanto se pretenda una eficacia extensiva del plan, *ex* artículo 643 TRLC. Eso si no se produce una situación también contemplada en el artículo 612 TRLC y es que, habiéndose comunicado al juez la apertura de negociaciones con los acreedores, pero —entendemos— no siendo presumiblemente fructíferas esas negociaciones en relación con la propuesta de plan presentada por el deudor, este finalmente decida optar por solicitar la apertura de un concurso voluntario.

Ahora bien, podría pensarse entonces con esto último que se está cerrando la vía a una reestructuración empresarial preconcursal. Pero no es así, *al menos*, para un deudor persona jurídica con socios no legalmente responsables de las deudas sociales. Porque siempre queda la posibilidad de que acreedores suyos, que representen más del cincuenta por ciento del pasivo que pueda verse afectado por un plan —o, en su caso, el experto en la reestructuración—, insten al juez competente la suspensión de tal solicitud de concurso volunta-

---

de negocios anual —o balance general anual— no superior a diez millones de euros, en su art. 683 TRLC.

289 Ambas posibilidades de actuación, no obstante, excluidas en aquellos casos en los que, encontrándose el empresario en un estado de insolvencia actual, se haya admitido ya a trámite una solicitud de declaración de concurso necesario —en sus arts. 585.2 y 636.2, respectivamente—.

290 En concreto, estaríamos hablando de ventajas con respecto a los efectos derivados de esa comunicación, con relación al propio deudor, así como sobre créditos, contratos, acciones y procedimientos ejecutivos, *ex* arts. 594 y ss. TRLC; o de ventajas a efectos procesales como nuevas comunicaciones o sobre solicitudes de concurso, *ex* arts. 609 y 610 TRLC.

rio proveniente del deudor, debiéndose acreditar en dicha solicitud, a cambio, la presentación de un plan de reestructuración por parte de los acreedores «que tenga probabilidad de ser aprobado», *ex* artículo 612.1 TRLC[291]; ello, en evitación de una situación de *hold out* del deudor —o «resistencia» a la reestructuración, por su parte—[292]. Y se trata de una afirmación que ha de ser matizada porque el legislador se ha preocupado de excluir esa posibilidad de actuación en el caso de un deudor persona natural o cuando se trate de una sociedad cuyos socios o algunos de ellos sean legalmente responsables de las deudas sociales *ex* art. 612.3 TRLC.

Adviértase a este respecto, por lo demás, que hay autores que conciben la comunicación de apertura de negociaciones, en sí misma, como un «procedimiento preconcursal» diverso del plan de reestructuración[293]. Por nuestra parte, sin embargo, somos más de la opinión de que no es un instrumento o mecanismo *stricto sensu* de derecho preconcursal, sino una fase dentro de la tramitación de un plan de reestructuración; o, dicho de otra manera, una de las dos formas de acceder a la tramitación de un plan de reestructuración.

En el segundo caso, la solicitud directa de una homologación judicial de un plan de reestructuración ante el juez competente sin pasar por el trámite de una comunicación previa de apertura de negociaciones, se solicita: o bien por el deudor —arts. 583.1 *in fine* y 643.1 TRLC—; o bien por cualquier acreedor afectado que lo haya suscrito —art. 643.1 TRLC—. Pero esto no presupone la inexisten-

---

291 CERDÁ ALBERÓ, F. (2022). “El plan…”, *cit.*, p. 954, matiza que el porcentaje del cincuenta por ciento del pasivo se requiere para solicitar la suspensión de concurso voluntario, pero no es igualmente exigible con respecto a la presentación de un plan de reestructuración por su parte. En sentido contrario, PULGAR EZQUERRA, J. (2023). “Artículo 637. Suspensión de la solicitud de concurso voluntario”. *Comentario a la Ley Concursal* (dir. J. Pulgar), vol. II, 1156-1167. La Ley, p. 1164.

292 PULGAR EZQUERRA, J. (2023). “Artículo 637…”, *cit.*, pp. 1156 y 1158.

293 En este sentido, entre otros, CAMPUZANO LAGUILLO, A. B. (2023). “Consideración…”, *cit.*, apartado II.2 (versión digital); o GELI FERNÁNDEZ-PEÑAFLOR, E. y ARLABÁN GABEIRAS, B. (2022). “Los planes…” *cit.*, p. 31, al categorizarlo como uno de los dos «institutos preconcursales» sobre los que pivota nuestro derecho preconcursal, aun cuando instrumental al plan de reestructuración.

cia de una negociación previa. Todo lo contrario, porque requisito indispensable para la homologación judicial de cualquier plan de reestructuración, con o sin comunicación previa, es que este se haya negociado y aceptado, en principio, por todas las clases de créditos afectadas —si no por alguna/s de esas clases—, por el deudor y, en su caso, por los socios *ex* artículos 638 a 640 TRLC —aunque con alguna salvedad que analizaremos en otro momento, por lo prescrito tanto en el art. 640.2 *in fine* como en los arts. 612.1 y 637.1 TRLC—[294].

Sin olvidar tampoco que aquel plan de reestructuración se habrá presentado, previsiblemente, por el propio deudor; aunque eventualmente también puedan haberlo propuesto sus acreedores, si atendemos a lo establecido en el artículo 637.1 TRLC, esto es, como contestación a una solicitud de concurso voluntario por parte de un deudor con socios no legalmente responsables de las deudas sociales y en tanto en cuanto dicho plan propuesto «tenga probabilidad de ser aprobado»[295]. Ocurre, pues, como en el supuesto anterior de comunicación de negociaciones que esta concreta posibilidad de actuación directa por parte de los acreedores del deudor no podrá darse cuando este sea una persona natural o sociedad cuyos socios —o algunos de ellos— sean legalmente responsables de las deudas sociales, *ex* artículo 637.3 TRLC.

DOS. Pero es al hilo del análisis de esos específicos preceptos del TRLC, los artículos 612 y 637 TRLC, cuando nos asalta una duda igualmente procedimental, en concreto, sobre quiénes se encuentran legitimados para presentar un plan de reestructuración y, en su caso, bajo qué condiciones. Porque no hay duda de que el empresario deudor es, por regla, el proponente de un plan de reestructuración; pero los acreedores también pueden serlo, al menos, por lo establecido en los preceptos citados. La cuestión es hasta qué punto pueden ser estos acreedores los artífices de este tipo de negociaciones pre/paraconcursales.

El legislador de la reforma establece, de manera expresa, un precepto en el que se estipula quiénes son los sujetos legitimados para

---

294 Al respecto, *vid.* apartado IV, 4.2.4. b) c. Empresario persona jurídica con socios no legalmente responsables de las deudas sociales.

295 *Vid.* nota 291.

presentar un plan de continuación: el artículo 697 TRLC, cuya rúbrica responde a la «[p]resentación del plan de continuación». En él, se nos dice que dicho plan «podrá ser presentado por el deudor o por los acreedores con la solicitud de apertura del procedimiento especial o en los diez días hábiles siguientes a la declaración de apertura del procedimiento especial». Pero no encontramos, sin embargo, un precepto similar para el plan de reestructuración a lo largo del texto legal. Ni siquiera a través de los artículos 583 y 585 TRLC, cuando hacen referencia a quién habrá de estar legitimado para notificar la apertura de negociaciones relativas a un plan de reestructuración, limitándose a decir lo que, entendemos, es la regla general. Y es que solo el deudor, esto es, «cualquier persona, natural o jurídica, que lleve a cabo una actividad empresarial o profesional» podrá comunicar al juez del concurso correspondiente ese inicio de negociaciones, se sobreentiende, por haber sido él mismo el proponente de un plan de reestructuración a debatir «con sus acreedores»; siendo las únicas referencias legales que —entendemos también— establecen una única excepción a esta regla las previstas en los artículos 612 y 637 TRLC citados, cuando se nos dice que un plan de este tipo podrá ser presentado por los acreedores de un deudor con socios no legalmente responsables de las deudas sociales, pero *solo* cuando tenga visos de aprobación y en contestación a un momento procesal específico, esto es, cuando dicho deudor decida solicitar la apertura de un procedimiento de concurso voluntario.

De ahí que entendamos procedente una interpretación restrictiva de la norma concursal y que, quizás, debamos considerar aquella condición —específicamente recogida en los artículos citados— como «la única posible» que hace factible la presentación de un plan de reestructuración por parte de los acreedores del empresario —a la espera de una mayor concreción por nuestro legislador—[296]. Algo

---

[296] CERDÁ ALBERÓ, F. (2022). "El plan...", *cit.*, p. 954, también considera condicionada la legitimación de los acreedores a la hora de presentar un plan de reestructuración; si bien, la referencia que hace al respecto es, simplemente, que el legislador de la reforma ha hecho uso «parcialmente» de esta posibilidad que nos brinda el art. 9.1. II de la Directiva. Y, más en concreto, que el TRLC «propiamente» no determina cuáles son las condiciones que puedan exigírseles a los acreedores a la hora de presentar un plan, sino que «simplemente disciplina una situación» en la que se contempla esa presentación por los acreedores.

que, además, nos acerca un poco a la idea del plan de reestructuración sujeto a homologación italiano, del que decíamos era un plan ofrecido de manera «unilateral» por el deudor a sus acreedores que, no pudiendo ser objeto de renegociación, podría transformarse en un concordato preventivo; en nuestro caso, al menos, con respecto a aquellos planes de reestructuración propuestos por un deudor persona natural o persona jurídica con socios legalmente responsables de las deudas sociales, para los que la alternativa a una previsible falta de consenso con los acreedores, en caso de encontrarse su empresa en un estado de insolvencia, es la apertura de un concurso de acreedores —y no la eventual presentación de un plan por parte de sus acreedores en tanto «presuntamente aceptable»—. Mucho tiene que ver en ello, probablemente, la responsabilidad ilimitada que les caracteriza a uno y otros —respectivamente, deudor persona natural y socios legalmente responsables de las deudas sociales—.

Como decimos, no encontramos ninguna otra referencia al respecto en el texto concursal que amplíe el número de posibilidades de actuación por su parte, a los efectos de la presentación de un plan de reestructuración. Tampoco es admisible pretender identificar la legitimación —entendemos— «condicionada» de propuesta de un plan de reestructuración que le brinda el legislador del concurso a los acreedores del deudor *ex* artículos 612 y 637 TRLC con la previsión del artículo 643.1 TRLC, que nada dice al respecto, al venir a mencionar solo la capacidad de solicitar la homologación judicial de un plan de reestructuración que tiene cualquier acreedor afectado, simplemente, por haber «suscrito» un plan de reestructuración, que bien puede haber sido propuesto por el propio deudor.

Esta interpretación, en fin, resulta concordante con la previsión condicionada del artículo 9.1 II de la Directiva 2019/1023, cuando nos dice que «[l]os Estados miembros también podrán prever que los acreedores y los administradores en materia de reestructuración tengan derecho a presentar planes de reestructuración y establecerán *en qué condiciones* podrán hacerlo».

Otra cosa es, sin embargo, la aplicación práctica que se está haciendo de la norma concursal a este respecto. Pues no parece estar poniéndose traba alguna a la presentación de planes de reestructuración por parte de los acreedores, admitiéndose así como posible la consecución de planes abiertos a cualesquiera acreedores que quieran iniciar su tramitación y, por ende, no sujetos a limitación procesal alguna para la presentación de un plan por su parte; ejemplo de ello lo son los casos Celsa y Hoteles Beatriz[297].

TRES. En principio, el deudor parece ser el sujeto encargado de concretar el «perímetro de afectación» del plan dentro de los límites legalmente establecidos, debiendo determinar de manera razonada qué sujetos podrán o no verse afectados por el plan *ex* artículo 633 TRLC; si no, entendemos, los acreedores proponentes de un plan *ex* artículos 612.1 y 637.1 TRLC.

Ahora bien, sabiendo quiénes, de entre los acreedores, habrían de verse afectados por el plan, el siguiente paso a dar es su categorización en distintas clases de créditos, necesaria para la subsiguiente aprobación del plan de reestructuración. Una formación de clases de créditos afectados que, por regla general, será objeto de un control judicial *a posteriori* siempre que se impugne la homologación judicial del plan, debiendo ser la Audiencia Provincial quien confirme entonces que la formación de clases se ha hecho de manera correcta —art. 654.2.º TRLC—[298]. A salvo quedan aquellos casos en los que se opte

---

297 En efecto, el primer caso —que en su día conocimos— de un plan de reestructuración presentado por acreedores fue el del grupo Celsa, iniciado a través de la solicitud de nombramiento de un experto de la reestructuración por parte de algunos de sus acreedores, quienes —después de ratificarse la designación de aquel por la Audiencia Provincial de Barcelona— formularon una solicitud de confirmación de las clases de créditos, siendo finalmente homologado por el Juzgado de lo Mercantil núm. 2 de Barcelona, en sentencia 26/2023, de 4 de septiembre (*Tol 9696169*). Asimismo, un caso reciente de un plan de reestructuración presentado por uno de los acreedores del deudor, pero resuelto en sentido contrario, al haberse rechazado este por el Juez de lo Mercantil núm. 2 de las Palmas de Gran Canaria —por entender que «no podía llegarse a la conclusión de que existe insolvencia actual por la sola voluntad o interpretación de los acreedores» en ese caso concreto— es el relativo a los Hoteles Beatriz. Al respecto, *vid.* un análisis crítico de la decisión adoptada por el juzgador en MANZANARES SECADES, A. (2024). "La cláusula de cambio de control en una financiación corporativa". *Almacén del Derecho. Casos, Concursal, Mercantil, Sentencias.* https://almacendederecho.org/la-clausula-de-cambio-de-control-en-una-financiacion-corporativa. Recuperado el 20 de septiembre de 2024.

298 Se resuelve así, con acierto según GELI FERNÁNDEZ-PEÑAFLOR, E. y ARLABÁN GABEIRAS, B. (2022). "Los planes...", *cit.*, p. 54, una de las anomalías del anterior régimen que era que, precisamente, el mismo juez que habría de haber homologado un acuerdo de refinanciación, decidiría sobre su impugnación.

por un control judicial *a priori* sobre la correcta formación de «una o varias clases», en cuyo caso será el juez de lo mercantil competente para hacerlo, antes de solicitar la homologación judicial del plan —arts. 625-626 TRLC—[299], siendo un ejemplo de ello —una vez más— el caso Celsa[300]. Como cierto es también que este control apriorístico, aun ofreciendo mayor seguridad al procedimiento, presenta algún inconveniente: si no su limitación objetiva a «una o varias clases» —no a todas, si atendemos a la literalidad del precepto—; el que solo se da a instancia de parte, esto es, siempre que el deudor —o, en su caso, el porcentaje de acreedores correspondiente— así lo solicite.

CUATRO. Por último, el deudor o acreedor solicitante de la homologación del plan de reestructuración también puede requerir la celebración de un contradictorio previo a la homologación judicial de un plan de reestructuración, estableciéndose unas causas de oposición similares a las de impugnación del auto de homologación judicial —arts. 662-663 TRLC—. Ello, una vez más, en pro de una mayor seguridad jurídica del procedimiento, pues es algo que le permite al juez del concurso resolver «con mayor conocimiento de causa» y «sin riesgo de que quede después sin efecto por una posterior revisión del tribunal de apelación», aun cuando pueda demorarse algo más en el tiempo su resolución[301]; si bien, presenta también como inconveniente el que solo puede accederse al mismo a instancia de parte.

Por su parte, SANCHO GARGALLO, I. (2022). "La impugnación…", p. 1143, nos recuerda que esta revisión judicial no equivale a un recurso de apelación, sino a un incidente de impugnación del que conoce un órgano de apelación, permitiéndose así la «contradicción de quienes se opongan a la homologación, por razones tasadas, que incluyen algunas que no habrían podido ser revisadas de oficio por el juez que homologó».

299 Tal y como se recoge en el preámbulo de la Ley de reforma —Ley 2022 16/2022, de 5 de septiembre— en su apartado III, «esta opción puede ser útil para los supuestos en los que, durante la fase de negociación del plan, haya una disparidad de criterios entre los sujetos afectados sobre las clases formadas y sea preferible despejar las dudas sin necesidad de aguardar hasta el final de todo el proceso».

300 *Vid.* SJM Barcelona, núm. 2, 26/2023, de 4 de septiembre (*Tol 9696169*) —caso Celsa—.

301 SANCHO GARGALLO, I. (2022). "La impugnación", *cit.*, p. 1144.

Eso sí, de ser solicitada esta oposición previa —o control judicial *a priori*, esto es, antes de que el plan surta efecto—[302], no será posible ya una subsiguiente impugnación de la homologación judicial del plan[303]. Y ello, por considerar que estamos ante dos alternativas de actuación excluyentes, oposición previa *vs.* impugnación[304]; siendo ejemplos de una elección de oposición previa a la homologación judicial de un plan de reestructuración, por lo demás, casos tan reseñables como los de los grupos Celsa[305] o Transbiaga[306].

4.2.3. Clasificación de créditos vs. socios

a) Perímetro de afectación y clases de créditos

La aprobación de un plan de reestructuración presupone una previa clasificación de los créditos afectados por el contenido de un plan propuesto y negociado entre las partes —deudor y acreedores—, para lo que resulta del todo necesaria una delimitación del perímetro de afectación del plan de reestructuración propuesto. Y es que, como la norma jurídica no exige que el plan de reestructuración abarque la totalidad de los créditos del deudor —o, al menos, a los ordinarios y subordinados (como sí ocurre con el convenio concursal)—, el proponente del plan tiene libertad para determinar cuál habrá de ser su *perímetro de afectación*, aun dentro de los límites establecidos en los

---

302 Asimismo, PULGAR EZQUERRA, J. (2023). "Artículo 653. Impugnación de la homologación". *Comentario a la Ley Concursal* (dir. J. Pulgar), vol. II, 1293-1304. La Ley, p. 1303.

303 En este sentido, igualmente, PULGAR EZQUERRA, J. (2023). "Artículo 653…", *cit.*, p. 1303; o SANCHO GARGALLO, I. (2022). "La impugnación", *cit.*, p. 1176.

304 En palabras del juzgador de lo mercantil para el caso Celsa, en sentencia 26/2023, de 4 de septiembre (*Tol 9696169*), «El TRLC en su regulación consagra dos fórmulas diferenciadas y no acumulables».

305 *Vid.* SJM Barcelona, núm. 2, 26/2023, de 4 de septiembre (*Tol 9696169*) —caso Celsa—.

306 *Vid.* SJM núm. 1, de San Sebastián, núm. 71/2023, de 23 de noviembre, a través de la cual se homologa un plan de reestructuración no consensual por la vía del contradictorio previo, *ex* art. 639.1.º TRLC, sin implicar su aceptación el haber alcanzado una mayoría del pasivo del deudor, sino solo del diecisiete por ciento del mismo; permitiéndose, además, el mantenimiento de los socios como medida de flexibilización de la regla de prioridad absoluta.

artículos 616 y 623 TRLC[307] y al margen de tener en consideración una serie de exclusiones legales, recogidas en el artículo 616.2 TRLC.

No obstante, esa demarcación selectiva de afectación de créditos dentro de un plan de reestructuración presenta el riesgo del oportunismo, o *cherry picking*, que trata de conjurarse a través de mecanismos de control de su formación. De ahí que, para evitar una selección estratégica u oportunista de clases de créditos, el proponente del plan deba dejar constancia expresa y «razonada» en el mismo de qué acreedores —o socios— se encuentran excluidos, *ex* artículo 633.8.º TRLC. Un *principio de razonabilidad* que, por lo demás, no debe estar exento de control judicial, aun cuando en el artículo 654.2.º TRLC no se incluye como causa de impugnación junto a la formación de clases, la de una debida delimitación del perímetro de afectación.

El control judicial sobre una adecuada conformación del perímetro de afectación de un plan de reestructuración podría producirse en dos momentos distintos: (i) *ex ante*, cuando se procede a una confirmación judicial facultativa de las clases de créditos —arts. 625-626 TRLC—[308]; o a través de la previsión del artículo 638.3.º TRLC, cuando se exige el cumplimiento de los requisitos de contenido y forma del plan, además de su aprobación «por todas las clases de créditos de conformidad con las previsiones de este título». (ii) Así como *ex post*, en fase de impugnación de la homologación de un plan *ex* artículos 654.1.º, 655.1 y 656.1 1.º TRLC, una vez más, en conexión con la idea de un incumplimiento de requisitos de contenido y forma; o, incluso, a través del artículo 654.6.º TRLC, atendiendo a la prohibición de un sacrificio desproporcionado[309]. O, por qué no, atendiendo a las reglas de equidad horizontal —o *no unfair discrimination rule*— y vertical —o regla de prioridad absoluta— de los artículos 655.2 2.º, 3.º y 4.º TRLC. De ahí que, por ejemplo, la Audiencia Provincial de Pontevedra afirme que «una correcta formación del perímetro de afectación debe examinarse en el marco de la decisión sobre una

---

307 Asimismo, VILLORIA RIVERA, I. (2022). "Arrastre de acreedores disidentes". *Nuevo marco jurídico de la reestructuración de empresas en España* (dir. A. Cohen), 1049-1090. Thomson Reuters - Aranzadi, p. 1063.

308 Al respecto, *vid.* nota 319.

309 Hasta aquí, AZOFRA VEGAS, F. (2023). "Artículo 616. Créditos afectados". *Comentario a la Ley Concursal* (dir. J. Pulgar), vol. II, 979-987. La Ley, pp. 980-981.

correcta formación de las clases que, lógicamente, resultaría afectada —al igual que, posiblemente, las mayorías para aprobar o no el plan— si se excluyen indebidamente clases de créditos que deberían formar parte del pasivo afectado, al igual que, si se incluyen créditos en la formación de clases que deberían haber quedado fuera del perímetro de afectación», cuando resuelve sobre el caso Xeldist, en sentencia 179/2023, de 10 de abril de 2023 (*Tol 9845412*); confirmándose esta postura interpretativa por la Audiencia Provincial de Valencia, secc. 9.ª, para el caso Das Photonics, en sentencia 86/2024, de 27 de marzo (*Tol 9959368*)[310].

Resultado de ello es que el proponente de un plan de reestructuración debe incluir en él una lista identificativa de los «acreedores cuyos créditos van a quedar afectados por el plan», a título individual o descritos por clases, «con expresión del importe de su crédito que vaya a quedar afectado e intereses y la clase a la que pertenezcan» —art. 633.5.ª TRLC—. Porque, no olvidemos, «[l]os acreedores titulares de créditos afectados por el plan de reestructuración votarán agrupados por clases de créditos» —art. 622 TRLC—, admitiéndose en la norma concursal como posible una división de estos atendiendo a su rango concursal —privilegiado, ordinario y subordinado—, al igual que una distinción entre clases de créditos que, aun compartiendo un mismo rango concursal, tengan intereses diversos. Con otras palabras, junto a la regla legal de categorización impuesta, atendiendo al rango concursal de los créditos, es posible una subclasificación facultativa en una pluralidad de clases de créditos —entendemos, con un mismo rango concursal— siempre que haya razones

---

310 En concreto, el Fundamento Jurídico cuarto (40) de la SAP de Pontevedra, secc. 1.ª, 179/2023, de 10 de abril (*Tol 9845412*) —caso Xeldist— hace hincapié en que «la delimitación del perímetro de afectación, a pesar de estar conectada con la formación de clases, no son la misma cosa»; algo que no impide que, «a los efectos de la impugnación del auto de homologación, sí cabe considerar su inclusión en el ámbito de la correcta formación de clases, aunque sea en su sentido negativo». Asimismo, *vid.* SAP de Valencia, secc. 9.ª, 86/2024, de 27 de marzo (*Tol 9959368*) —caso Das Photonics—, en su Fundamento Jurídico quinto, 5.3., en concreto, en sus apartados 233 a 241, en los que se recogen las distintas posturas doctrinales sobre el control del perímetro de afectación, aun cuando la Audiencia se decante por aquella que establece una conexión de impugnación entre el perímetro de afectación y la debida formación de clases —apartado 249—.

suficientes que justifiquen, con arreglo a «criterios objetivos», la existencia de unos intereses diversos —art. 623.1 TRLC—, en la línea de lo dicho en el artículo 9.4 de la Directiva[311]. Más allá de que tampoco se puede obviar la conformación de una clase separada de créditos dotados de garantía real *ex* artículo 624 TRLC o cuando estemos ante acreedores que «sean pequeñas o medianas empresas y el plan de reestructuración suponga para ellas un sacrificio superior al cincuenta por ciento del importe de su crédito», por así establecerlo el artículo 623.3 TRLC; ni las especialidades que se recogen para con los créditos públicos *ex* artículo 616 *bis* TRLC[312].

Pero como no deja de ser aquel un «[c]oncepto jurídico-económico indeterminado que, en cuanto tal, es generador de incertidumbres y cierta inseguridad para concretar su interpretación», se hace preciso especificar más aún, como bien hace el legislador cuando nos dice que: en primer lugar, existe interés común «entre los créditos de igual rango determinado por el orden de pago en el concurso de acreedores» —art. 623.2 TRLC—, esto es, atendiendo a su rango concursal —por su condición de crédito privilegiado, ordinario o subordinado—. Se considera entonces «la posición jurídica del crédito en relación con las expectativas de cobro en una situación de insolvencia del deudor»[313]; de lo que cabría deducir que no es posible la configuración de una misma clase de créditos en la que se incluyan créditos de distinto rango concursal[314]. Y, en segundo lugar, que «los

---

311 En palabras de la Audiencia Provincial de Valencia para el caso Das Photonics, en su Fundamento Jurídico séptimo (287), «la intención del legislador es imponer una interpretación favorable a la agregación entre los créditos afectados del mismo rango, y será la separación o desagregación en distintas clases dentro del mismo rango la que necesitará una "justificación suficiente" cuando estemos ante planes no consensuales. Además, no vale cualquier justificación, pues ésta debe ajustarse a los criterios que aportan dichos preceptos y en caso de que no se ajusten a los mismos debe prosperar la impugnación con las consecuencias que supone apreciar una defectuosa formación de clases».

312 Un régimen de «casi inmunidad» para esta clase de créditos, como califica AZOFRA VEGAS, F. (2023). "Artículo 616 *bis*. Créditos de Derecho público". *Comentario a la Ley Concursal* (dir. J. Pulgar), vol. II, 987-996. La Ley, p. 987.

313 Así, SAP Pontevedra, secc. 1.ª, 179/2023, de 10 de abril (*Tol 9845412*) —caso Xeldist—, en su Fundamento Jurídico tercero (27).

314 CERDÁ ALBERÓ, F. (2022). "El plan…", *cit.*, p. 978, hace hincapié en el hecho de que solo se admiten separaciones entre créditos de un mismo rango concur-

créditos de un mismo rango concursal podrán separarse en distintas clases cuando haya razones suficientes que lo justifiquen». De forma que «lo que se constituye como excepción a la regla general, como es la separación en distintas clases de créditos del mismo rango concursal, exige razones suficientes que lo justifiquen, que deberán atender a criterios objetivos», como puedan ser la «naturaleza financiera o no financiera del crédito, el conflicto de intereses que puedan tener los acreedores que formen parte de distintas clases, o cómo los créditos vayan a quedar afectados por el plan de reestructuración», que «hacen referencia a elementos que poco o nada tienen que ver con el rango concursal y, por lo tanto, convierten el concepto de interés común en un concepto de múltiples significados, sin un claro criterio jurídico prefijado para su aplicación a concretos supuestos, convirtiéndose en un concepto ampliamente elástico y flexible, bajo el que cobijar múltiples situaciones, con la única exigencia de que la clasificación, separando créditos del mismo rango, atienda a razones suficientes que lo justifique, que pueden ser de lo más variado, siempre que atienda a criterios objetivos»[315].

Obsérvese, además, que esta subclasificación atendiendo a un interés común es de absoluta relevancia, hasta el punto de que se ha llegado a decir que «la adecuada conformación de clases es la piedra angular sobre la que se construye cualquier Plan de reestructuración»[316]. O, lo que es lo mismo, la importancia de una correcta formación de

---

sal *ex* art. 623.2 TRLC. Sin embargo, NIETO DELGADO, C. (2024). "Homologación...", *cit.*, p. 156, nos da como ejemplo a un supuesto de manipulación en la creación de clases de créditos afectados —o *gerrymandering*— la creación de clases artificiales de créditos «"encapsulando" a acreedores disidentes con créditos de distinto rango en una única clase».

315 En este sentido, SAP Pontevedra, secc. 1.ª, 179/2023, de 10 de abril (*Tol 9845412*) —caso Xeldist—, Fundamento Jurídico tercero (26). Por su parte, *vid.* el análisis exhaustivo que hace la secc. 9.ª de la Audiencia Provincial de Valencia a este respecto para el caso Das Photonics, en sentencia 86/2024, de 27 de marzo (*Tol 9959368*), concretamente, en su Fundamento Jurídico séptimo, 7.1, apartados 283 y ss., y en respuesta a la impugnación del auto de homologación judicial proveniente del Juzgado de lo Mercantil núm. 3 de Valencia, 674/2022, de 18 de mayo (*Tol 9625441*).

316 Así, GONZÁLEZ VÁZQUEZ, J.C. (2024). "Algunas consideraciones en torno a la SJMER nº 1 de San Sebastián de 23 de noviembre de 2023 (caso TRANSBIAGA) I". Linkedin. https://www.linkedin.com/pulse/algunas-consideraciones-

clases es considerable. Pues es la única garantía de que una votación mayoritaria de un plan, al menos consensual, «otorga la legitimidad necesaria para entender vinculado al conjunto de individuos afectados»; siendo esa adecuada conformación de clases en otro caso, esto es, con respecto a un plan no consensual, presupuesto necesario de aplicación del test de equidad[317]. La experiencia práctica demuestra esta percepción, atendiendo al hecho de que, en una constelación importante de casos, el objeto de conflicto es, precisamente, la formación de clases sobre la que se ha determinado la concurrencia de las mayorías necesarias, a veces limitada al apoyo de una sola clase.

De ahí que haya quienes, acertadamente, consideran necesario un control judicial de las clases de créditos por el juez de lo mercantil ya en primera instancia —sin embargo, no contemplado (a día de hoy) por el legislador concursal de la reforma—[318] en evitación del llamado *gerrymandering* o manipulación de la clasificación de créditos «al objeto de obtener las mayorías deseadas, por ejemplo, creando clases artificiales entre los acreedores favorable al plan al objeto de aumentar su número y provocar efectos de "arrastre"». Pues, en efecto, existe un preceptivo control judicial *ex ante* de la formación de clases, esto es, antes de procederse a la homologación del plan por el juez del concurso, a través de un eventual contradictorio previo —arts. 662 y 663 TRLC— o, mejor aún, por medio de una también eventual confirmación judicial facultativa sobre la formación de clases —regulada en los arts. 625 y 626 TRLC y viniendo a neutralizar cualquier otra opción de control judicial del tipo—. Pero son medidas de tutela ofrecidas solo a instancia de parte, nunca de oficio[319].

---

en-torno-la-sjmer-nº-1-de-san-josé-carlos-nioqf. Recuperado el 16 de marzo de 2024.

317 Así, THERY MARTÍ, A. (2023). "Artículo 622. Clases de acreedores". *Comentario a la Ley Concursal* (dir. J. Pulgar), vol. II, 1006-1020. La Ley, p. 1010; asimismo, *vid. ibídem* (2017). "Los marcos…", *cit.*

318 NIETO DELGADO, C. (2024). "Homologación…", *cit.*, p. 156. Ejemplo de ello podría ser el auto del Juzgado de lo Mercantil núm. 16 de Madrid, res. núm. 340/2024, de 30 de julio de 2024 (*Tol 10254161*) —caso Novoline—.

319 Un ejemplo de solicitud de confirmación judicial para una correcta formación de clases de créditos afectados fue la presentada por GTCEISU CONSTRUCCIÓN, S.A. y otros ante el Juzgado de lo Mercantil núm. 19 de Madrid, 381/2024, de 21 de junio; si bien, el juzgador rechazó dicha petición a instancia

Sin olvidar que, *ex post*, ese control judicial es solo posible, una vez más, de manera eventual y a instancia de parte vía impugnación del citado auto de homologación judicial —en especial, *ex* arts. 654.2.º y 655.1 TRLC—. Y una flexibilidad en exceso en el control judicial de la que habría de ser una adecuada formación de clases puede llegar a acarrear la desvirtuación de este mecanismo jurídico, en beneficio de unos pocos; ejemplo de ello podría ser el caso Das Photonics, S.L[320].

En fin, hay quien también critica, con razón, el hecho de que los juzgados y tribunales de nuestro país se estén mostrando «reacios a estimar este motivo de impugnación, posiblemente en parte por los drásticos efectos que se derivan de su estimación —la ineficacia del plan en su conjunto y, por ello, la más que probable declaración de concurso de la sociedad deudora—, frente a los que se derivan del resto de motivos de impugnación que suelen ser objeto de alegación, abogando por una interpretación flexible y un cierto "favor negotii" que [...] no siempre resulta conveniente precisamente porque es ahora cuando debe fijarse, también en España, una doctrina jurisprudencial sólida y segura sobre esta materia, poniendo coto a todo intento de formación artificial o estratégica de clases con el único fin de garantizar la aprobación del plan, en lugar de obedecer al criterio objetivo del interés común de los acreedores incluidos en cada una de ellas»[321].

b) Exclusión del socio como clase afectada

Otra de las cuestiones no resueltas de una manera satisfactoria por parte del legislador concursal es la posición de los socios del deudor. El legislador de la reforma ha optado por no incluirle como una clase más de créditos —aun residuales— afectados por el plan. Pero no está clara cuál ha de ser la postura y/o participación de esos socios en todo este proceso. Algo que conecta directamente, además, con la duda de cuál habrá de ser el órgano societario competente para

---

de parte al considerar insuficientes las medidas de publicidad adoptadas por los deudores solicitantes. Asimismo, *vid.* SJM Barcelona, núm. 2, 26/2023, de 4 de septiembre (*Tol 9696169*) —caso Celsa—.

320 Al respecto, *vid.* nota 345.

321 GONZÁLEZ VÁZQUEZ, J. C. (2024). "Algunas consideraciones… (I)", *cit.*

acordar un plan de reestructuración, de estar ante un empresario persona jurídica; y, por ende, si es necesario el consentimiento del deudor, en especial, cuando este es una sociedad con socios no legalmente responsables de las deudas sociales. Todo ello tiene que ver con la compleja redacción del artículo 640 TRLC que versa sobre la «aprobación por el deudor y, en su caso, los socios» de un plan de reestructuración. Un precepto con el que no es fácil lidiar, provocando una disparidad de interpretaciones doctrinales que en nada ayudan a entender algo que debía estar claramente especificado en el texto legal, por su tremenda relevancia jurídica.

En respuesta a la primera de las cuestiones planteadas, habría que empezar diciendo que se ha calificado como una solución «híbrida o intermedia» la ofrecida por el legislador de la reforma para el socio de una sociedad deudora[322]. Y ello porque:

(i) El legislador concursal no ha querido concebir a los socios como una «clase» más de sujetos afectados —en concreto, como acreedores residuales (o clase de intereses)— por lo que no se les ha conferido un derecho de voto como el previsto para las clases de créditos en el artículo 628 TRLC —en conexión con el art. 622 TRLC—[323]. Nada que ver, entonces, con lo que ocurre en el ordenamiento jurídico norteamericano; o con la previsión facultativa de la Directiva europea de 2019, establecida a este respecto. Porque no podemos olvidar que ambas normativas distinguen entre planes *consensuales* y *no consensuales* atendiendo al hecho de que hay clases, no solo de acreedores, sino de socios, que podrán —o no— aprobar el plan propuesto. Algo que reconoce como norma de carácter imperativo el Código de quiebra norteamericano de 1978; y que, por su parte, admite como posible opción legislativa la norma europea en sus artículos 2.1. 2), 8.1 d), 9.2 y 6, o

[322] Al respecto, *vid.* nota 356.

[323] Asimismo, DÍAZ MORENO, A. (2022). "El papel de los socios de la sociedad de capital deudora en la aprobación y homologación de los planes de reestructuración". *Gómez-Acebo & Pombo. Análisis - Concursal*, 1-10. https://www.ga-p.com/wp-content/uploads/2022/04/Participacion_socios_planes_reestruturacion.pdf. Recuperado el 28 de diciembre de 2023; o PULGAR EZQUERRA, J. (2023). "Artículo 654...", *cit.*, p. 1335.

11.1 b). De ahí, el distanciamiento producido con respecto al TRLC de 2022. Y es que, cuando hablemos aquí de un plan de reestructuración *consensual*, esa consensualidad se habrá de entender exclusivamente referida al acuerdo adoptado entre el deudor y las clases de acreedores afectadas por este y con derecho de voto *ex* artículos 629, 638, 639, 654 y 655 TRLC, cuando de manera efectiva votan a favor del plan —a través de una mayoría reforzada— todas y cada una de ellas. Al margen queda el que, en su caso, sea eventualmente preceptiva la participación activa de los socios de un deudor persona jurídica, por incluirse en el plan alguna medida societaria que así lo precise *ex* artículo 160 LSC —en conexión con los artículos 631 y 640.2 TRLC—, que habrá de analizarse de manera separada, por así hacerlo el legislador concursal de la reforma. O, *a sensu contrario*, un plan de reestructuración *no consensual* hará referencia a aquellos supuestos concretos en los que se produce una aceptación del plan de reestructuración, entre el deudor y alguna/s de esas clases de créditos afectadas por el plan[324]; debiéndose dejar al margen de esa clasificación, aquí también, la actuación del socio a la que hacen referencia los artículos 631 y 640.2 TRLC. Pues, al igual que el legislador concursal parece preocuparse de distinguir en todo momento —a lo largo del texto legal y en cuanto a consentimiento del deudor de un plan de reestructuración se refiere— entre sociedad y socios[325], también deja clara una disparidad de tratamiento entre acreedores y socios, siempre regulados en preceptos diferentes —*a.e.* arts. 638-639 *vs.* 640, o 654-655 *vs.* 656 TRLC—.

(ii) Pero a ello se ha añadido, sin embargo, una posibilidad de participación indirecta del socio en la aprobación del plan de reestructuración, en concreto, a través de la previsión del artículo 640.2 TRLC —que mucho tiene que ver con lo recogido en el artículo 160 LSC (como tendremos ocasión de

---

324 En sentido contrario, DÍAZ MORENO, A. (2022). "El papel…", *cit.*, p. 3.

325 Al respecto, *vid.* IV.4.2.4.b) c. Empresario persona jurídica con socios no legalmente responsables de las deudas sociales.

analizar en profundidad)—[326]. Según aquel precepto, «[s]i el deudor fuera una persona jurídica, la homologación del plan de reestructuración requerirá que haya sido aprobado por los socios legalmente responsables de las deudas sociales. En caso de que estos socios no existieran, y el plan contuviera medidas que requieran acuerdo de la junta de socios, el plan de reestructuración se podrá homologar aunque no haya sido aprobado por los socios si la sociedad se encuentra en situación de insolvencia actual o inminente».

De ahí que sea importante recalcar en este momento que, encontrándonos ante un plan de reestructuración que incorpore alguna medida societaria que prevea la participación activa de la junta de socios *ex* artículo 160 LSC —en conexión con los artículos 631 y 640 TRLC—, no estaremos ante un plan de reestructuración *no consensual* cuando esos socios se opongan a la implantación de una medida societaria inserta en el plan y, por ende, a la aprobación del plan; con independencia de que sean todas o algunas las clases de créditos las que voten a favor de aquel. Habría que decir, en principio, que «no hay plan» en sí mismo por falta de «aprobación del deudor y, en ese caso concreto, de sus socios», si hacemos uso de la terminología utilizada por nuestro legislador en el artículo 640 TRLC *a sensu contrario.* A salvo queda, eso sí, la excepción contemplada en el artículo 640.2 *in fine* TRLC que, en evitación de comportamientos obstruccionistas de los socios del deudor —o *hold out* frente a la consecución de un plan de reestructuración que, previsiblemente, sí podría resultar eficaz—[327], viene a admitir como posible la homologación judicial de un plan de reestructuración aun sin el consentimiento de esos socios, concretamente, en aquellos casos en los que, aun debiendo haber sido preceptiva su participación activa —por el contenido específico del plan propuesto—, estemos ante un deudor persona jurídica con socios que no respondan personalmente de las deudas sociales y en un estado de insolvencia inminente o actual. Como cuestión diversa es, aunque estrechamente relacionada con esto, el supuesto también excepcional recogido en los artículos 612.1 y 637.1 TRLC en evita-

---

[326] *Ibídem.*

[327] *Vid.* nota 398.

ción de una similar situación de *hold out*, pero esta vez del propio deudor[328], que dejamos para otro momento[329].

Y algo que nos hace pensar en que podría verse aquí aminorada —o suavizada— esa pretensión última que ya se buscara con el plan de reorganización norteamericano —en nuestro caso, de reestructuración— de ser un mecanismo que facilite una posibilidad de venta virtual de la empresa afectada y, por tanto, un traspaso de control de los socios de la sociedad deudora a manos de sus acreedores[330]; al menos, en aquellos casos en los que la excepción del artículo 640.2 *in fine* TRLC no sea aplicable. Porque, recuérdese, el sistema estadounidense establece como prototipo de plan de reorganización un plan en el que se modifica la estructura de capital, a través de un cambio de control de los socios hacia los acreedores, por ser dichos socios en aquel otro sistema jurídico una clase más de sujetos afectados por un plan de reorganización cuya participación en la negociación del mismo se limita, además, a aquellos casos en los que no estén *under water*, esto es, cuando su interés está por encima de la línea en la que

328 Al respecto, *vid.* nota 292.

329 *Vid.* apartado IV, 4.2.4. b) c. Empresario persona jurídica con socios no legalmente responsables de las deudas sociales.

330 En sentido contrario, *vid.* SJM Barcelona, núm. 2, 26/2023, de 4 de septiembre (*Tol 9696169*) —caso Celsa— en su Fundamento Jurídico decimoprimero, 11.5, p. 72, en donde se nos dice que «[e]n el nuevo diseño alumbrado por la reforma de la normativa concursal los acreedores se han erigido en los artífices y protagonistas de los modernos escenarios de reestructuración financiera y empresarial que acontecerán en el futuro. Ello entraña una drástica alteración de la correlación de fuerzas existente hasta ahora entre los accionistas y sus acreedores qué pasan, por así decirlo, a "tomar el control"»; una «nueva situación, en sintonía con lo que sucede en las economías más competitivas del mundo». Asimismo, hacen hincapié en esta redistribución del poder de decisión sobre el patrimonio, GARCIMARTÍN ALFÉREZ, F. (2023). "Planes de reestructuración: Algunas reflexiones sobre la práctica reciente (III)". *Almacén de Derecho, Lecciones.* https://almacendederecho.org/planes-de-reestructuracion-algunas-reflexiones-sobre-la-practica-reciente-iii. Recuperado el 18 diciembre de 2023; o MEGÍAS LÓPEZ, J. (2023). "Artículo 640. Aprobación por el deudor y, en su caso, los socios". *Comentario a la Ley Concursal* (dir. J. Pulgar), vol. II, 1213-1234. La Ley, p. 1227, al hablarnos de una «redistribución del riesgo económico de la empresa desde los socios de la sociedad deudora a los acreedores».

«rompe el valor»[331] —que, con toda probabilidad, no ocurrirá en muchas ocasiones—. En nuestro caso, sin embargo, la única posibilidad de no atender al que sea el parecer de los socios de una sociedad —cuando su participación activa habría de ser precisa a través de junta— tiene que ver con la gran empresa y cuando se encuentre en un estado de insolvencia —inminente o actual—; en otro caso, los socios podrían llegar a obstaculizar ese tipo de cambios de control —de ellos hacia sus acreedores— con respecto a empresas presuntamente viables, en tanto en cuanto esa reorganización de la estructura de capital —*a.e.* planteada en el plan a través de una capitalización de créditos— precisa de su consentimiento en junta.

Pero el hecho de que no estemos ante una «clase» más de sujetos afectados por un plan de reestructuración, con todo lo que lleva consigo, no impide que podamos hablar de esos socios como sujetos directa o indirectamente afectados por el contenido de un plan de reestructuración, respectivamente, cuando estemos ante un plan que incluye una medida societaria que debe ser aprobada por la junta de socios —*a.e.* por capitalización de créditos— o cuando se trate de un plan que no requiere esa participación activa de la junta de socios —*a.e.* si solo se prevén quitas y/o esperas en el plan, una transmisión de activos no esenciales, o reestructuraciones operativas (cambios en la estrategia de negocio o en la política laboral, etc.)—. De ahí, la posibilidad de impugnar la homologación judicial de un plan *ex* artículo 656 TRLC, en protección de los intereses de un socio que no lo haya aprobado.

En concreto, son causas de impugnación de un plan de reestructuración homologado judicialmente[332]:

---

331 Recuérdese que el legislador concursal norteamericano, en el propio anexo informativo del §1129, 11 U.S.C., nos decía que «si los socios están "por debajo del nivel", no tendrán valor y el plan podrá ser confirmado incluso a pesar del rechazo de dicha clase de intereses, si el plan prevé que los titulares de esos intereses no recibirán patrimonio alguno a cuenta de tales intereses».

332 La norma analizada, como vemos, no incluye entre sus causas de impugnación la falta de paridad de trato entre socios —algo que se cuestionan GELI FERNÁNDEZ-PEÑAFLOR, E. y ARLABÁN GABEIRAS, B. (2022). "Los planes...", *cit.*, p. 66; al respecto, *vid.* nota 9— o el test de cuota de liquidación —aun cuando la considere oportuna, entre otros, CERDÁ ALBERÓ, F. (2022). "El plan...", *cit.*, p. 1031—.

(i) La inexistencia de un estado de insolvencia, inminente o actual. Precisión esta que nos hace entender que la mera probabilidad de insolvencia no habría de ser causa suficiente para impugnar un plan de reestructuración por parte de un socio.

(ii) El incumplimiento del test de viabilidad —o *feasibility test*—, esto es, que el plan no ofrezca una perspectiva razonable de evitar el concurso y asegurar la viabilidad de la empresa en el corto y medio plazo.

(iii) El incumplimiento de requisitos de contenido, forma y aprobación del plan, previstos en el capítulo IV —del título tercero, libro segundo del TRLC (arts. 627-634)—[333].

(iv) O la prohibición de un enriquecimiento injusto para con créditos afectados por el plan —o *no more than 100% rule*, que nuestra doctrina ha calificado como *reverse rule*[334] o *regla de corolario*[335]— esto es, que no se permita que una clase de acreedores afectados por el plan reciba derechos, acciones o participaciones con un valor superior al importe de sus créditos.

Todo ello, sin olvidar el matiz que recoge el legislador concursal en el apartado 2 del mencionado 656 TRLC sobre que, si un plan precisa de la participación de los socios para su aprobación por llevar inserta en él una medida que requiere del consentimiento de la junta de socios, «solo aquellos que hayan votado en contra tendrán legitimación para impugnarlo».

4.2.4. Aprobación

a) Por clases de créditos: plan consensual vs. plan no consensual

Una vez delimitado el perímetro de afectación de un plan de reestructuración y habiéndose clasificado a los distintos acreedores —que no a los socios— en clases o categorías diversas atendiendo a su

---

333 Adviértase que el conflictivo artículo 640 TRLC no está incluido dentro de esta regla, salvo que se trate de un error de sistemática.

334 En palabras de PULGAR EZQUERRA, J. (2023). "Artículo 654…", *cit.*, p. 1336.

335 Así, YÁNEZ EVANGELISTA, J. (2023). "Artículo 655. Impugnación del auto de homologación del plan no aprobado por todas las clases de crédito". *Comentario a la Ley Concursal* (dir. J. Pulgar), 1337-1344. La Ley, p. 1339.

naturaleza jurídica e intereses comunes, se procede a la aprobación del plan.

Así, estaremos ante un plan *consensual* cuando se haya alcanzado un acuerdo de todas y cada una de las clases afectadas por el plan, en tanto en cuanto se consiga un voto a favor de más de dos tercios del importe del pasivo correspondiente, dentro de cada clase; salvo que estemos ante una clase de créditos con garantía real, en cuyo caso la mayoría a alcanzar por esa clase habrá de ser de tres cuartos del importe del pasivo de aquella, *ex* artículo 629 TRLC[336]. Ejemplos de este tipo de planes son los propuestos por Torrejón Salud o Turner Publicaciones[337].

Pero, por el contrario, estaremos ante un plan *no consensual* cuando, no habiéndose aprobado este por la totalidad de las clases de créditos afectadas, se aprueba por «una mayoría simple de las clases, siempre que al menos una de ellas sea una clase de créditos que en el concurso habrían sido calificados como créditos con privilegio especial o general». O, en su defecto, por «al menos una clase que, de acuerdo con la clasificación de créditos prevista por la ley, pueda razonablemente presumirse que hubiese recibido algún pago tras una valoración de la deudora como empresa en funcionamiento; en cuyo caso, además, la homologación del plan requerirá que la solicitud vaya acompañada de un informe del experto en la reestructuración

---

336 En opinión de PULGAR EZQUERRA, J. (2023). "Artículo 654...", *cit.*, p. 1316, resulta acertado no haber optado por exigir una doble mayoría con criterio cuantitativo y cumulativamente nominal; estableciéndose aquí una sola mayoría en la votación del plan, a través de un único criterio cuantitativo —por importe de créditos—. Por su parte, GELI FERNÁNDEZ-PEÑAFLOR, E. y ARLABÁN GABEIRAS, B. (2022). "Los planes...", *cit.*, p. 45, hacen hincapié en el hecho de que el cómputo de las mayorías se ha de realizar en la fecha de formalización del plan de reestructuración, no después. Ahora bien, como previsiblemente la aprobación del acuerdo por parte de los acreedores tenga lugar mediante votaciones sucesivas en el tiempo, esa fecha habría de entenderla como que es la fecha de aprobación inicial del plan por parte del deudor y alguno de los acreedores, «para lo cual basta con preverlo así de forma expresa en el propio plan y en los contratos y acuerdos que de él se deriven». Al margen de ello, están las especialidades previstas para los créditos vinculados por un pacto de sindicación del artículo 630 TRLC.

337 Respectivamente, *vid.* AJM núm. 13 de Madrid, 238/2023, de 30 de mayo; y AJM núm. 16 de Madrid, 272/2023, de 15 de diciembre (*Tol 9976992*).

sobre el valor de la deudora como empresa en funcionamiento» —art. 639 TRLC—. Es lo que se ha denominado como un «cambio de paradigma» en la aprobación de un plan no consensual[338]. Pues, aquí, «la mayoría del pasivo afectado solo cuenta en la votación intra clase, pero no para computar la mayoría simple de clases, como requisito para la homologación del plan a que se refiere el art. 639 TRLC». O, con otras palabras, en este último tipo de planes «no prima la tradicional mayoría de capital o de importe de los créditos afectados», sino que se hacen primar «los intereses de clase frente a las mayorías de pasivo»[339].

Una situación de primacía de un criterio cualitativo sobre uno cuantitativo[340], por lo demás, un tanto paradójica pues hace posible: la consecución de planes homologados judicialmente aun cuando aprobados, por ejemplo, por una clase *mezzanine* —intermedia— o *junior* que, no estando *out-of-the-money* —o, *a sensu contrario,* por estar total o parcialmente «dentro del dinero» (*in-the-money*)—, se impone al voto en contra de una clase *senior* mientras sea «repagado a par»[341], esto es, mientras se cumpla la regla de equidad del artículo 655 TRLC; o, incluso, el que se pueda «imponer el interés de una sola clase frente a una mayoría de clases o de categorías, que no hayan

---

338 En palabras del juzgador de lo mercantil, núm. 2 de Barcelona, en sentencia 26/2023, de 4 de septiembre (*Tol 9696169*) —caso Celsa—, concretamente, en sus Fundamentos Jurídicos primero —1.2— y octavo —8.1—. Asimismo, *vid.* SAP de Pontevedra, secc. 1.ª, 179/2023, de 10 de abril (*Tol 9845412*) —caso Xeldist—, Fundamento Jurídico tercero (24).

339 La Audiencia Provincial de Pontevedra, secc. 1.ª, en sentencia 179/2023, de 10 de abril (*Tol 9845412*) —caso Xeldist— en su Fundamento Jurídico tercero (24), incide en la idea de que «la mayoría de clases no tiene que equivaler a la mayoría del pasivo afectado. Incluso generando resultados llamativos, como el ahora tratado, en el que el voto a favor de cinco clases, de las ocho formadas, supone solamente alrededor del 25% del pasivo afectado». Algo que también nos recuerda YÁNEZ EVANGELISTA, J. (2023). "Artículo 654…", *cit.*, pp. 1308-1309, al decirnos que es factible que haya clases de créditos a favor de un plan de reestructuración —aquí, no consensual—, posteriormente homologado judicialmente, que representen un porcentaje inferior al pasivo total afectado.

340 Asimismo, YÁNEZ EVANGELISTA, J. (2023). "Artículo 654…", *cit.*, pp. 1308-1309.

341 BUIL ALDANA, I. (2023). "Artículo 655…", *cit.*, pp. 1348-1349.

apoyado el plan de reestructuración»[342]. Ejemplos de ello los encontramos en nuestra práctica jurídica más reciente, en el caso Xeldist —un plan cuya impugnación fue estimada por la Audiencia Provincial de Pontevedra, secc. 1.ª, en sentencia núm. 179/2023, de 10 de abril (*Tol 9845412*) a favor de los acreedores impugnantes, pero subsistiendo sus efectos con respecto al resto de acreedores—[343], o en el caso Transbiaga —un plan homologado por el Juzgado de lo Mercantil núm. 1 de San Sebastián, en sentencia 71/2023, de 23 de noviembre—[344]. En el caso Das Photonics S.L., sin embargo, su homologación judicial resultó impugnada ante la Audiencia Provincial de Valencia y subsiguientemente estimada, suponiendo la total ineficacia del plan por una defectuosa formación de clases de créditos afectados. Y es que, en opinión de esta Audiencia Provincial, «[l] a dificultad de los planes no consensuales estriba en conciliar una cierta flexibilidad en la formación de clases de acreedores y el principio o regla de la mayoría que preside la aprobación de todo plan de reestructuración, ya que de permitirse una excesiva proliferación de clases puede corromperse el principio mayoritario y que el plan se apruebe por unos acreedores residuales que, además, no son los que asumen las consecuencias económicas de su decisión, sino que son los acreedores disidentes los que acaban sufriendo las consecuencias de la reestructuración»[345]. Como de hecho también podía haber ocurrido, por ejemplo, de haberse homologado judicialmente un plan de reestructuración como el propuesto por la mercantil *Aster for Life*, S.L.U., no saliendo finalmente adelante gracias a la negativa del juzgador de lo mercantil competente, de proceder a su homologación[346].

---

342 Así, SAP de Pontevedra, secc. 1.ª, 179/2023, de 10 de abril (*Tol 9845412*) —caso Xeldist—, en su Fundamento Jurídico tercero (23). De ahí su crítica, por parte de NIETO DELGADO, C. (2024). "Homologación…", *cit.*, p. 160, considerando la previsión del art. 639.2 TRLC como de «esperpento».

343 *Vid.* nota 339.

344 *Vid.* nota 306.

345 *Vid.* SAP de Valencia, secc. 9.ª, res. 86/2024, de 27 de marzo, en su Fundamento Jurídico séptimo, 7.1 (281).

346 Al respecto, *vid.* AJM de Madrid, núm. 17, de 1 de julio de 2024. Un auto judicial en el que, además, se reconoce la necesidad de aplicar al caso el informe del valor de la empresa en funcionamiento realizado por el experto en la rees-

Ahora bien, una diferencia esencial que separa a un plan consensual de uno no consensual tiene que ver con su eficacia extensiva y, por ende, el régimen de protección de los intereses de créditos disidentes y/o no participantes. Porque la subsiguiente homologación judicial de cualquier plan de reestructuración supone, en contraposición a lo establecido en el artículo 1257 CC, una extensión de efectos a acreedores disidentes y/o no participantes. Pero, en el primer caso, solo afectará a créditos incluidos dentro de una misma clase —arrastre horizontal—; mientras, en el segundo, afectará además a clases de créditos disidentes —arrastre vertical—, lo que provocará necesariamente la consideración de un mayor número de medidas de protección para con estos sujetos.

b) Por el deudor: dificultad interpretativa

Pero si no hay duda en cuanto a la aprobación de un plan de reestructuración por lo que a las distintas clases de créditos se refiere, al preverse de manera expresa en el TRLC cómo y cuándo debe alcanzarse un acuerdo mayoritario por parte de cada clase de créditos, lo cierto es que no podemos decir lo mismo del empresario deudor. Porque, aun cuando la lógica habría de decirnos que es igualmente necesario el consentimiento del deudor, involucrado en su propia reestructuración, el legislador no se ha preocupado de confirmar de manera expresa en la norma concursal esta circunstancia, sino todo lo contrario. El artículo 640 TRLC ha venido a tratar con discutible vaguedad esta cuestión, provocando una incertidumbre jurídica que se ha traducido, en la práctica de nuestros juzgados mercantiles, en la efectiva homologación judicial de algún plan de reestructuración aun sin el consentimiento del deudor. En concreto, nos estamos refiriendo al plan presentado por acreedores del grupo Celsa, sujeto a contradictorio previo y resuelto por el Juzgado de lo Mercantil de Barcelona, núm. 2, en sentencia 26/2023, de 4 de septiembre (*Tol 9696169*)[347].

---

tructuración que ostente la condición de tal en el momento de procederse a la aprobación del plan.

347 *Vid.*, asimismo, nota 297.

Es, pues, momento de analizar este precepto, no sin antes dejar de destacar el hecho de que el alcance ilimitado o limitado de la responsabilidad patrimonial de los socios de un deudor persona jurídica resulta del todo relevante a efectos de consentimiento del deudor, al conformarse como un criterio delimitador del tratamiento dispar que puedan recibir unos u otros socios.

a. Empresario persona natural

El legislador concursal no tiene ningún problema en establecer, de manera expresa y como requisito inexcusable de homologación de un plan de reestructuración, el debido consentimiento del deudor persona física en el artículo 640.1 LSC[348].

Una obviedad esta, podríamos pensar, ya que un plan de reestructuración no es otra cosa que un negocio jurídico alcanzado entre dos partes —el deudor como titular de la empresa afectada y acreedores del mismo distribuidos en clases de créditos igualmente afectados— al que habría de aplicársele el régimen general de los contratos estipulado en los artículos 1254 y ss. CC[349]; eso sí, con los matices legales que le hacen especial, entre otros y de manera esencial, el refrendo judicial que le permite extender sus efectos a terceros acreedores no aceptantes, en contra de lo predispuesto en el art. 1257 CC. De ahí, su condición de negocio jurídico de masa[350]. Pero no está de más recordar en el texto concursal esa necesidad de consenso por parte del deudor empresario, persona natural, sobre todo cuando este se ve inexorablemente sometido a una responsabilidad patrimonial universal *ex* artículo 1911 CC[351].

---

348 Art. 640.1 TRLC: «Si el deudor fuera persona natural, la homologación del plan de reestructuración requerirá que haya sido aprobado por este».

349 Recuérdese lo dicho en el art. 1258 CC sobre que «[l]os contratos se perfeccionan por el mero consentimiento, y desde entonces obligan, no sólo al cumplimiento de lo expresamente pactado, sino también a todas las consecuencias que, según su naturaleza, sean conformes a la buena fe, al uso y a la ley».

350 Al respecto, *vid.* apartado IV, 4.2.1. Naturaleza jurídica, caracteres y clasificación.

351 Igualmente, MEGÍAS LÓPEZ, J. (2023). "Artículo 640…", *cit.*, p. 1220.

b. Empresario persona jurídica con socios legalmente responsables de las deudas sociales

Sin embargo, al legislador le cuesta un poco más expresarse con precisión cuando se refiere al empresario societario, concretamente, aquel que cuenta con socios con responsabilidad ilimitada, al decirnos que: «[s]i el deudor fuera una persona jurídica, la homologación del plan de reestructuración requerirá que haya sido aprobado por los socios legalmente responsables de las deudas sociales» *ex* artículo 640.2 *ab initio* TRLC. Y ello porque, atendiendo a que la rúbrica de este precepto hace referencia a la «aprobación del plan por el deudor y, en su caso, por los socios», no sabemos si está exigiendo: el consentimiento de la propia sociedad; solo el de los socios con responsabilidad ilimitada e individualmente considerados; o una suma de los dos, en su caso.

En efecto, el texto del vigente artículo 640 TRLC solo hace referencia expresa a un «consentimiento del deudor» cuando este es persona natural. O, lo que es lo mismo, el legislador concursal opta por no concretar o especificar esta cuestión cuando el empresario deudor es una persona jurídica, centrando su atención exclusivamente en la figura del socio; no sabemos si queriendo con ello decir que la participación activa de los socios es, aquí, expresión del consentimiento social, aun cuando la rúbrica de aquel precepto distinga, de manera contundente, entre el consentimiento del plan por el deudor y su aprobación por los socios, «en su caso». Algo que nos hace dudar sobre cuál, de las tres respuestas posibles es la correcta y que nos obliga a echar la vista atrás, esto es, a hacer un análisis del precepto en cuestión, atendiendo a lo dicho en el Anteproyecto de Ley de reforma concursal, de 3 de agosto de 2021 —por entonces, en su art. 643—[352] y en el subsiguiente Proyecto de Ley, de 14 de enero

---

352 Art. 643: «*Aprobación por el deudor*. 1. Si el deudor fuera persona natural, la homologación del plan de reestructuración requerirá que haya sido aprobado por este. 2. Si el deudor fuera sociedad, la homologación del plan de reestructuración requerirá que haya sido aprobado por los socios legalmente responsables de las deudas sociales y, si no existieran, por la propia sociedad si afectara a los derechos de los socios y aquella no se encontrase en situación de insolvencia actual o inminente».

de 2022[353], en comparación con la versión definitiva del actual 640 TRLC.

Y así, vemos que la norma compartía una misma rúbrica en cualquiera de las dos versiones previas del precepto analizado aquí, esto es, la de una «[a]probación por el deudor» de un plan de reestructuración y sin hacer referencia alguna a una eventual aprobación del plan por sus socios; pero sin que por ello se dejara de hablar después, en el texto del precepto, de una aprobación del plan por parte de los socios legalmente responsables de las deudas sociales. De ahí que podamos entender que la primera de las opciones interpretativas planteadas es la respuesta correcta. Esto es, el consentimiento de los socios legalmente responsables de las deudas sociales es expresión, aquí, del consentimiento del deudor a un plan de reestructuración.

Una interpretación de la norma, además, que también se justifica *a sensu contrario* con la suma de consentimientos a la que hace referencia la rúbrica definitiva del citado artículo 640 TRLC sobre la aprobación del plan por el deudor «y, en su caso, por los socios». Pues este último matiz parece referirse, entendemos, solo al supuesto en el que el empresario deudor persona jurídica no cuenta con socios legalmente responsables de las deudas sociales. Y ello, porque es la parte del precepto que ha venido sufriendo cambios significativos en las tres versiones de la norma jurídica escrita; lo cual concuerda con una ampliación significativa —y sustantiva— de la rúbrica del precepto, por lógica, como resultado de esos cambios. Además de porque es solo en este último caso en el que se condiciona la aprobación del plan a la autorización de la junta de socios, «si resulta exigible su participación», por incorporar el plan medidas societarias que así lo precisan; condicionalidad que conectamos con la expresión «en su caso» insertada en la versión definitiva de la rúbrica mencionada.

---

353 Art. 640: «*Aprobación por el deudor*: 1. Si el deudor fuera persona natural, la homologación del plan de reestructuración requerirá que haya sido aprobado por este. 2. Si la sociedad deudora se encontrara en situación de insolvencia, la homologación del plan de reestructuración requerirá que haya sido aprobado por los socios legalmente responsables de las deudas sociales y, si no existieran, por la junta de socios si el plan contiene medidas que requieran su acuerdo y la sociedad no se encontrase en situación de insolvencia actual o inminente».

En consecuencia, habría que entender que la norma contemplada en el artículo 640.2 *ab initio* TRLC se refiere al propio consentimiento del deudor persona jurídica, en tanto sociedad colectiva o comanditaria[354]; si bien, se deduce del mismo que la mera autorización del socio o socios gestores no es suficiente, de ser uno o varios administradores estatutarios —o, incluso, una comunidad de trabajo— los socios encargados de la gestión y representación de la sociedad. O, *a sensu contrario*, el legislador del concurso entiende exigible el consentimiento expreso de todos los socios legalmente responsables de las deudas de la sociedad como expresión del consentimiento de la sociedad. Un poco al estilo de lo establecido en el artículo 143 Ccom para aquellos casos en los que se procede a la modificación del contrato social que obliga al acuerdo unánime de los socios de una sociedad colectiva, cuando el legislador concursal establece un supuesto *ex lege* de consentimiento de la sociedad a través de todos los socios colectivos y con independencia de cuál sea la forma de gestionar la misma; entendemos, por la transcendencia de la decisión en el patrimonio personal de cada uno de ellos.

Esta especificación legal resulta tan necesaria como la que justifica su evidente referencia expresa para el caso del empresario individual. Su razón de ser es clara y tiene que ver con algo que ya puntualizamos: la necesidad de proteger los intereses de aquellos socios ante la confusión de patrimonios que pueda llegar a producirse entre ellos y la sociedad. No olvidemos que todos los socios colectivos, sin distinción, habrán de responder de manera personal e ilimitada con su patrimonio privativo de las resultas de la actividad empresarial en la que participan; una empresa que, aquí, va a verse sujeta a la reestructuración del título III del TRLC. Y siendo la idea de una «comunidad de trabajo» regla general de actuación en este tipo de sociedades, pero no absoluta, en tanto en cuanto es posible limitar la gestión de la empresa a unos pocos, el legislador concursal ha preferido establecer como norma a aplicar la necesaria conformación de la voluntad social a través del consentimiento de todos los socios legalmente responsables de las deudas sociales. Obsérvese que, en el

354 *Vid.*, asimismo, GARCÍA-VILLARRUBIA BERNABÉ, M. (2022). "El papel del socio en la reestructuración". *Nuevo marco jurídico de la reestructuración de empresas en España* (dir. A. Cohen), 1207- 1250. Thomson Reuters - Aranzadi, p. 1242.

caso de una sociedad comanditaria, la aceptación del plan no precisa del consentimiento de los socios comanditarios —entendemos— justo por lo contrario.

c. Empresario persona jurídica con socios no legalmente responsables de las deudas sociales

Pero la situación empeora de manera considerable si tenemos que plantearnos qué ocurre cuando estamos ante un deudor persona jurídica que cuenta con socios que no son legalmente responsables de las deudas sociales —una sociedad de responsabilidad limitada (S.R.L.) o una sociedad anónima (S.A.)—. Porque a la falta de precisión normativa y compleja redacción que caracteriza a la norma se une una diversidad de situaciones posibles que impone la Ley concursal. Pues aquí habrá, además, que distinguir entre: casos de mera probabilidad de insolvencia, frente a una insolvencia inminente o actual; y planes que contengan medidas societarias que requieren el acuerdo de los socios —a través de un acuerdo mayoritario en junta de socios— frente a planes que no lo precisan. Con otras palabras, si estamos ante un deudor persona jurídica que no cuenta con socios legalmente responsables de las deudas sociales y el plan contiene, además, medidas que requieran acuerdo de la junta de socios, el plan de reestructuración se podrá homologar, aunque no haya sido aprobado por los socios, si la sociedad se encuentra en un estado de insolvencia actual o inminente *ex* artículo 640.2 *in fine* TRLC.

En efecto, en este precepto se establece una excepción a la regla sobre aprobación de un plan de reestructuración. Pero no queda claro si la excepción que se recoge en él se refiere: (i) a que es posible la homologación judicial de un plan aun sin el consentimiento del deudor *stricto sensu*. O (ii) si habría de entenderse como una excepción a la regla general del artículo 160 LSC, al posibilitar una homologación judicial de un plan con el consentimiento del deudor —a través de su órgano de administración—, pero sin la aprobación de la junta de socios, cuando hubiera de haber sido precisa su intervención activa, precisamente, por incluir el plan una medida societaria que precisa de su autorización. Un poco al estilo de lo previsto para el convenio concursal en el artículo 399 *bis*.1 TRLC, según el cual «[s]i el convenio en que se hubiera previsto la conversión de créditos concursales en acciones o participaciones de la sociedad deudora fuera aprobado por el juez, los administradores de la sociedad estarán facultados para aumentar el capital social en la medida necesaria para la conversión de los créditos, sin necesidad de acuerdo de la junta general de socios [...]». Postura esta última que consideramos más acorde con la naturaleza intrínseca de este instituto jurídico; aun cuando la doctrina mayoritaria considera como correcta aquella primera interpretación, de que lo que se deduce del artículo 640.2 *in fine* TRLC es una falta de consentimiento del propio deudor[355].

Y así, hay quien toma como punto de partida la solución «híbrida o intermedia» adoptada por el legislador concursal de la reforma para el socio de un empresario deudor[356] —de no considerarle como una clase más de créditos con derecho de voto, pero sí entender preceptiva su participación en la consecución de un plan de reestructuración si contiene medidas que requieran acuerdo de la junta de socios— para confirmar que el artículo 640.2 *in fine* TRLC recoge, de manera concreta, un supuesto excepcional de falta de consentimiento de la sociedad *stricto sensu*[357].

Es más, ahondando en esta cuestión, se entiende que, ante un estado de probabilidad de insolvencia, un plan que precise de la participación de la junta de socios —por incluir una medida que así lo

355 Entre otros, podríamos mencionar, a GELI FERNÁNDEZ-PEÑAFLOR, E. y ARLABÁN GABEIRAS, B. (2022). "Los planes...", *cit.*, p. 34; MEGÍAS LÓPEZ, J. (2023). "Artículo 640...", *cit.*; GARCIMARTÍN ALFÉREZ, F. (2023). "Planes...", *cit.*; o PÉREZ-CRESPO PAYÁ, F. (2023). "Artículo 612. Suspensión de la solicitud de concurso voluntario". *Comentario a la Ley Concursal* (dir. J. Pulgar), vol. II, 963-967. La Ley, pp. 964 y 965. Asimismo, aunque de manera indirecta, CERDÁ ALBERÓ, F. (2022). "El plan...", *cit.*, p. 898, nos habla de la imposición del plan a los socios de la sociedad «disidente», en caso de insolvencia y siempre que no sea una PYME.

356 Es lo que se ha calificado como una solución «híbrida o intermedia», entre otros, por GARCÍA-VILLARRUBIA BERNABÉ, M. (2022). "El papel...", *cit.*, p. 1216, al decirnos que su regulación «pivota sobre tres elementos»: el plan de reestructuración se somete a la aprobación de los socios; ese sometimiento se hace atendiendo a unas reglas especiales, frente a la regulación societaria general; pero lo cierto es que, en determinados casos, el plan de reestructuración también puede salir adelante e imponerse a los socios —asimismo, *vid.* nota 6 recogida en *op. cit.* p. 1216—.

357 Al respecto, *vid.* MEGÍAS LÓPEZ, J. (2023). "Artículo 640..., *cit.*, p. 1229.

exija— habrá de entenderse como un consentimiento de la sociedad a través de su órgano supremo, la junta de socios, en tanto en cuanto estamos ante un «órgano que expresa la voluntad social». Porque entiende que «es el deudor quien debe mantener el poder definitivo para promover el plan de reestructuración en situación de probabilidad de insolvencia» y es la junta general a la que se le atribuye la competencia orgánica para hacer efectivo ese pronunciamiento del deudor, con las especialidades del artículo 631.2 TRLC[358]. *A sensu contrario*, esto es, encontrándose el deudor en un estado de probabilidad de insolvencia, pero no requiriéndose de la participación activa de la junta de socios, el órgano competente para exteriorizar la voluntad de la sociedad será el órgano de administración. Todo ello, para llegar a la conclusión de que, en aquellos casos de insolvencia inminente o actual, cuando además el plan incluya medidas que prevean la participación activa de la junta, será posible *ex lege* homologar un plan de reestructuración «prescindiendo de la necesidad de aprobación por el deudor», por no mediar el consentimiento de la junta general —art. 640.2 *in fine* TRLC—. Menos aún habrá de solicitarse el consentimiento de una sociedad insolvente —a través de su órgano de administración— cuando, estando igualmente en un estado de insolvencia inminente o actual, el plan no contenga medidas que exijan la participación activa de la junta de socios[359]. Y justifica esa excepcional exclusión del consentimiento del deudor en la conse-

---

[358] Por su parte, GONZÁLEZ VÁZQUEZ, J. C. (2023). "CASO CELSA (VIII): La original "solución" a las cuestiones societarias del plan". *Linkedin*. https://es.linkedin.com/pulse/caso-celsa-viii-la-original-solución-las-cuestiones-gonzá-lez-vázquez-gg68f. Recuperado el 16 de enero de 2024, entiende cuestionable el parecer del Juzgado de lo Mercantil núm. 2, de Barcelona en el caso Celsa cuando reconoce un claro predominio de la norma concursal con respecto a la societaria, al decirnos que «el canon hermenéutico que deba regir en esas zonas de fricción» debe consistir en «una cláusula teleológica inderogable de naturaleza, si se quiere, existencial: la ejecución del plan»; hasta el punto de que se entiende como único resultado prohibido «la parálisis, el bloqueo o la inejecución» del plan de reestructuración —*vid.* SJM Barcelona, núm. 2, 26/2023, de 4 de septiembre (*Tol 9696169*), Fundamento Jurídico decimoprimero (11.2), p. 65—.

[359] En este sentido, MEGÍAS LÓPEZ, J. (2023). "Artículo 640...", *cit.*, pp. 1223-1224, 1225, 1226-1228 y 1229. Al respecto, *vid.* asimismo, PÉREZ-CRESPO PAYÁ, F. (2023). "Artículo 612..." *cit.*, p. 965. No obstante, en sentido contrario, *vid.* PULGAR EZQUERRA, J. (2023). "Artículo 637...", *cit.*, pp. 1159 y 1161.

cución de determinados planes de reestructuración en que, de otra manera, supondría «una confianza excesiva en el heteroorganicismo de las sociedades de capital y la autonomía orgánica»[360].

Hay quien, también defendiendo la idea de que es posible una homologación judicial de un plan aun sin el consentimiento del deudor, por identificar este con el acuerdo de junta al que hace referencia el artículo 640.2 *in fine* TRLC, justifica su parecer de igual manera diciéndonos que «quienes se ven afectados, y por lo tanto participan en el proceso de decisión colectiva que todo plan de reestructuración supone, son quienes tienen derechos "en" o "sobre" la persona jurídica»; por lo que sería «un ejercicio de antropomorfismo desmedido, decir que la última palabra sobre quién "controla" al deudor persona jurídica, la tiene esta misma y no sus socios y/o sus acreedores». De ahí que, cuando no haya acuerdo entre socios y acreedores, no podamos decir que el poder de decisión lo tiene el propio deudor persona jurídica, sino, todo lo contrario, «sus stakeholders, y en particular sus acreedores cuando la insolvencia es inminente o actual»; produciéndose entonces un cambio de control que permite la sustitución de los administradores. Pues, de no ser así, estos últimos «se convertirían en los "dueños" últimos de todo el proceso y, por consiguiente, el plan de reestructuración acabaría dependiendo de la voluntad de unos sujetos que no se ven directamente afectados por este, y en contra de la voluntad de los sujetos directamente afectados —quienes han aprobado el plan—». En definitiva y en opinión de este autor, no resulta lógico imponer un plan a los socios y no poder imponérselo a la sociedad ya que, aun cuando «se trata de una persona jurídica corporativa, la voluntad se le imputa a esta, pero la decisión la toman los órganos sociales competentes»[361].

Como hay quien, por su parte, considera que la participación del deudor está en todas las fases del proceso cuando se trata de un plan consensual y, por tanto, en el correspondiente acuerdo societario en el que, siendo preceptiva la participación de los socios, se tome la decisión correspondiente. Porque no deja de ser el acuerdo de junta «una decisión directa de la sociedad expresada a través del órgano

---

[360] Así, MEGÍAS LÓPEZ, J. (2023). "Artículo 640…", p. 1229.

[361] Así, GARCIMARTÍN ALFÉREZ, F. (2023). "Planes…", *cit.*

competente para ello». Ahora bien, un plan «no consensual» podrá ser firmado «por quienes lo hayan suscrito, sin, por tanto, el concurso del deudor», supliendo el auto de homologación judicial, en este caso, la voluntad del deudor. Porque la previsión del artículo 640 TRLC «es evidencia de que la aprobación del deudor —al margen y con independencia de la voluntad de los socios— solo es precisa si el deudor es persona física o persona jurídica en la que haya socios personalmente responsables de las deudas sociales»[362].

Y de hecho, el reciente pronunciamiento del Juzgado de lo Mercantil núm. 2 de Barcelona con respecto al grupo Celsa, en sentencia 26/2023, de 4 de septiembre (*Tol 9696169*), ha venido a homologar de manera efectiva un plan de reestructuración sin el consentimiento del deudor[363], por entender que estamos ante un «cambio de paradigma» del nuevo derecho preconcursal o «un seísmo normativo, que ha alterado profundamente la posición de los participantes en el juego, la tradicional correlación de fuerzas entre el deudor y sus acreedores». Pues «"el deudor no es, ni en ningún caso podrá ser parte en el contradictorio proceso de homologación de Plan de Reestructuración", ni es preciso su consentimiento, ni está legitimado para oponerse a la homologación o formular recurso alguno frente a las resoluciones judiciales que se dicten en este procedimiento». Son ahora los acreedores «quienes gozan del poder de la iniciativa, quienes pueden dirigir el procedimiento y diseñar las soluciones más eficientes, sin necesidad de contar con el consentimiento o la anuen-

---

362 GARCÍA-VILLARRUBIA BERNABÉ, M. (2022). "El papel...", *cit.*, pp. 1241-1242.

363 Primer supuesto de «homologación sin consentimiento del deudor y con arrastre completo de socios». Así, CUATRECASAS. (2023). "La homologación del plan de reestructuración de Celsa". https://www.cuatrecasas.com/es/spain/reestructuraciones-e-insolvencias/art/homologacion-plan-reestructuracion-celsa. Recuperado el 1 de noviembre de 2023; con respecto a la SJM de Barcelona, núm. 26/2023, de 4 de septiembre. Igualmente, *vid.*, entre otros, TAPIA HERMIDA, A. J. (2023). "Plan de reestructuración propuesto por los acreedores de CELSA: Homologación por Sentencia 26/2023, de 4 de septiembre de 2023, del Juzgado de lo Mercantil nº. 2 de Barcelona (1)". http://ajtapia.com/2023/09/plan-de-reestructuracion-propuesto-por-los-acreedores-de-celsa-homologacion-por-sentencia-26-2023-de-4-de-septiembre-de-2023-del-juzgado-de-lo-mercantil-no-2-de-barcelona-1/. Recuperado el 1 de noviembre de 2023.

cia del deudor»; o, dicho de otra manera, es ahora «un asunto entre acreedores»[364].

Porque, en opinión del juzgador, la excepcional falta de autorización de la junta de socios mencionada en el artículo 640.2 *in fine* TRLC ha de identificarse con una falta de consentimiento de la sociedad[365], ya que «[n]o cabe distinción entre la sociedad y los titulares de las acciones o participaciones sociales», al ser «una ficción que no se corresponde con la realidad»; o, como sigue diciendo, «afirmar que la sociedad por sí misma puede defender la necesidad de su existencia, de su actividad, de su gestión, frente a quienes tienen derecho sobre el patrimonio económico de la sociedad, es decir, sus socios o accionistas o quienes han contribuido con su actividad económica a su desarrollo y como consecuencia de ello han devenido en acreedores, constituye un fantasmal destilado espiritualizante que olvida la naturaleza instrumental y la función económica de las sociedades mercantiles». De ahí que resulte de una «evidencia cegadora» que la homologación de un plan de reestructuración «no puede hacerse depender de la voluntad de los administradores sociales que no van a resultar directamente afectados por el Plan». Porque, y como ya decía algún otro autor, quienes resultan afectados por una reestructuración del pasivo «son los socios y los acreedores, es decir, quienes tienen derechos "en" y "sobre" la persona jurídica»[366]. Se estaría produciendo, pues y a través del artículo 640.2 *in fine* TRLC, como nos sigue diciendo, una legítima limitación: tanto del derecho de propiedad —art. 33 de la Constitución Española (CE)— como del principio

---

364 Así, *vid.* antedicha SJM Barcelona, núm. 2, 26/2023, de 4 de septiembre (*Tol 9696169*) —caso Celsa—, Fundamentos Jurídicos primero (1.2) y segundo (2.3), pp. 18 y 20.

365 Por lo demás, el juzgador de lo mercantil para el caso Celsa justifica la constitucionalidad del art. 640.2 TRLC en su Fundamento Jurídico tercero, pp. 23-24.

366 *Ibídem*, Fundamento Jurídico segundo (2.3), p. 20; haciéndose eco, en esta última parte, de lo dicho por GARCIMARTÍN ALFÉREZ, F. (2023). "Planes...", *cit.* —*vid.* nota 2—. Por lo demás, son afirmaciones que también comparte GONZÁLEZ VÁZQUEZ, J. C. (2023). "CASO CELSA (IV): Cuestiones prejudiciales y requisitos de contenido y forma exigidos. *Linkedin*. https://es.linkedin.com/pulse/caso-celsa-iv-cuestiones-prejudiciales-y-requisitos-gonzález-vázquez?trk=public_post_feed-article-content. Recuperado el 15 de enero de 2024.

de libertad de empresa —art. 38 CE—, en pro de un interés general y de la viabilidad de empresas en el mercado, no permitiéndosele participar al deudor en el procedimiento de homologación del plan.

Es más, este juzgador de lo mercantil entiende que nos encontramos ante un precepto sobre el que no cabe «ninguna duda razonable» de cómo deba ser interpretado[367], al resultar «meridiana cuál es la interpretación correcta y unívoca de los preceptos cuestionados que, no suscitan duda o vacilación alguna en su aplicación y, por ende, tampoco se aprecian, objetivamente, huellas de incertidumbre en sus efectos»; debiendo desestimarse, así y «especialmente, toda búsqueda indagatoria en pos de algún hallazgo semántico que permita omitir lo que la Ley dice, o hacer decir a la Ley lo que, manifiestamente, silencia porque mediante esa obsesión chamánica por la alquimia del lenguaje, —una itinerante danza de juegos lingüísticos que arrastra pesadamente las palabras— se puede transitar a cualquier territorio desconocido más allá de lo razonable»[368].

Pero si este es el parecer mayoritario —además de efectivamente aplicado por alguno de nuestros jueces— sobre cómo ha de entenderse la norma jurídica aquí analizada, creemos sin duda posible una interpretación alternativa al texto legal[369] más acorde con la natura-

---

367 Con ello, el juzgador de lo mercantil reconoce que el precepto aquí cuestionado —el art. 640.2 *in fine* TRLC— se habría de incluir en la segunda de las excepciones previstas en la Recomendación 6.ª del conjunto de Recomendaciones del Tribunal de Justicia de la Unión Europea (2019/C380/01) publicadas el 8 de noviembre de 2019; algo que hace, incluso, innecesaria una petición de decisión prejudicial ante el susodicho TJUE sobre la interpretación de la norma. Y es que, según el TJUE, aun atendiendo al hecho de que «los órganos jurisdiccionales de los Estados miembros pueden plantear al Tribunal de Justicia cuestiones relativas a la interpretación o a la validez del Derecho de la Unión si estiman necesaria una decisión al respecto del Tribunal de Justicia para poder emitir su fallo» —Recomendación 5.ª—, «[c]uando la cuestión surja en un asunto pendiente ante un órgano jurisdiccional cuyas decisiones no son susceptibles de ulterior recurso judicial de Derecho interno, dicho órgano está obligado, sin embargo, a someter una petición de decisión prejudicial al Tribunal de Justicia [...], a menos que exista ya una jurisprudencia bien asentada en la materia o *no quepa ninguna duda razonable sobre el modo correcto de interpretar la norma jurídica*».

368 *Ibídem*, Fundamento Jurídico segundo (2.5), pp. 22-23.

369 En contraposición a lo establecido por el juzgador de lo mercantil para el caso Celsa —*ibídem*, Fundamento jurídico segundo (2.5), p. 22.

leza jurídica de un plan de reestructuración empresarial como el establecido en el título III del TRLC. Recuérdese, un instituto jurídico esencialmente negocial pactado entre las partes *ex* artículos 1254 y ss. CC: el deudor, como titular de la empresa afectada; y sus acreedores, clasificados en categorías —o clases—. Aunque también un instituto jurídico que presenta como especialidad al régimen general de contratos y obligaciones, la posible extensión de efectos a acreedores que no hayan votado a favor del plan *ex* artículo 635.1.º TRLC, como excepción a lo establecido en el artículo 1257 CC. De ahí, su preceptiva homologación judicial y subsiguiente consideración como acuerdo o negocio jurídico de masa[370]. Por lo demás, con un matiz importante que considerar con respecto al plan de reestructuración preventiva europeo —y en contraposición al plan de reorganización norteamericano— y es que, en nuestro caso, se ha optado por no asimilar la figura del socio a la de los acreedores como clase afectada. Y ello porque, aun previéndose en el artículo 640.2 *in fine* TRLC una medida excepcional en evitación de comportamientos obstruccionistas de los socios como es la homologación judicial de un plan «que no haya sido aprobado por los socios si la sociedad se encuentra en situación de insolvencia actual o inminente» —cuando esta, además, no cuenta con socios legalmente responsables de las deudas sociales—, en aquel precepto nada se dice de manera específica sobre una falta de asentimiento del deudor.

Una omisión que podría hacernos pensar que, aquí, lo que se está excepcionando es una norma jurídico-societaria, esto es, la previsión del artículo 160 LSC —y correlativos—, que no el régimen general sobre contratos aplicable al plan de reestructuración; siendo además diversas, si analizamos el texto legal, las razones tanto formales como sustantivas que podrían aducirse en favor de esta segunda interpretación. Así:

UNO. Para empezar, si se sigue una interpretación literal de la norma concursal, en el contexto de la aprobación de un plan de reestructuración, el legislador de la reforma se preocupa de distinguir entre acreedores y socios al venir a limitar la condición de «clases

---

370 Al respecto, *vid.* apartado IV, 3.2. Naturaleza jurídica, sujetos afectados y contenido.

de sujetos afectados» por el plan con derecho de voto solo a aquellos primeros. Pero no solo eso. También y muy especialmente, se preocupa de marcar una línea divisoria entre la que pueda ser la actuación del deudor, a través de su órgano de representación, y una —solo eventual— participación de los socios de ese deudor en caso de ser precisa, en concreto, en los artículos 631, 640 y 684.2 TRLC. Algo que ya hacía la propia Directiva (UE) 2019/1023 (*Tol 7307647*), en su artículo 11.1, sobre «reestructuración forzosa de la deuda aplicable a todas las categorías» cuando diferenciaba la confirmación judicial o administrativa del plan de reestructuración preventiva «a propuesta de un deudor o con el consentimiento del deudor» de la que fuera su aprobación por un número de «categorías de voto de las partes afectadas» suficientes, entre las que incluía como posibles aprobantes a los socios.

Y es que la rúbrica del artículo 631 TRLC nos habla de una «decisión de los socios sobre la aprobación del plan» —además de condicionada al hecho de que este incluya medidas societarias que precisen de su participación activa—, en vez de decirnos que el precepto en cuestión versa sobre la «aprobación por el deudor» de un plan de reestructuración, sin más; y en contraposición, también, a las rúbricas de los artículos 640 y 684.2 TRLC —este último, con respecto a las PYMEs— que sí se refieren de manera específica a su «aprobación por el deudor». Esto es, la norma concursal distingue con claridad entre lo que es una eventual participación activa de los socios en la aprobación de un plan de reestructuración y el efectivo asentimiento del deudor con respecto a este.

Podría rebatirse aquí, sin embargo, que en el apartado 3 del artículo 631 TRLC sí se reconoce de manera expresa que estamos ante un supuesto en el que la decisión de la junta de socios no es otra cosa que «la formación de la voluntad social», lo que podría traducirse —insistimos, aun no diciéndolo la Ley de manera específica— en un consentimiento del deudor. Ahora bien, habría que puntualizar que, aunque indudablemente un acuerdo mayoritario en junta es una manifestación de la voluntad social, que lo es, solo habría de entenderse a efectos internos. Porque no se encuentra entre las competencias de la junta de socios «la manifestación de la voluntad de la persona jurídica, que corresponde al órgano de administración» y este no se ha visto aquí desposeído de sus funciones[371]. O, lo que es lo mismo, el legislador de la reforma simplemente está dejando constancia de una realidad y es que, en determinadas ocasiones, la voluntad del deudor precisa del consentimiento mayoritario de la junta de socios por incluirse, eventualmente en el plan propuesto, medidas societarias que exigen de una aprobación en junta, en tanto afectan a sus derechos económicos y/o políticos *ex* artículo 160 LSC. Y es en ese caso cuando el órgano de administración debe exteriorizar —y ejecutar— la decisión adoptada en junta, aun siendo un órgano autónomo con respecto a la junta de socios y, por ende, con un parecer no necesariamente coincidente con el parecer de los socios mayoritarios. Ello, en atención a sus deberes de diligencia y lealtad para con la sociedad *ex* artículos 225 y 227 LSC —y al margen de lo previsto en el art. 236.2 LSC, en cuanto a responsabilidad se refiere—.

Pero más destacable aún, un ejemplo claro de esa disparidad de tratamiento entre deudor y socios —o, más en concreto, la necesidad condicionada de una suma de autorizaciones (esto es, la del deudor y, en caso de precisarlo el plan, la de sus socios)— se recoge de manera expresa en la rúbrica del propio artículo 640 TRLC al analizar, ya sí *stricto sensu*, la aprobación del plan de reestructuración por parte del deudor. Pues, en vez de titularse como la mera «aprobación por el deudor» de un plan de reestructuración —manteniendo así su redacción originaria (del Anteproyecto de Ley de 2021 y del Proyecto de Ley de 2022)—[372], el legislador de la reforma incluye en esa rúbrica como añadido a la «aprobación por el deudor» del plan un «y, en su caso, por los socios». Una conjunción copulativa «y» que evidentemente suma, no resta[373]; al tiempo que se incluye de manera

---

[371] Así, CAMPUZANO LAGUILLO, A. B. (2023). "Consideración...", *cit.*, apartado III.1 (versión digital). De ahí que considere que no podemos interpretar la previsión del art. 640 TRLC en conexión con la voluntad social o, de una manera más exacta, con la posibilidad de que un plan de reestructuración pueda homologarse aun en contra de la voluntad de la sociedad, en casos en los que el empresario social esté en un estado de insolvencia.

[372] Al respecto, *vid.* notas 352 y 353.

[373] No nos pasa desapercibida la previsión del art. 638.3.º TRLC que utiliza una conjunción disyuntiva al hablar de la aprobación del plan «por el deudor *o*, en su caso, por los socios». No obstante, seguimos pensando que estamos ante una «suma» de consentimientos —el de la sociedad y el de sus socios—, por ser la

condicionada, con un «en su caso», esa aprobación añadida de los socios a situaciones específicas que requieran de su participación activa por afectar a sus derechos económicos y/o políticos —art. 160 LSC—. De haber querido identificar el consentimiento mayoritario de los socios —al hilo de la presentación de un plan que incorpora medidas societarias que precisan de su participación— con el consentimiento de la propia sociedad, poco o ningún sentido habría tenido un cambio en la redacción y ampliación del alcance subjetivo de la rúbrica del artículo 640 TRLC, cuando ya las versiones anteriores de dicha rúbrica hablaban, de por sí, de una «aprobación por el deudor» de un plan de reestructuración[374]. Nada habría que haberse retocado, pues. Pero no ha sido así, por lo que ese plus relativo a una eventual aprobación de los socios no puede dejar de interpretarse como la intención del legislador concursal de distinguir la aprobación de los socios de la propia aprobación del deudor.

Por no hablar de los cambios producidos en el propio contenido del artículo 640 TRLC. Pues, inicialmente y en conexión con la idea de analizar la «aprobación del deudor», exigía el consentimiento condicionado de la propia «sociedad», si afectaba a los derechos de los socios[375]; para, después, pasar a sustituirse esta referencia por la de una aprobación del plan «por la junta de socios», si el mismo contenía medidas que requerían su acuerdo[376]. Hasta aquí, podríamos entender que el legislador estaba equiparando el consentimiento del deudor a la aprobación de sus socios, sin duda alguna. Pero es que, una vez más, en la versión definitiva del precepto legal se está añadiendo un dato que podría hacer preciso un cambio de orientación en su interpretación, al decirnos que dicho precepto trata cuestiones que tienen que ver con la aprobación de un plan por parte del deudor y, en su caso, por parte de la junta de socios, en concreto, si el mismo contiene «medidas que requieran acuerdo de la junta de socios»

---

opción «y» la recogida de manera mayoritaria en el texto legal, concretamente, en los arts. 640 y 684.2 TRLC.

[374] *Vid.* notas 352 y 353.

[375] *Vid.* nota 352.

[376] *Vid.* nota 353.

—*a.e.* una enajenación de activos esenciales[377], una compensación de créditos o una operación acordeón— y siempre que este deudor no se encuentre en un estado de insolvencia —inminente o actual—, si leemos *a sensu contrario* lo establecido en el artículo 640.2 *in fine* TRLC; en cuyo caso, habrá de atenderse a las especialidades de convocatoria, celebración y votación recogidas en el artículo 631 TRLC —frente al régimen específico establecido en la norma societaria—[378].

Podría entenderse, entonces, este consentimiento mayoritario de los socios como «indirecto» del plan de reestructuración, en tanto en cuanto la norma jurídico-concursal lo que está solicitando de ellos es su participación activa en la adopción de una concreta medida societaria inserta en un plan de reestructuración que afecta a sus intereses económicos y/o políticos —art. 160 LSC—, aun cuando ello derive en una aprobación del plan, por su parte y «en todos sus términos», esto es, según se haya propuesto y sin posibilidad de matización o modificación alguna al respecto[379]. Y es que, como el parecer mayoritario de los socios puede no estar siempre en línea con lo que considere el órgano de administración mejor para la sociedad, de poco servirá que este quiera sacar adelante un plan de reestructuración, en determinadas ocasiones, con el asentimiento de los acreedores de la sociedad si no se cuenta con el beneplácito de la junta de socios, que se hace preciso con una salvedad, la prevista en el artículo 640.2 *in fine* TRLC, que sí permite saltarse la regla del artículo 160 LSC. Adviértase, por lo demás, que no estamos aquí ante un supuesto de intervención de la junta en asuntos de gestión que, en principio, competen al órgano de administración y que admite como posible

---

377 La necesidad de aprobación, por la junta, de una enajenación de activos esenciales *ex* art. 160.f) LSC no siempre resulta clara; aunque parece indispensable en el ámbito preconcursal, salvo en los casos en que el TRLC permita obviarlo. Al respecto, *vid.*, aunque para el texto legal previo a la trasposición de la Directiva, ARIAS VARONA, F.J. (2020). *La disposición de activos esenciales de sociedades en crisis.* Thomson Reuters Aranzadi —especialmente, pp. 162 y ss.—.

378 De ahí que, como bien nos recuerda DÍAZ MORENO, A. (2022). "El papel...", *cit.*, p. 3, estos socios no votarán en función de su participación en el capital social, ni atendiendo al derecho que les corresponda según la cuota de liquidación; votarán en función de las normas legales o estatutarias relativas al ejercicio de su derecho de voto.

379 Así, DÍAZ MORENO, A. (2022). "El papel...", *cit.*, p. 4.

el legislador societario en el artículo 161 LSC; sino ante un deber de sometimiento por parte de este último a los designios del órgano supremo de la sociedad que está actuando dentro de sus competencias *ex* artículo 160 LSC[380].

O, si seguimos avanzando, el artículo 684.2 TRLC también distingue directa y expresamente entre una aprobación del deudor y, en su caso, su aprobación por parte de los socios de la sociedad deudora, para aquellos casos en los que estamos ante un empresario deudor de pequeñas dimensiones, esto es, si cuenta con un número medio de trabajadores empleados durante el ejercicio anterior no superior a cuarenta y nueve y con un volumen de negocios anual o balance general anual no superior a diez millones de euros *ex* arts. 682 y ss. TRLC[381]. Porque, aunque este precepto ha servido de ejemplo a otros autores para considerar que la excepción del artículo 640.2 *in fine* TRLC tiene que ver con el consentimiento del deudor[382], no confundamos: la norma excepcionada solo habla de una falta de aprobación de la junta de socios que aquí no podrá obviarse; nada dice, al menos de manera expresa, sobre una falta de consentimiento del deudor. Dicho de otra manera, la excepcionalidad aquí está en que, a la necesaria aprobación del plan de reestructuración por parte del deudor hay que sumar —y esta es la excepción— el preceptivo visto bueno de los socios de la sociedad, con independencia de la situación de dificultad financiera y/o económica en la que se encuentre el deudor, esto es, aun en un estado de insolvencia inminente o actual[383]. Porque, insistimos, nada dice la norma excepcionada de una falta de aprobación del plan por parte del propio deudor.

---

380 Y ello porque el acto trasciende, sin duda de los propios de la administración, para pasar a tener un impacto estructural sobre la posición de los socios. Así, ARIAS VARONA, F.J. (2020). *La disposición…*, *cit.*, pp. 78 y ss.

381 Adviértase que quedarán excluidas del régimen especial recogido en los arts. 682 y ss. TRLC aquellas empresas que pertenezcan a un grupo obligado a consolidar; además de las que tengan la condición de microempresa, por serles de aplicación un procedimiento especial, recogido en el libro tercero del TRLC.

382 Entre otros, GELI FERNÁNDEZ-PEÑAFLOR, E. y ARLABÁN GABEIRAS, B. (2022). "Los planes…", *cit.*, p. 34.

383 En sentido contrario, GARCÍA-VILLARRUBIA BERNABÉ, M. (2022). "El papel…", *cit.*, p. 1242.

DOS. Pero, es más y como ya adelantamos, la norma concursal no prevé una falta de desapoderamiento del deudor en esta fase pre/paraconcursal[384], por lo que el empresario, persona jurídica, podrá seguir disfrutando de sus facultades de administración y disposición de manera plena, siendo el órgano de administración de la sociedad el competente para aprobar un plan de reestructuración, por estar dentro de sus competencias de gestión y representación de la sociedad —arts. 209 y 233 y ss. LSC— la celebración de negocios jurídicos que incorporen medidas financieras, económicas y/o operativas, lógicamente, en interés de la sociedad y, en cualquier caso, atendiendo a los deberes de diligencia y lealtad que *ex lege* se le exigen —arts. 225 y ss. LSC—[385]. Hay quien, incluso, hace hincapié en la manera destacada de incentivarse la independencia del órgano de administración en el «escenario de crisis empresarial»[386]. Aunque esto tampoco quita para que, si un plan incluye medidas societarias que requieran de la autorización de la junta, dentro de sus funciones *ex* artículo 160 LSC, la decisión adoptada por los socios a favor del plan deba ser, en

---

384 Como ya adelantaba el art. 5 de la Directiva europea —con rúbrica sobre el «deudor no desapoderado»— al decirnos que «[l]os Estados miembros velarán por que el deudor que sea parte en los procedimientos de reestructuración preventiva conserve totalmente, o al menos en parte, el control sobre sus activos y sobre la gestión diaria de la empresa». Asimismo, *vid.* CAMPUZANO LAGUILLO, A. B. (2023). "Consideración…", *cit.*, apartados I y III (versión digital).

385 Igualmente, DÍAZ MORENO, A. (2022). "El papel…", *cit.*, p. 5. Por su parte, CAMPUZANO LAGUILLO, A. B. (2023). "Consideración…", *cit.*, apartado III (versión digital), hace hincapié en esta idea de que, ante la falta de desapoderamiento del deudor que diferencia al plan de reestructuración del concurso de acreedores, se supone aquí la lógica continuidad de los órganos del empresario persona jurídica «sin afectación sobre su funcionamiento, ni sobre su delimitación competencial». Dicho de otra forma, las competencias atribuidas a cada uno de los órganos sociales de la sociedad —junta de socios y órgano de administración— no se pueden entender alteradas por un plan de reestructuración; y, menos aún, puede pensarse como admisible que uno de esos órganos «asuma competencias del otro».

386 Así, atendiendo a las previsiones del Proyecto de Ley de reforma del TRLC, JUSTE MENCÍA, J. (2023). "La junta de socios y los planes de reestructuración en el derecho proyectado". *Estudios de Derecho de sociedades y de Derecho concursal: libro en homenaje al profesor Jesús Quijano González*, 415-426. EdUVa, p. 416; aun cuando, al mismo tiempo, interpretara el art. 631 del susodicho Proyecto de Ley como un supuesto de arrastre del deudor —*op. cit.* p. 416—.

principio, lógica y necesariamente acatada por el órgano de administración, como órgano supremo que es aquel de la sociedad.

Porque, en efecto, no siempre pueden estar alineados los pareceres de unos y otros, socios y administradores. Habrá ocasiones en las que esto sí ocurrirá; como habrá momentos, como decimos, en los que la junta de socios tome una decisión que pueda no compartir el órgano de administración y, aún así, este deba asumirla y ejecutarla atendiendo a sus deberes de diligencia y lealtad para con la sociedad. Pero también es posible que la postura del órgano de administración sea favorable a la adopción de ciertas medidas en interés de la sociedad aún sin el consentimiento de la junta de socios; y no, por ello, debemos entender esta falta de consenso por parte de los socios mayoritarios como una anulación de la voluntad —y comportamiento— de la sociedad a través de su órgano de administración.

Un ejemplo de ello lo encontramos, sin ir más lejos, en la regulación del convenio concursal. En este caso, se puede haber presentado una propuesta de convenio, tanto por el deudor como por sus acreedores —arts. 337 y 338 TRLC—, que incluya medidas societarias que exijan la participación activa de la junta de socios. Ahora bien, una falta de consentimiento de los socios no tiene por qué traducirse siempre en un rechazo del convenio por el deudor, menos aún su falta de aprobación judicial, si atendemos a lo establecido en el artículo 399 *bis*.1 TRLC, sobre «[a]umento del capital en ejecución de convenio», al admitirse en él la posibilidad de que «[s]i el convenio en que se hubiera previsto la conversión de créditos concursales en acciones o participaciones de la sociedad deudora fuera aprobado por el juez, los administradores de la sociedad estarán facultados para aumentar el capital social en la medida necesaria para la conversión de los créditos, sin necesidad de acuerdo de la junta general de socios [...]». En este caso, como vemos, la existencia de una diversidad de pareceres con respecto a una capitalización de créditos —por un lado, el del propio deudor —que sí la entiende oportuna en tanto en cuanto su órgano de administración procederá a ejecutar el aumento de capital social— y por otro, el parecer de los socios —en contra de esa ampliación de capital— no impide la consecución de un convenio concursal de ese tipo. Sin olvidar que, además, el legislador de la reforma sí recoge de manera expresa que una falta de consentimiento de una propuesta de convenio, por parte del deudor concursado, impide su aprobación por el juez del concurso —art. 359 TRLC—.

Y es así como, entendemos, podría interpretarse el artículo 640.2 *in fine* TRLC. Como un precepto que viene a admitir la posibilidad de una actuación del órgano de administración de manera desligada a la actuación de los socios del deudor. Primero, por considerar oportuna una interpretación extensiva al plan de reestructuración de lo dicho de manera expresa para el convenio concursal. Pero, además, porque es algo que el propio legislador está admitiendo como posible para el plan en otro de sus preceptos, el artículo 650.2 TRLC, cuando nos dice que, en caso de que un plan contenga medidas que requieran «acuerdo de junta o asamblea de socios y esta no las hubiera acordado, los administradores de la sociedad y, si no lo hicieren, quien designe el juez a propuesta de cualquier acreedor legitimado, tendrán las facultades precisas para llevar a cabo los actos necesarios para su ejecución, así como para las modificaciones estatutarias que sean precisas [...]». Y es que el parecer del deudor —a través de su órgano de administración y a favor de un plan— puede ser diverso del de sus socios —en contra—, siendo a veces posible que los administradores puedan ejecutar medidas societarias aun sin mediar el consentimiento de los socios, si atendemos a la primera puntualización hecha en la norma; confirmándose así la existencia de un plan de reestructuración alcanzado entre la sociedad y las clases de acreedores afectados, para ser posteriormente homologado por el juez del concurso sin la autorización mayoritaria de sus socios —en conexión con el art. 640.2 *in fine* TRLC—. Porque poco sentido tendría que el órgano de administración llevase a cabo los actos necesarios para su ejecución si no se hubiera refrendado el plan de reestructuración por el propio deudor, a través suyo.

Hay quien, no obstante, podría rebatir esta interpretación argumentando que el legislador ha introducido también, en el propio artículo 650.2 TRLC, la posibilidad de una sustitución del administrador por un sujeto nombrado por el juez del concurso. Pero lo cierto es que, si no se admitiera como posible una interpretación del artículo 640.2 *in fine* TRLC a favor del consentimiento del deudor también en los casos indicados en aquel precepto, esta referencia expresa a la actuación del órgano de administración en el artículo 650.2 TRLC resultaría ociosa, porque no tiene sentido ir en contra de sus propios actos. Sin olvidar tampoco que la referencia a un tercero, diverso del administrador, que pueda llevar a cabo una serie de actuaciones en ejecución de esas medidas concretas no tiene necesariamente que presuponer la inexistencia de un consentimiento por parte de la sociedad *ex* artículo 640.2 *in fine* TRLC, sino una mera falta de diligencia del administrador que hace preciso actuar sin dilación, esto es, por razones de celeridad en la tramitación de un plan de reestructuración[387].

TRES. Por último, tampoco puede entenderse el artículo 640.2 *in fine* TRLC como una norma específica que viene a contravenir de manera expresa lo establecido, entre otros, en el artículo 1258 CC que dispone que los contratos se perfeccionan con el consentimiento de las partes; por lo demás, aplicable al plan de reestructuración, si entendemos como correcto que este tipo de planes es, por regla, un negocio jurídico alcanzado entre el deudor y parte de sus acreedores. Porque no es menos importante la idea de que no estamos aquí ante un vacío legal de regulación que hace preciso acudir a una interpretación de la norma jurídica —que (además) de ser precisa, habría de hacerse de manera restrictiva—. Todo lo contrario, contamos con un régimen jurídico aplicable al plan de reestructuración. Y son las normas propias de nuestro derecho general de obligaciones y contratos en materia de consentimiento —arts. 1254 y ss. CC— que implican que la *naturaleza esencialmente negocial* del plan de reestructuración exige su perfección «por el mero consentimiento» de las partes *ex* artículo 1258 CC[388]. Esto es:

(i) Por un lado, el consentimiento del empresario deudor, aun cuando —eventualmente— también pueda precisar de la participación activa de sus socios *ex* art. 631 TRLC; a este último respecto, con la excepción del 640.2 *in fine* TRLC.

(ii) Y por otro, el consentimiento de los acreedores afectados —*ex* arts. 629 y 639 TRLC—; aunque en todo caso modulable, ya que no siempre se hace precisa una aprobación del plan por

---

[387] DÍAZ MORENO, A. (2022). "El papel…", *cit.*, p. 10, menciona la sustitución del administrador por un tercero como una cuestión de mera «inactividad» por su parte.

[388] Asimismo, el art. 1254 CC nos dice que un «contrato existe desde que una o varias personas consienten en obligarse, respecto de otra u otras».

todas y cada una de las clases de créditos afectados, en una aplicación del sistema de los acuerdos de masa a la particular decisión por sujetos y por las clases en que se agrupan. Pero adviértase que no estamos diciendo con esto que no haya consentimiento de esta otra parte —los acreedores—, sino que el plan se alcanzará entre el deudor y, al menos, una o varias de las clases de créditos afectadas por el plan. Es lo que se califica como plan de reestructuración *no consensual*, en contraposición a un plan *consensual*, que precisa del consentimiento de todas las clases de créditos afectadas por él.

Adviértase, no obstante al hilo de esto, el error que —creemos— comete la doctrina cuando, al entrar a analizar el artículo 640.2 *in fine* TRLC, identifica los planes *no consensuales* con supuestos en los que, siendo precisa la participación de los socios en la adopción de alguna medida societaria que sea de su competencia, estos votan en contra, provocando así el rechazo del citado plan. Hasta el punto de que se han llegado incluso a distinguir tres tipos de planes no consensuales, esto es: cuando un plan no se acepta por todas las clases de créditos afectados, a pesar de ser aprobado por los socios; cuando pasa lo contrario, se acepta por todas las clases de créditos afectados, pero no por los socios; o cuando, no habiendo sido aceptado por los socios, solo se acepta por alguna/s clase/s de créditos[389]. Porque nada tiene que ver, en nuestro caso, un plan de reestructuración *no consensual* con la participación de los socios en él; ni, por ende, con la sociedad en la que aquellos se insertan. Un plan no consensual, como ya adelantamos en su momento, es un plan alcanzado entre el deudor y solo alguna/s clases de los «sujetos afectados/perjudicados» por el plan, tal y como se desprende de la Directiva europea y se regula en el Código de quiebra norteamericano; de ahí que ese concepto, en nuestro caso y por haberse excluido de esas clases afectadas *ex lege* a los socios del deudor, deba limitarse a los créditos del deudor incluidos dentro del perímetro de afectación del plan. Prueba de ello es, quizás, que el deudor persona jurídica no se encuentra entre los sujetos legitimados para impugnar la homologación de un plan

389 En concreto, DÍAZ MORENO, A. (2022). "El papel...", *cit.*, p. 3. Asimismo, *vid.* CAMPUZANO LAGUILLO, A. B. (2023). "Consideración...", *cit.*, apartado II.2 (versión digital), al analizar el art. 640.2 TRLC.

de reestructuración[390]; pero sí los acreedores de aquel que no hayan votado a favor del plan.

Por no decir que admitir como posible una falta de capacidad de decisión del deudor en determinados planes de reestructuración *ex* artículo 640.2 *in fine* TRLC significaría eliminar una parte entera de la «ecuación» en esa negociación, manteniéndose intacta solo la parte de quien no es legítima propietaria de la empresa, los acreedores, meros titulares de un derecho de crédito, garantizado o no. Algo que nos parece ciertamente arriesgado, sin una referencia legal expresa al respecto que así lo confirme en un precepto como aquel, relativo a la «aprobación» de un plan de reestructuración, por parte del deudor —y, en su caso, de sus socios—; aunque sea *de facto* posible, como nos demuestra la práctica jurisdiccional de estos días[391].

En cualquier caso y a falta de un pronunciamiento expreso del legislador al respecto que ponga luz sobre esta cuestión, algo que sí habría que puntualizar es que la inexistencia de un consentimiento por parte del deudor en un plan de reestructuración de una sociedad con socios no legalmente responsables de las deudas sociales y en un estado de insolvencia —inminente o actual—, tal y como preconizan la doctrina mayoritaria y jurisprudencia, no significa que estemos ante un plan *no consensual*, porque en este siempre se produce el consentimiento de las dos partes, deudor y acreedores —aunque en el caso de los acreedores, de manera limitada—. Habría de calificarse como un plan de reestructuración *unilateral*, por su condición de negocio jurídico unilateral *stricto sensu*, en tanto proveniente solo de los acreedores del deudor —como sería el caso Celsa—.

---

[390] Hecho concluyente, según CAMPUZANO LAGUILLO, A. B. (2023). "Consideración...", *cit.*, apartado III.1 (versión digital). Porque, como bien dice, no es coherente que no se requiera la conformidad del deudor persona jurídica no desapoderado y, después, no se le confiera legitimación para impugnar el auto de homologación, ya que esto implicaría admitir algo que no dice la norma en ningún caso, que es que una propuesta de plan pueda ser impuesta al deudor, persona jurídica, por los acreedores. Así, estaríamos, ante una «suerte de "expropiación" al deudor persona jurídica no desapoderado que, dudosamente, responde a los postulados que persiguen los planes de reestructuración».

[391] Un primer ejemplo de ello lo tenemos en la SJM Barcelona, núm. 2, 26/2023, de 4 de septiembre (*Tol 9696169*) —caso Celsa—. Al respecto, *vid.* p. 154.

Pero, una vez más, hay quien podría rebatir la interpretación por nosotros defendida del carácter esencialmente contractual del plan de reestructuración haciendo uso del artículo 11.1 de la Directiva europea[392]. Y es que, aunque este precepto distingue de manera expresa entre el consentimiento del deudor y el de sus socios cuando regula el plan de reestructuración preventiva, también establece la posibilidad excepcional de una regulación nacional que permita limitar el consentimiento del deudor a las PYMEs al decirnos, en su párrafo segundo, que «los Estados miembros podrán limitar el requisito de obtener el consentimiento del deudor a los casos en los que el deudor sea una pyme»[393]. Sin embargo, entendemos que es una medida excepcional que habría de recogerse de manera expresa en la norma interna de cualquiera de esos Estados miembros y que el artículo 640.2 *in fine* TRLC es todo menos claro en su redacción a este respecto[394] ni, por ende, el resultado de la transposición de la norma comunitaria citada. Porque no resulta suficiente una referencia tan indeterminada como la recogida en el 640.2 *in fine* TRLC sobre la posibilidad de que, cuando un plan contenga «medidas que requieran acuerdo de la junta de socios», dicho plan se podrá homologar «aunque no haya sido aprobado por los socios», si la sociedad se encuentra en estado de insolvencia inminente o actual; más aún cuando, a lo largo del texto legislativo, marca mucho las distancias entre lo que es el deudor persona jurídica y sus socios. Esto es, creemos que la mera intuición no sirve aquí a estos efectos, más aún cuando el asunto que se plantea es el de tener que confirmar —o no— algo tan relevante como la eliminación de la capacidad de decisión del deudor persona jurídica con socios no legalmente responsables de las deudas sociales, para casos de insolvencia, *ex* artículo 640.2 *in fine* TRLC[395].

---

392 Entre otros, *vid.* Fundamento Jurídico segundo de la sentencia para el caso Celsa, p. 20.

393 Asimismo, *vid.* art. 4.8 *in fine* de la Directiva 2019/1023.

394 En sentido contrario, no obstante, *vid.* SJM Barcelona, núm. 2, 26/2023, de 4 de septiembre (*Tol 9696169*) —caso Celsa—, en su Fundamento Jurídico segundo (2.2), pp. 19-20.

395 CAMPUZANO LAGUILLO, A. B. (2023). "Consideración…", *cit.*, apartado III.1 (versión digital), aunque está a favor de entender siempre necesario el consentimiento del deudor, considera que la previsión del art. 684.2 TRLC no es justificación suficiente, por tratarse de una regla especial.

En definitiva, atendiendo a esta —creemos factible— diversa interpretación del artículo 640.2 *in fine* TRLC, la falta de consideración *ex lege* del parecer de los socios en junta —en contra— sobre un plan de reestructuración no puede traducirse necesariamente como una falta de consentimiento del deudor —con socios no legalmente responsables de las deudas sociales y en un estado de insolvencia— en el momento de procederse a su homologación judicial. De ahí que puedan contemplarse situaciones en las que, *de facto*, no habiéndose admitido por los socios un plan de reestructuración, sí lo entienda por conveniente el órgano de administración de esa sociedad y, en consecuencia, homologable por el juez del concurso, al contar también aquel con el beneplácito de clase/s de créditos afectados. Prueba de ello es la previsión del artículo 650.2 TRLC.

Y algo que nos lleva a defender que un plan de reestructuración tendría que contar, *en principio*, con la aprobación del deudor con socios no legalmente responsables de las deudas sociales —exteriorizada a través de su órgano de administración— al margen de que sea o no precisa, además, la participación activa de los socios de aquel. Sí será exigible esta última, asimismo, cuando aquel deudor se encuentre en un estado de probabilidad de insolvencia y las medidas incluidas en el plan hagan necesaria su participación activa[396]; pero, y aun siendo preceptiva *ex* artículo 160 LSC, podrá obviarse *ex* artículo 640.2 *in fine* TRLC esa autorización en junta cuando la sociedad se encuentre ya en un estado de insolvencia, inminente o actual. Cualquier otro plan que no incluya medidas societarias que deban contar con el visto bueno de la junta de socios habrá de aprobarse por la sociedad sin más, esto es, a través de su órgano de administración[397]; siendo un ejemplo de ello el plan consensual homologado por auto del Juzgado de lo Mercantil núm. 13 de Madrid, 238/2023, de 30 de mayo —caso Torrejón Salud— y posteriormente confirmado por

---

[396] Como bien dice DÍAZ MORENO, A. (2022). "El papel...", *cit.*, p. 8, será preciso el consentimiento mayoritario de los socios para proceder a la homologación judicial del plan porque, de otra manera, se estarían abriendo las puertas a posibles conductas expropiatorias de los acreedores.

[397] En este último sentido, igualmente, JUSTE MENCÍA, J. (2023). "La junta..." *cit.*, p. 418.

sentencia 131/2024, de 23 de abril, de la Audiencia Provincial de Madrid, secc. 28.ª (*Tol 9999884*).

El precepto analizado recogería, así pues, un supuesto excepcional en evitación de comportamientos obstruccionistas —o *hold out*— de los socios de una sociedad[398] que, con anterioridad al TRLC, la norma concursal sancionaba con una responsabilidad concursal, una vez declarado un subsiguiente concurso de acreedores como culpable[399]; siendo un efecto derivado de aquello el arrastre *ex lege* de los socios disconformes con el contenido de un plan de reestructuración, en tanto en cuanto el rechazo de la medida societaria que precisa de su participación activa —y, por ende, del plan— no frena su tramitación. Como contrapartida, eso sí, se les permite impugnar *a posteriori*, a esos socios, el auto de homologación judicial *ex* artículo 656 TRLC[400]. Aun cuando podría aducirse en contra de esta medida excepcional que es solo una solución parcial, pues «sólo permitiría dar una respuesta al problema del *hold out* cuando la sociedad fuera insolvente, pero no cuando se encontrase en probabilidad de insolvencia»; al mismo tiempo que puede favorecer estrategias expropia-

---

398 Extorsión de los socios analizada, igualmente, por BERMEJO GUTIÉRREZ, N. (2022). "Los socios y el reparto del excedente de la reestructuración". *El Derecho Concursal y la transposición de la Directiva sobre Reestructuración Preventiva* (dir. L. Garnacho y F. J. Arias), 199-232. La Ley - Wolters Kluwer, pp. 210 y ss.

399 La Ley concursal no consideró al socio inoportuno y obstaculizador de un plan de refinanciación como «persona afectada» por la calificación de culpable de un concurso de acreedores hasta la reforma de 2014, estableciéndose a partir de entonces que lo serían, junto a administradores, liquidadores o apoderados generales, también aquellos «socios que se hubiesen negado sin causa razonable a la capitalización de créditos o una emisión de valores o instrumentos convertibles en los términos previstos en el número 4.º del art. 165 (165.2) LC, en función de su grado de contribución a la formación de la mayoría necesaria para el rechazo el acuerdo»; exigiéndoseles, pues, una responsabilidad concursal, esto es, la necesaria cobertura, total o parcial, del déficit, en la medida que su conducta hubiera contribuido a generar o agravar la insolvencia de la sociedad. Si bien, es esta una medida que ya no se contempla en los actuales arts. 455.2 1.º y 456 TRLC, entendemos, porque —a cambio— sí se ha previsto la posibilidad de homologación de un plan de reestructuración de una sociedad de capital en estado de insolvencia —inminente o actual— aun sin el consentimiento de la junta *ex* art. 640.2 *in fine* TRLC, para casos en los que sí habría de haber sido preceptivo.

400 Al respecto, *vid.* apartado IV, 4.2.3. b) Exclusión del socio como clase afectada.

torias de los acreedores[401], como podría pensarse que hemos tenido oportunidad de ver recientemente.

Dicho esto, solo hay una única previsión normativa en el TRLC que podría hacernos dudar de la posibilidad de ofrecer esta interpretación alternativa, aquí defendida, para con el artículo 640.2 *in fine* y frente a la postura mayoritariamente defendida. Es la recogida en dos preceptos similares, los artículos 612 y 637 TRLC, según estemos ante un plan cuya negociación se haya hecho —o no— al amparo de lo establecido en su título segundo, libro segundo, del TRLC. En ellos, se establece que «la solicitud de concurso presentada por el deudor podrá ser suspendida por el juez a instancia del experto en la reestructuración, si hubiera sido nombrado, o de los acreedores que, en el momento de la solicitud, representen más del cincuenta por ciento del pasivo que pudiera quedar afectado por el plan de reestructuración. En la solicitud deberá acreditarse la presentación de un plan de reestructuración por parte de los acreedores que tenga probabilidad de ser aprobado»[402]. Pero, al mismo tiempo se nos dice que «[l]o dispuesto en este artículo no será aplicable al deudor persona natural ni a las sociedades cuyos socios o algunos de ellos sean legalmente responsables de las deudas». Porque, aparte de que es una medida no aplicable al empresario individual y al societario que cuente con socios legalmente responsables de las deudas sociales —que el legislador pretende diferenciar del deudor con socios con responsabilidad limitada—, ¿qué sentido tendría recoger en el texto legal un precepto, como el 612.1 o el 637.1 TRLC, que permite a los acreedores solicitar la suspensión de la solicitud de concurso voluntario y presentar un —nuevo— plan de reestructuración, si en todo caso habría de entenderse preceptivo el consentimiento de aquel deudor —*ex* art. 640.2 *in fine* TRLC— para que dicho plan surta efecto? cuando este deudor, ante la negativa de que su propia propuesta salga adelante —*ex* arts. 612.1 y 637.1 TRLC— está optando por solicitar la apertura de un procedimiento concursal. Probablemente, tendría poco o ningún sentido[403].

---

401 Así, BERMEJO GUTIÉRREZ, N. (2022). “Los socios…”, *cit.*, pp. 212-213.

402 Al respecto, *vid.* nota 291.

403 Al hilo de esto, en el Fundamento Jurídico segundo de la sentencia del caso Celsa —SJM Barcelona, núm. 2, 26/2023, de 4 de septiembre (*Tol 9696169*)—,

Ahora bien, la manera de resolver esta duda interpretativa tiene que ver con que, entendemos, uno y otros preceptos atienden a realidades —o situaciones— distintas; de ahí que la postura aquí defendida para el artículo 640.2 *in fine* TRLC no encuentre tampoco en los artículos 612.1 y 637.1 TRLC un obstáculo o impedimento a su debida consideración, tal y como lo concebimos.

Y es que, en efecto, en ambos supuestos se está estableciendo una norma a aplicar de manera restrictiva a la gran empresa en situación de dificultad financiera y/o económica —aquella sociedad que, con socios no legalmente responsables de las deudas sociales, se encuentre en un estado de insolvencia inminente o actual—; al igual que con ellos se busca un mismo fin, esto es, la evitación de bloqueo de un plan de reestructuración que, previsiblemente, podría salir adelante al poder asegurarse la viabilidad de la empresa a corto y medio plazo —en pro de esa finalidad conservativa que impera en este ámbito del derecho—. No obstante, el destinatario de estas normas en evitación de un *hold out* no es siempre el mismo sujeto[404]: en el primer caso, son los socios que, por el contenido específico del plan de reestructuración, habrían de haber participado en la decisión final sobre su conveniencia *ex* artículo 160 LSC; una medida societaria que, no obstante, se excepciona a través del ya comentado art. 640.2 *in fine* TRLC. Y en el segundo, es la actuación de la propia sociedad —a través de su órgano de administración— la que se pretende evitar *ex* artículos 612.1 y 637.1 TRLC. Pero, además, no olvidemos que aquí se añade un requisito procesal concreto y es que, frente a la previsión genérica del artículo 640.2 in fine TRLC, la previsión de estos otros preceptos atiende a una situación específica en la que un deudor, previsiblemente después de haber presentado una propuesta de plan a sus acreedores que no ha resultado fructífera, opta por solicitar la apertura de un procedimiento judicial de concurso voluntario ante el juez competente.

Diferenciación normativa que resulta ciertamente relevante, pues habría de traducirse:

---

p. 19, también se nos dice que «[s]i fuera necesaria la voluntad del deudor para esta homologación, esta facultad de los acreedores de impedir la solicitud del concurso por parte del deudor carecería totalmente de sentido».

404 Asimismo, *vid.* nota 292.

(i) Por un lado y como decimos, en una posibilidad de que el deudor negocie con sus acreedores —a través de su órgano de administración— un plan de reestructuración que no convenza a los socios de este tipo de sociedades insolventes, siendo factible su homologación judicial *ex* artículo 640.2 *in fine* TRLC y ejecutable por el propio órgano de administración *ex* artículo 650.2 TRLC.

(ii) Y, por otro, en una posibilidad también excepcional —pero diversa, por tener por destinatario al deudor *stricto sensu*— de que, llegado el caso de no resultar fructíferas las negociaciones entre dicho deudor y sus acreedores —después de presentada por aquel una propuesta a través de su órgano de administración—, dichos acreedores puedan presentar un plan de reestructuración que provocará la suspensión de una solicitud de apertura de concurso voluntario llevada a efecto por el primero y, en su caso, la eventual homologación judicial de ese plan, se entiende —pero solo por deducción—, aun sin el consentimiento del propio deudor, si la probabilidad de que sea un plan aceptado —exigida *ex lege* como requisito de presentación del plan a dichos acreedores— se hace realidad y permite una subsiguiente solicitud de homologación judicial, por parte de los acreedores —arts. 612.2 y 637.2 TRLC—. Porque, de lo contrario, poco recorrido presentarían estos dos preceptos, recogidos en el texto legal, si en todo caso se hace preciso el consentimiento de un deudor para la consecución de un plan de reestructuración con quien, previamente, los acreedores no han llegado a un acuerdo. No olvidemos tampoco que el legislador también ha previsto la posibilidad de que actos necesarios para la ejecución de un plan homologado judicialmente sean llevados a cabo, ya no solo por el órgano de administración —no sería este el caso— sino por un tercero designado por el juez —art. 650.2 TRLC—. E interpretación que, por lo demás, guarda estrecha relación con la legitimación condicionada a los acreedores del deudor para presentar un plan de reestructuración que ya propugnara el legislador comunitario en el artículo 9.1 II de la Directiva y que, dentro de nuestro ordenamiento jurídico, entendemos, habría de ser solo posible en este supuesto específicamente regulado en los artículos 612 y 637 TRLC[405].

En definitiva y a nuestro entender, sí sería este último un supuesto de plan de reestructuración *unilateral* contemplado, aun de manera indirecta, por nuestro legislador en el TRLC; que no la previsión genérica del artículo 640.2 *in fine* TRLC, limitada a la figura del socio. Otra cosa es que pueda cuestionarse una falta de concreción expresa como esta en la previsión de los artículos 612.1 y 637.1 TRLC, que aboca a una interpretación lógica de la norma, cuando una limitación del derecho de propiedad —art. 33 CE— habría de precisar de un pronunciamiento específico en la norma jurídica de manera clara e indubitable; más allá de que el legislador comunitario ya establecía esta excepcionalidad como algo que habría de establecerse de manera concreta —art. 11.1 II de la Directiva—.

Sea como fuere y tras el análisis del artículo 640.2 *in fine* TRLC —y correlativos—, llegamos a la conclusión de que la doctrina mayoritaria puede tener motivos para defender que se ha producido un cambio de modelo de nuestro derecho preconcursal que tiene que ver con un transvase del control societario de los socios del deudor a los acreedores de este. Pero también se pueden ofrecer suficientes razones de peso para defender una postura alternativa, tal y como consideramos —y hemos justificado—, a la espera de un pronunciamiento expreso al respecto, de darse el caso, por parte del legislador concursal.

4.2.5. Mecanismos de protección ex lege

a) Cuestiones generales

En fin, es evidente el incremento de medidas de protección que se han puesto al alcance de la mano del titular de un crédito afectado por un plan de reestructuración en la versión definitiva del TRLC, en tanto en cuanto va a verse sometido al contenido del mismo aun en contra de su voluntad o, incluso, sin haber participado en su negociación. Y ello porque, como sabemos, se ha establecido un principio de arrastre en este tipo de planes pre/

---

405 Al respecto, *vid.* apartado IV, 4.2.2. b) Peculiaridades.

paraconcursales, ya no solo horizontal entre créditos afectados minoritarios —o ni siquiera participantes—; sino también vertical, entre clases de créditos afectados que no hayan aprobado el plan. Este último, además, es un efecto novedoso de la norma, consecuencia de la transposición de la Directiva (UE) 2019/1023 (*Tol 7307647*) por influencia del régimen jurídico norteamericano, que hay que compensar con una protección jurídica específica de dichos acreedores.

Esta protección tiene su más clara expresión en la implantación de un control judicial: (i) *a priori*, esto es, por el juez de lo mercantil competente y en el momento de procederse a la homologación judicial de cualquier plan de reestructuración. Así lo reconoce en el artículo 647 TRLC cuando nos dice que «[s]alvo que de la documentación presentada se deduzca manifiestamente que no se cumplen los requisitos exigidos en la sección 1.ª de este capítulo, el juez homologará el plan de reestructuración»; por lo que habrá de estar a lo establecido en los artículos 638 a 640 TRLC y, en conexión con estos, a lo previsto en los artículos 633 y 634 TRLC. Así como (ii) *a posteriori*, por parte de la Audiencia Provincial correspondiente, aunque solo tendrá efecto si se procede a la impugnación del auto de homologación judicial. En ese caso, habrá que estar a lo establecido en los artículos 654 y 655 TRLC, en materia de protección de los intereses de los acreedores. Sin dejar de mencionar, también, otras tantas medidas de protección atinentes a terceros sujetos como los que hubieren realizado una financiación interina o nueva —si después se inicia un procedimiento judicial de concurso —arts. 665 y ss. TRLC—[406], a los propios socios de un deudor persona jurí-

---

[406] *Vid.*, en especial, los arts. 669 y 670 TRLC. En el primero, se establece un control *a priori*, por parte del juez del concurso, al decirnos que «[e]n el trámite de homologación, el juez verificará que concurren los requisitos y las mayorías previstas en los artículos anteriores y que la nueva financiación no perjudica injustamente los intereses de los acreedores»; para, en el segundo precepto, pasar a recoger un control judicial *a posteriori* como añadido a los motivos generales de impugnación de un plan de reestructuración —contemplados en el capítulo V, título tercero, libro segundo, del TRLC —y que sí analizaremos en este trabajo—. Según el mismo, «cualquier acreedor afectado que no hubiera votado a favor del plan de reestructuración podrá impugnar u oponerse a la homologación del plan por cualquiera de los siguientes: 1.º Que no concurren las ma-

dica en dificultades —art. 656 TRLC— o a los titulares de créditos dotados de garantía real o de derecho público.

Centrando la atención en aquellas primeras medidas *ex ante* de tutela del titular de un crédito afectado por el plan, se trata de requisitos formales o sustantivos —algunos de ellos, provenientes del Código de quiebra norteamericano de 1978— que el juez del concurso tiene que preocuparse de comprobar antes de proceder a su homologación judicial, pudiéndose agrupar en[407]:

(i) Requisitos generales aplicables a cualquier plan de reestructuración ex artículos 633, 634 y 638 TRLC[408]. Estaríamos ha-

---

yorías necesarias para proteger la financiación interina o la nueva financiación. 2.º Que la financiación interina, la nueva financiación o los actos, negocios y operaciones previstos para la ejecución del plan no cumplen los requisitos legales. 3.º Que la financiación interina, la nueva financiación o los actos, negocios y operaciones previstos para la ejecución del plan perjudican injustamente los intereses de los acreedores. 2. Cualquier acreedor no afectado por el plan de reestructuración podrá impugnar u oponerse a la homologación por los motivos a que se refiere el apartado anterior y, además, por el motivo de que el plan no resulte necesario para evitar el concurso y asegurar la viabilidad de la empresa en el corto y medio plazo. 3. En los casos a que se refieren los dos apartados anteriores, la estimación de la impugnación o de la oposición tendrá como único efecto que, en caso de concurso de acreedores, la financiación interina, la nueva financiación y los actos, operaciones o negocios realizados en ejecución del plan quedarán sometidos a las normas sobre acciones concursales de rescisión contenidas en el libro primero y los créditos correspondientes serán clasificados conforme a lo establecido en ese libro».

407 Siguiendo la clasificación ofrecida, a este respecto, por NIETO DELGADO, C. (2024). "Homologación…", *cit.*, p. 154.

408 A efectos comparativos, se establecen como mecanismos de protección de créditos disidentes en los acuerdos y planes de reestructuración italianos ya analizados —*vid.* capítulo IV, apartado 4.2.2 a) Análisis comparativo—, pero solo en contestación a un arrastre horizontal del contenido del acuerdo o plan, medidas tales como: la exigencia de unas mayorías reforzadas, en todas y cada una de esas clases —arts. 61.2 y 64.*bis* CCII—; el principio de cuota de liquidación —arts. 61.2 d) y 64 *bis*.8 CCII—; un deber de información, específicamente previsto para el acuerdo de reestructuración —sobre esta cuestión, *vid.* VERNA, G. (2019). "Accesso alle procedure ed in particolare agli accordi di ristrutturazione". *Crisi di impresa e insolvenza. Il nuovo Codice della crisi di impresa e dell'insolvenza.* Studio Verna Società Professionale, p. 77—, al igual que la imposibilidad de exigirles una «ampliación de su exposición crediticia con respecto al emprendedor en crisis» —en palabras de NIGRO, A. y VATTERMOLI, D. (2021). *Diritto…*, *cit.*, p. 484, en conexión con lo establecido en el art. 61.4 CCII—; o un control

blando del cumplimiento de un test de viabilidad o razonabilidad —*feasibility test*, para el legislador norteamericano—; del cumplimiento del presupuesto objetivo al que se circunscribe el plan de reestructuración de manera específica, esto es, la necesidad de que el empresario se encuentre en un estado de probabilidad de insolvencia o de insolvencia —inminente o actual—[409]; de la debida consideración de requisitos formales del contenido y forma del plan, así como de su comunicación a «todos los acreedores afectados conforme a lo establecido en esta ley»[410]; o de un principio *pari passu* —de paridad de

---

de legalidad del plan y de oportunidad —o corrección (*correttezza*)— de los criterios utilizados para la formación de clases —art. 64 bis 4 a) CCII—, previsto de manera específica para el plan de reestructuración sujeto a homologación. Porque el legislador concursal de la reforma italiana no concibe la posibilidad de un arrastre vertical —esto es, de clases de créditos disidentes— con respecto a estos tipos de planes; aunque sí para el concordato preventivo —a este respecto, *vid.* nota 430.

409 Circunstancia esta que no pudo acreditarse en el caso Hoteles Beatriz; de ahí, su falta de homologación judicial, por parte del JM núm. 2 de las Palmas de Gran Canaria. En este caso concreto, el juez entró a valorar la concurrencia —o no— de un estado de insolvencia. Según el proponente, la insolvencia venía de la imposibilidad de cumplir la obligación de devolución de un crédito, vencido anticipadamente por efecto de una cláusula de control. El vencimiento anticipado fue declarado unilateralmente por el acreedor solicitante. De manera implícita, el juez entendió que no cabía dar por válido el presupuesto necesario de insolvencia sobre la base de comportamientos y declaraciones exclusivamente unilaterales del acreedor que proponía un plan de reestructuración y que supondría la pérdida de las participaciones de los socios sobre la sociedad afectada. Asimismo, *vid.* nota 297.

410 Atendiendo a los requisitos de forma, contenido y comunicación, el Juzgado de lo Mercantil núm. 2 de Barcelona, en sentencia 26/2023, de 4 de septiembre (*Tol 9696169*) —caso Celsa—, Fundamento Jurídico cuarto, p. 25, nos dice que «[e]l cumplimiento de los requisitos del Plan ha de ponderarse en función de cada una de sus alternativas o modalidades, pues no resulta adecuado establecer un canon homogéneo y universal de interpretación del cumplimiento de aquellos requisitos o formalidades, sin diferenciar cuando aquel sea propuesto por los acreedores o por el deudor». Y, en concreto, con respecto al requisito formal de comunicación a los acreedores de la existencia de negociaciones, por parte del deudor, la Audiencia Provincial de Valencia, secc. 9.ª, en sentencia 86/2024, de 27 de marzo (*Tol 9959368*) —caso Das Photonics— considera que, «del tenor de la norma no resulta la exigencia de que la negociación se verifique con todos los acreedores que puedan verse afectados por el perímetro del Plan de

trato entre créditos de una misma clase— que el legislador se preocupa de recalcar de manera expresa[411], interpretándose esto además como que dichos créditos tengan «el mismo porcentaje de recuperación de la deuda y en los mismos plazos y gozar en su caso del mismo tipo de garantías»[412].

(ii) Requisitos específicos aplicables a planes de reestructuración no consensuales *ex* artículo 639 TRLC. Esto es, a falta de una aprobación del plan por todas las clases de créditos afectados, la necesaria aceptación del plan por al menos una clase para la «que pueda razonablemente presumirse que hubiese recibido algún pago tras una valoración»; debiéndose adjuntar a la solicitud de homologación judicial de este plan no consensual, además, un «informe por parte del experto en la reestructuración sobre el valor de la deudora como empresa en funcionamiento». Si bien, como primer alternativa a aquella, el legislador concursal nos habla de la posibilidad de una homologación judicial de un plan no consensual con el consentimiento de «[u]na mayoría simple de las clases, siempre que al menos una de ellas sea una clase de créditos que en el concurso habrían sido calificados como créditos con privilegio especial o general»; sin dejar de hacer hincapié también aquí en el hecho de que, a diferencia de lo previsto en el sistema norteamericano —que no hace distingos dentro de los planes

---

Reestructuración. El artículo 586.1.3.º TRLC señala que el deudor expresará en la comunicación al órgano judicial la "relación de acreedores con los que haya iniciado o tenga intención de iniciar negociaciones…", lo que no significa que sea la totalidad de los afectados».

411 El Jugado de lo Mercantil núm. 1 de San Sebastián, en sentencia 71/2023, de 23 de noviembre —caso Transbiaga—, en su Fundamento Jurídico séptimo, puntualiza que este principio de paridad entre créditos de una misma clase debe tener que ver con créditos incluidos en el perímetro de afectación del plan de reestructuración, no con respecto a créditos excluidos. Asimismo, *vid.* SAP de Valencia, secc. 9.ª, 86/2024, de 27 de marzo (*Tol 9959368*) —caso Das Photonics—, en su Fundamento Jurídico sexto, 6.1 (237).

412 Así, YÁNEZ EVANGELISTA, J. (2023). "Artículo 654…", *cit.*, p. 1313. Por su parte, GELI FERNÁNDEZ-PEÑAFLOR, E. y ARLABÁN GABEIRAS, B. (2022). "Los planes…", *cit.*, p. 62, entienden esta medida igualmente aplicable a los socios, entre otras cosas, por ser un principio fundamental del derecho societario, aun cuando no se haya previsto de manera expresa en el art. 656 TRLC.

de reorganización no consensuales—, en esta primera opción de aprobación de un plan no consensual no parece necesaria la incorporación del mencionado informe del experto sobre el valor de la empresa en funcionamiento.

(iii) Y, por último, requisitos específicos aplicables a planes que requieran, además, la adopción de determinadas medidas societarias *ex* artículo 640.2 *in fine* y *a sensu contrario* TRLC. Entran dentro de este apartado la necesidad de contar con el acuerdo de junta de socios del deudor empresario persona jurídica con socios no legalmente responsables de las deudas sociales, en tanto en cuanto el plan propuesto lleve inserto una medida societaria que requiera de su participación activa —no aplicable, eso sí, en caso de insolvencia inminente o actual—.

Ahora bien, la heterogeneidad de estos requisitos provoca un «alto factor de incertidumbre sobre el control judicial y su alcance». Algo que se incentiva, más aún, con la expresión del artículo 647 TRLC sobre que, salvo que «de la documentación presentada se deduzca manifiestamente» que no se cumplen los requisitos antedichos, el juez homologará el plan de reestructuración[413]. Porque esto supone una «atenuación» o mitigación de este primer control judicial a realizar por el juez de lo mercantil, al contemplarse por el legislador concursal «la denegación de la homologación como un supuesto "excepcional" que solo puede producirse en caso de infracción "manifiesta"» y atendiendo a la documentación presentada, en contraposición a lo establecido al respecto en otros ordenamientos jurídicos de nuestro entorno. Y sin olvidar que el legislador español tampoco ha incluido, entre esas medidas de protección iniciales, un control judicial sobre la conformación de clases o el perímetro de afectación, debidamen-

413 Haciendo hincapié en el presupuesto de viabilidad exigible a este tipo de planes, SANCHO GARGALLO, I. (2022). "La impugnación…", *cit.*, p. 1153, nos dice que, aunque el juez puede apreciar de oficio el incumplimiento de dicho requisito, «en la práctica resulta muy difícil, pues apenas dispone de elementos de juicio de contraste respecto de los aportados por el instante de la homologación»; frente al control judicial *a posteriori* que se pueda hacer del mismo en fase de impugnación que ya permite un «juicio más cabal de algo tan valorativo y estimativo como es una "perspectiva razonable" tal.

te considerado por el legislador comunitario[414]. Probablemente, con ello se haya querido buscar una mayor agilidad y flexibilidad en la tramitación del plan; pero la verdad es que, creemos, la celeridad y eficiencia de un plan de reestructuración no tienen por qué estar reñidas con el rigor y la exhaustividad[415].

A efectos prácticos, esta «"benevolencia" (forzada)» de los jueces de lo mercantil en el cumplimiento de este primer control judicial ha venido a traducirse en un mero control de legalidad de unos requisitos de forma y de fondo mínimos. Pero, matícese, propiciado por lo que ha sido una transposición defectuosa de la Directiva comunitaria en este punto, no por el «ejercicio timorato o perezoso de las facultades de control judicial»[416].

De ahí que puedan resultar, como poco, sorprendentes algunos de los planes de reestructuración homologados por nuestros juzgados de lo mercantil. A modo de ejemplo, podríamos mencionar: el plan de reestructuración de la sociedad Xeldist congelados, S.L.U., homologado por auto del Juzgado de lo Mercantil núm. 3 de Pontevedra, 491/2022, de 2 de diciembre (*Tol 10262892*). Pues, además de no parecer exigir el requisito de la comunicación del plan a acreedores distintos de los adheridos al mismo[417], no se somete a control judicial alguno la conformación de clases o el perímetro de afectación y se admite como posible la conformación de clases unipersonales de créditos; posibilidad esta última, por lo demás, también reconocida por la secc. 9.ª de la Audiencia Provincial de Valencia, con respecto a la mercantil Das Photonics, S.L., en sentencia 86/2024, de 27 de marzo (*Tol 9959368*). El plan atinente a la mercantil Single Home, S.A., homologado por el Juzgado de lo Mercantil núm. 5 de Madrid, por auto 85/2023, de 10 de abril (*Tol 9623648*), al llevarse a cabo una aplicación literal de la norma concursal aun cuando, paradójicamente, dicho plan se sustentaba en un informe de un experto en la reestructuración cesado en el cargo, a instancia de los acreedores, después de solicitada su homologación judicial y «prescindiendo de

---

414 Al respecto, *vid.* NIETO DELGADO, C. (2024). "Homologación...", *cit.*, p. 145 y ss., 154 y 166.

415 Asimismo, NIETO DELGADO, C. (2024). "Homologación...", *cit.*, p. 145.

416 Así, NIETO DELGADO, C. (2024). "Homologación...", *cit.*, pp. 160-161 y 166.

417 *Vid.* nota 315.

cualquier mayoría de clases y pasivo»[418]. El plan de reestructuración presentado por el Hospital de Torrejón —Torrejón Salud, S.A.— y homologado por el Juzgado de lo Mercantil núm. 13 de Madrid, por auto 238/2023, de 30 de mayo, por entender el juzgador que su función en este primer control *a priori* se limita a la verificación formal de los requisitos recogidos en la norma, «salvo en supuestos manifiestamente groseros y burdos, contrarios a la ley o al orden público»; y siendo, además, la particularidad de este plan que solo contempla una única clase de créditos afectados en la que se integra a sus dos únicos acreedores —prestamistas de la sociedad en un ochenta y nueve y en un once por ciento, respectivamente—, al mismo tiempo que accionistas de la sociedad —en igual proporción en el capital social—, imponiéndose así el plan al socio minoritario en tanto no incluía medida societaria alguna que precisara su aprobación en junta de accionistas[419]. Homologación judicial cuya impugnación ha sido igualmente desestimada en SAP de Madrid, secc. 28.ª, 131/2024, de 23 de abril (*Tol 9999884*), confirmándose así la posibilidad de configurar planes aceptados por una única clase de créditos afectados[420];

---

[418] Siendo un supuesto no contemplado en la norma sobre planes competidores, su impugnación ante la Audiencia Provincial de Madrid fue retirada por los acreedores afectados por el plan. De ahí, la falta de un pronunciamiento al respecto por su parte —*vid.* GIMÉNEZ, O. (2024). "Sareb retira la impugnación en Single Home y deja dudas clave sobre reestructuraciones". *El Confidencial. https://www.elconfidencial.com/empresas/2024-02-06/sareb-single-home-reestructuraciones-dudas_3824545/*. Recuperado el 29 de julio de 2024—.

[419] Al respecto, *vid.* CUATRECASAS. (2023). "Arrastre horizontal en un plan de reestructuración con una única clase de acreedores-socios", https://www.cuatrecasas.com/es/spain/reestructuraciones-e-insolvencias/art/plan-reestructuracion-consensual-una-sola-clase. Recuperado el 25 de abril de 2024.

[420] CUATRECASAS. (2024). "Desestimada la impugnación de un plan de reestructuración consensual", https://www.cuatrecasas.com/es/spain/reestructuraciones-e-insolvencias/art/desestimada-impugnacion-plan-reestructuracion-consensual. Recuperado el 29 julio 2024, nos recuerda que, como considera la Audiencia Provincial de Madrid, es «perfectamente coherente formar una única clase si se identifica el mismo interés común, como es la finalidad y naturaleza del préstamo concedido por ambos socios-acreedores, y sin que la asimetría en la titularidad determine necesariamente un interés divergente que exija su separación en clases distintas». Asimismo, GARCÍA-VILLARRUBIA BERNABÉ, M. (2024). "La impugnación del acuerdo societario de un plan de reestructuración con medidas societarias", https://www.uria.com/es/publicaciones/9082-

como también ha ocurrido con el plan de reestructuración del Grupo Aldesa, S.A., homologado por el Juzgado de lo Mercantil núm. 12 de Madrid, en fecha 18 de septiembre de 2023 y confirmado por sentencia de la Audiencia Provincial de Madrid, secc. 28.ª, 328/2024, de 15 de octubre (*Tol 10273250*), aun cuando aquí sí se incluía una medida societaria que precisó de su aprobación en junta, efectivamente otorgada por el socio mayoritario —y acreedor—.

Interpretaciones las anteriores, por lo demás, a las que se suman otros Juzgados de lo mercantil, como el núm. 10 de Barcelona, en auto 479/2023, de 15 de septiembre (*Tol 9828965*) para el caso J. Vilaseca, S.A., cuando nos dice que el «examen de homologación debe partir únicamente de los documentos presentados por el solicitante» (esto es, a partir del contenido del propio acuerdo y del informe del experto independiente presentados)[421]; o los Juzgados de lo Mercantil núm. 16 de Madrid —que homologó el plan propuesto por la editorial Turner Publicaciones, S.L. el 15 de diciembre de 2023 (*Tol 9976992*)— y núm. 3 de las Palmas de Gran Canaria —en auto 779/2023, de 21 de diciembre (*Tol 9831290*) para el grupo empresarial naviero Armas Transmediterránea—, por entender ambos juzgadores que el control a efectuar en esta primera fase de la tramitación de un plan de reestructuración *ex lege* debe ser meramente formal y somero, en tanto no se aprecien impedimentos obstativos —si bien, en el primero de los casos, el juzgador sí considerase oportuno poder requerirle, al solicitante de la homologación, la subsanación o aclaración de algunos aspectos del plan—[422]; o el más reciente auto del Juzgado de lo Mercantil de Madrid, núm. 19, 381/2024, de 21 de junio, por el que, sin embargo, se deniega la homologación judicial de un plan propuesto por la mercantil GTCEISU Construcción, S.A. y otras.

---

la-impugnacion-del-acuerdo- societario-de-un-plan-de-reestructuracion-con-medidas. Recuperado el 11 de enero de 2025.

421 Plan de reestructuración cuya homologación judicial resultó impugnada ante la Audiencia Provincial de Barcelona, secc. 15.ª, con un pronunciamiento desestimatorio por su parte, en sentencia 701/2024, de 9 de julio (*Tol 10195641*), confirmándose, así pues, el plan de reestructuración propuesto.

422 *Vid.* NIETO DELGADO, C. (2024). "Homologación...", *cit.*, pp. 157 y ss.

Eso sí y como resultado de lo cual, también hay quien ha considerado oportuno reaccionar en contra de esta línea interpretativa actualmente seguida por nuestros juzgadores, concretamente, a través del reciente auto del Juzgado de lo Mercantil núm. 16 de Madrid, res, núm. 340/2024, de 30 de julio (*Tol 10254161*) —caso Novoline—, al entender que, aunque el control judicial en una primera fase del proceso no es más que un control judicial «no pleno» por no exhaustivo, sino simplemente basado en un análisis «literosuficiente» de los requisitos de forma y contenido exigidos —esto es, aquel que le permite al juez competente cerciorarse de que, «tras una lectura del plan de la documentación adjunta», no se incurre en un incumplimiento de ninguno de los requisitos legales previstos—, tampoco significa que el «Juez deba homologar *velis nolis*, haciendo oídos sordos a hechos o circunstancias que cualquier parte personada haya puesto de manifiesto y acreditado debidamente que constituya una manifiesta infracción impeditiva de la homologación». Dicho de otra forma, sí habría de ser factible para cualquier juzgador, en primera instancia, entrar a valorar las alegaciones presentadas por los acreedores y aun cuando estemos ante una tramitación de un plan de reestructuración que no lleve inserta una contradicción previa a su homologación judicial, si dichas alegaciones tienen que ver con hechos o circunstancias que, *ex* artículo 647 TRLC, podrían impedir de modo manifiesto la concesión de esa homologación judicial —esto es, ser «un vicio manifiesto impeditivo de la homologación»—. Pues, *a sensu contrario*, pretendiéndose con estas alegaciones «adelantar el examen de fondo de motivos de impugnación cuyo examen corresponde a la Audiencia Provincial», ciertamente habrían de ser desatendidas por el juzgador mercantil, a la espera de su debido análisis y consideración en fase de impugnación[423].

En cuanto al control judicial *ex post*, igualmente formal o sustantivo, pero de la mano de una instancia superior —la Audiencia Pro-

---

[423] Por lo demás, un auto de homologación de un plan de reestructuración no consensual, sin contradicción previa, pero sí sujeto a financiación nueva —que no interina, según el juzgador—, es el propuesto por la mercantil Novoline Majadahonda Inmuebles, S.L.; en el que además se analizan —o puntualizan— cuestiones que tienen que ver con la formación de clases de créditos afectados, la regla de prioridad absoluta o la del mejor interés de los acreedores.

vincial— y solo de manera eventual, tendrá lugar si los titulares de créditos afectados y arrastrados forzosamente por el plan deciden impugnar en tiempo y forma el auto de homologación judicial *ex* artículos 654 y 655 TRLC; siendo ejemplos de ello el caso Xeldist —resuelto a favor de los acreedores impugnantes por sentencia de la Audiencia Provincial de Pontevedra, secc. 1.ª, 179/2023, de 10 de abril (*Tol 9845412*)— o el caso Das Photonics —en SAP de Valencia, secc. 9.ª, 86/2024, de 27 de marzo (*Tol 9959368*)—.

Una previsión normativa, pues, en clara contradicción con el sistema jurídico-concursal norteamericano, en el que cualquier medida de protección de los intereses de acreedores y socios *impaired* se ha venido a considerar como necesariamente preventiva —y, por tanto, de preceptiva comprobación en el momento de procederse a la confirmación judicial del plan de reorganización—, podría justificarse en la pretendida agilización que se propugna del plan de reestructuración en evitación de un procedimiento jurisdiccional de concurso, tradicionalmente, de dudoso éxito conservativo. Presenta, sin embargo, como inconveniente el que —a efectos prácticos— pueda llegar a multiplicarse el número de impugnaciones de planes de reestructuración, a la espera de una decisión final por parte de la Audiencia Provincial[424]; habiendo quienes, con buen criterio, han optado por acudir al régimen alternativo —ofrecido por el legislador como excepción— de contradicción previa, previsto en los artículos 662 y 663 TRLC. Ejemplos de ello son los planes de reestructuración tramitados en el caso Celsa[425] y Transbiaga. Porque la sentencia emitida por el juzgador mercantil en sendos planes de reestructuración, a cambio, no podrá ser después objeto de recurso —art. 663.4.ª TRLC— al haberse adelantado en el tiempo la supervisión judicial de medidas de tutela que, de otra manera, habrían de tenerse en

424 Sobre esta cuestión, *vid.* ARIAS VARONA, F. J. (2020), *cit.*, pp. 191-192.

425 En palabras del juzgador de lo mercantil del caso Celsa —SJM Barcelona, núm. 2, 26/2023, de 4 de septiembre (*Tol 9696169*), Fundamento Jurídico segundo, p. 22—, «la previsión de contradicción previa [...] garantiza el derecho de las partes afectadas a oponerse a la homologación, y el control judicial de esta oposición, y la inexistencia de recurso reduce considerablemente las incertidumbres inherentes para los participantes en la refinanciación, permite su tramitación en un tiempo razonable y las medidas acordadas pueden ejecutarse inmediatamente».

consideración en el momento de producirse una eventual impugnación de la homologación judicial del plan.

En consecuencia y salvo contradictorio previo, son medidas de protección de los intereses de los acreedores que se dejan en manos de la Audiencia Provincial, en caso de eventual impugnación del auto de homologación de un plan de reestructuración:

(i) La preceptiva revisión, por su parte, de requisitos ya tenidos en consideración por el juez de lo mercantil sobre comunicación, contenido y forma; así como de que la aprobación del plan es conforme a derecho. O, una vez más también, la constatación de que el deudor no se encuentra en un estado de probabilidad de insolvencia, insolvencia inminente o actual; al mismo tiempo que el plan ofrece una perspectiva razonable de evitar el concurso y asegura la viabilidad de la empresa en el corto y medio plazo; o del trato paritario que deben recibir los créditos con respecto a otros de su misma clase.

(ii) Pero, además, la consideración de medidas tan relevantes como la debida conformación de clases de créditos, atendiéndose a lo establecido en el capítulo tercero del título tercero, libro segundo del texto refundido[426]; el cumplimiento del test de cuota de liquidación; o la ya recogida en nuestra legislación concursal preexistente sobre sacrificio desproporcionado, por trato asimétrico entre titulares de créditos iguales o similares; más allá de la comprobación de que el deudor

---

426 Si no se solicita una confirmación judicial previa de clases de créditos *ex* arts. 625 y 626 TRLC, el titular de un crédito que no haya votado a favor de un plan homologado judicialmente podrá cuestionar ante el tribunal competente la incorrecta formación de clases. Un ejemplo de ello lo tenemos en la SAP de Pontevedra, secc. 1.ª, 179/2023, de 10 de abril (*Tol 9845412*) —caso Xeldist—. Si bien, en ella se nos dice, en su Fundamento Jurídico segundo (18), que no toda infracción de la adecuada formación de clases de créditos afectados puede fundamentar una causa de impugnación, si es que estamos ante una irregularidad que habría de resultar inocua a los efectos de la aprobación del plan —o «test de resistencia»—. Por lo demás, adviértase que el art. 654 TRLC no incluye como causa de impugnación, junto a esta de formación de clases, la de una debida conformación del perímetro de afectación, en clara contraposición a lo establecido por la Audiencia Provincial de Pontevedra, en la citada sentencia.

está «al corriente en el cumplimiento de sus obligaciones tributarias y frente a la Seguridad Social». Aunque sin olvidarse tampoco de comprobar, pero solo para determinados planes no consensuales, el cumplimiento de un test de equidad.

Salvo esta última medida tuitiva, estamos ante mecanismos de protección aplicables a cualquier tipo de plan, consensual o no consensual, a instancia de cualquier acreedor disidente y/o no participante, esto es, sin importar si el mismo se encuentra incluido —o no— dentro de una clase de créditos disidente, de darse el caso —art. 655.1 TRLC—. Por el contrario, el test de equidad no deja de ser una medida exclusivamente aplicable a aquellos planes de reestructuración no consensuales que hayan sido impugnados por acreedores afectados que, no habiendo votado a favor de los mismos, se encuentran también incluidos dentro de una clase de créditos disidente —art. 655.2 *ab initio* TRLC—[427]. Y una regla de equidad que, sin embargo, toma como referencia a seguir el sistema jurídico norteamericano, que no la norma general estipulada por el legislador europeo en el artículo 11 de la Directiva; pues, además de subclasificarse en tres mecanismos de tutela «hacia arriba», «de igual a igual» y «hacia abajo» con respecto a la clase disidente —respectivamente, la prohibición de un enriquecimiento injusto, la regla de equidad horizontal y una regla de equidad vertical— identifica esta última también con una regla de «prioridad absoluta».

Pero, en definitiva, unas medidas de protección *ex ante* o *ex post* que alejan al plan de reestructuración vigente de su predecesor, el acuerdo de refinanciación colectivo homologado judicialmente y

---

427 Adviértase que el legislador de la reforma nos habla, ya no de créditos «disidentes», sino de créditos que «no hayan votado a favor» de un plan de reestructuración, ampliándose de manera expresa el alcance subjetivo de dicha impugnación —entendemos— a acreedores disidentes y no participantes. Algo que también considera correcto PULGAR EZQUERRA, J. (2023). "Artículo 654...", *cit.*, p. 1326, en tanto en cuanto siempre puede haber acreedores del deudor que no hayan sido debidamente convocados. Por el contrario, cuando toca analizar este tema desde la perspectiva del plan de continuación, nos habla de créditos «que hayan votado en contra» del plan —art. 698 *quater* TRLC—. No sabemos si con ello pretendía limitar el ámbito subjetivo de aplicación de la norma sobre impugnación de planes de continuación —excluyendo a acreedores no participantes—; o si, por el contrario, es algo que le pasó inadvertido.

con eficacia extensiva, suponiendo un avance en la regulación de este tipo de institutos jurídicos pre/paraconcursales. Y ello porque, además de ampliarse ahora el número de destinatarios a los que puede dirigirse un plan de reestructuración —recuérdese, el acuerdo de refinanciación homologado judicialmente y con extensión de efectos tenía como destinataria a una única clase de créditos, los financieros—[428], supone con toda probabilidad un incremento considerable del número de planes de reestructuración, aun no consensuales, en tanto se protegen los intereses de créditos y/o clases de créditos afectados como contrapartida al arrastre horizontal y/o vertical que los mismos provocan; porque, no olvidemos, estamos ante una reestructuración empresarial forzosa eventualmente prevista, incluso, para clases de créditos disidentes —o arrastre vertical— que hace que nuestro plan marque distancia con respecto al ya derogado acuerdo de refinanciación. Por no hablar de cualquiera de los institutos jurídicos italianos otrora analizados[429] y es que, ni el acuerdo de reestructuración de deuda extendido ni el plan de reestructuración sujeto a homologación tienen por efecto un arrastre vertical o vinculación forzosa de clases de créditos disidentes[430].

---

428 Al respecto, *vid.* GARNACHO CABANILLAS, L., "Reestructuración...", *cit.*, pp. 14-16 y 20-21.

429 *Vid.* apartado IV, 4.2.2. a) Análisis comparativo.

430 En efecto, no se contempla, para estos institutos jurídicos del ordenamiento jurídico italiano, la regla recogida en el artículo 11 de la Directiva sobre la consecución de planes no consensuales, que sí hacemos nuestra en el plan de reestructuración. Esta circunstancia, sin embargo, no debería confundirnos, pues no significa un incumplimiento del imperativo legal recogido en la Directiva en el caso italiano, sino el reflejo de la flexibilidad que ofrece la norma comunitaria. Porque lo que ha hecho este legislador es dejar esta posibilidad de reestructuración forzosa «extraclases» para otro instituto jurídico distinto, el concordato preventivo, que sí incluye un test de equidad —además, atendiendo a la regla de prioridad relativa (que no absoluta)— junto a una regla de equidad horizontal y la prohibición de un enriquecimiento injusto, en su artículo 112.2 b) y c) CCII. Por su parte, D'ATTORRE, G. (2020). "La distribuzione del patrimonio del debitore tra absolute priority rule e relative priority rule", *Fallimento*, (8-9), (1071), 1-8 (versión digital), p. 3, justificó la inclusión de esa regla de prioridad relativa: por razones de eficiencia, pues no solo hacía posible la presentación de propuestas de concordato preventivo que permitiesen «mantener en escena» al deudor y a sus socios —en caso de ser una empresa societaria—; porque su mayor flexibilidad en la concreción del contenido de la propuesta

b) Sacrificio desproporcionado

Pues bien, de entre todas las medidas tuitivas mencionadas, son varias las que consideramos pertinente analizar en este momento. Estamos hablando, en concreto, de los tests de cuota de liquidación y de equidad.

La prueba del mejor interés de los acreedores obliga a detenernos en el examen de la prohibición de un *sacrificio desproporcionado*, dado el tratamiento paralelo que inicialmente se hizo de ambas figuras en la versión inicial del TRLC. Y es que, si echamos la vista atrás a la que fuera la redacción originaria de nuestro texto refundido —tras la publicación por Real Decreto Legislativo 1/2020, de 5 de mayo (*Tol 7907223*)—, el sacrificio desproporcionado se introdujo como un mecanismo de tutela de los intereses de los acreedores afectados por un acuerdo de refinanciación, al que se unió la idea de una expectativa de recuperación del crédito por un acreedor impugnante, en caso de producirse una hipotética liquidación concursal[431]. Hoy, sin duda, estamos ante dos causas de impugnación distintas e individualmente consideradas en los apartados 6.° y 7.° del artículo 654 TRLC.

En concreto, la primera de ellas ofrece al titular de un crédito que no haya votado a favor del plan la posibilidad de impugnar el auto de homologación judicial si la reducción del valor de su crédito es «manifiestamente» mayor al que resulta necesario para garantizar la viabilidad de la empresa —art. 654.6.° *ab initio* TRLC—. Esto es,

---

de concordato —evitándose que el patrimonio del deudor fuera totalmente absorbido por créditos de rango superior— favorecía un mayor interés por parte de créditos de rango inferior, en pro de su consecución; y por razones de tipo técnico.

431 Según el artículo 619.3 TRLC, «[e]n todo caso, se considera desproporcionado el sacrificio si fuera diferente para acreedores iguales o semejantes así como si el acreedor que no goce de garantía real pudiera obtener en la liquidación de la masa activa una mayor cuota de satisfacción que la prevista en el acuerdo de refinanciación». En conexión con esto, *vid.* SAP de Barcelona, secc. 15.ª, 58/2009, de 6 de febrero (*Tol 1486460*); SJM núm. 2 de Sevilla, 507/2016, de 24 de octubre (*Tol 5941538*); SJM núm. 10 de Barcelona, 286/2016, de 29 de noviembre (*Tol 8444243*); SJM núm. 2 de Sevilla, 442/2017, de 25 de septiembre (*Tol 6354030*); SJM núm. 11 de Madrid, de 22 de julio de 2016 (*Tol 6073153*); SJM núm. 10 de Barcelona, 286/2016, de 29 de noviembre (*Tol 8444243*); o SJM núm. 2 de Madrid, 9/2019, de 14 de enero (*Tol 7481292*).

se trata de evitar un sacrificio del titular de un crédito no aceptante del plan «por exceso manifiesto», no sirviendo un sacrificio solo superior[432]; sin olvidar tampoco que no parece ser objeto de contraste a estos efectos el tratamiento recibido por créditos afectados por un plan con respecto a créditos excluidos del mismo, por no incluidos en el perímetro de afectación —como así considera la Audiencia Provincial de Madrid, secc. 28.ª, en sentencia 131/2024, de 23 de abril (*Tol 9999884*), caso Torrejón Salud—.

Así pues, estamos ante una concreción de una cláusula general que prohíbe el abuso de derecho[433] de difícil aplicación práctica, más aún cuando a esto se añade una referencia un tanto restrictiva —y por algún autor cuestionada— de que, en caso de cesión de créditos, se presumirá que no hay sacrificio desproporcionado «cuando el acreedor impugnante haya adquirido el crédito con un descuento superior a la reducción del valor que este padece» —art. 654.6.º *in fine* TRLC—. Y es que esta presunción *iuris tantum*, que tiene que ver con aquellos supuestos en los que un acreedor compra créditos con descuento respecto de su valor nominal —incluyendo, entre otros, fondos de inversión «de corte oportunista o *distressed*»—[434], en opinión de algún autor, también «puede afectar de forma nociva al mercado secundario de compraventa de créditos», cuando resulta que «este mercado cumple una función esencial de saneamiento del sector financiero, pues, entre otras cosas, permite a las entidades financieras reforzar su balance vendiendo los créditos de deudores menos solventes para poder cumplir así con los exigentes requerimientos de capital, solvencia y fondos propios que les son aplicables». Por no decir que, más allá de que «[l]os acreedores que compran créditos con descuento no lo hacen sobre la base de que recuperarán únicamente el precio pagado (en cuyo caso nunca accederían a comprarlos), sino sobre la base de que, con la compra, obtendrán un retorno razo-

---

432 Así, YÁNEZ EVANGELISTA, J. (2023). "Artículo 654...", *cit.*, pp. 1311-1312. Por su parte, SANCHO GARGALLO, I. (2022). "La impugnación...", *cit.*, p. 1154, nos habla de que el adverbio «manifiestamente» restringe la impugnación a casos muy claros de imposición del sacrificio.

433 GARCIMARTÍN ALFÉREZ, F. (2022). "Las reglas...", *cit.*, p. 272.

434 Como bien nos recuerdan GELI FERNÁNDEZ-PEÑAFLOR, E. y ARLABÁN GABEIRAS, B., "Los planes...", *cit.*, p. 64.

nable y exigido, por otro lado, por sus inversores», se trata de una medida restrictiva que «no encuentra reflejo en otros ordenamientos jurídicos»[435].

c) *Test de cuota de liquidación*

La segunda de las medidas mencionadas, el *test de cuota de liquidación*, es la misma que ya recogió el legislador norteamericano, para su plan de reorganización, en el §1129 (a)(7)(A) 11 U.S.C., por lo que tiene que ver con que un crédito afectado por un plan de reestructuración, individualmente considerado, no puede verse perjudicado por él «en comparación con su situación en caso de liquidación concursal de los bienes del deudor, individualmente o como unidad productiva» —art. 654.7.º TRLC—. Aunque, a diferencia de aquel otro régimen, se trata de un escudo protector cuya comprobación judicial se sigue postergando al momento de producirse la impugnación de la homologación del plan —salvo contradictorio previo *ex* arts. 662-663 TRLC—.

Se elige así, como alternativa comparable al valor de la empresa reorganizada, el valor que pueda presumirse como razonable de la empresa en caso de liquidación concursal[436]; en tanto en cuanto el valor de liquidación que tenga la empresa es «indisponible o no expropiable» a los acreedores afectados disidentes —o no participan-

---

435 Así, GELI FERNÁNDEZ-PEÑAFLOR, E. y ARLABÁN GABEIRAS, B. (2022). "Los planes...", *cit.*, p. 64. Igualmente, *vid.* GONZÁLEZ VÁZQUEZ, J. C. (2023). "CASO CELSA (III)...", *cit.* Algo que también nos recuerda el juzgador de lo mercantil para el caso Celsa —SJM Barcelona, núm. 2, 26/2023, de 4 de septiembre (*Tol 9696169*), Fundamento Jurídico primero, p. 33—.

436 A diferencia de lo que ha ocurrido en el ordenamiento jurídico alemán que ha optado, como alternativa al valor de la empresa reorganizada, con «el mejor escenario comparable» —tal y como nos explica SKAURADSZUN, D. (2022). "Challenges...", *cit.*, p. 65, 68-69 y 83-84—. Y aunque sea, en opinión de PULGAR EZQUERRA, J. (2023). "Artículo 654...", *cit.*, p. 1317, la opción correcta para nuestro sistema jurídico porque, a pesar de que ese criterio sobre un mejor escenario comparable resulte ser un elemento de flexibilización de la regla del mejor interés de los acreedores, también imprime en este contexto incertidumbre —en cuanto a su determinación y cuantificación— e inseguridad jurídica.

tes—[437]. O, lo que es lo mismo, la cuota hipotética de liquidación es un «derecho de cada acreedor individual que no puede verse perjudicado por acuerdo de la mayoría dentro de su propia clase»[438]; aunque, para calcular ese valor, se nos dice además que habrá que considerar que «el pago de la cuota de liquidación tiene lugar a los dos años de la formalización del plan».

Y es aquel, precisamente, un problema técnico con el que nos enfrentamos, porque se han de comparar dos variables un tanto imprecisas:

(i) Por un lado, la cuota de liquidación, cuyo cálculo no deja de ser una prueba «multifuncional», fáctica y económica, vinculada a la valoración económica de la empresa en funcionamiento, y llevada a cabo por el propio deudor a través de distintas metodologías que nos recuerdan a las utilizadas para el plan de reorganización norteamericano; estaríamos hablando, por ejemplo, de métodos patrimoniales o «por múltiplos referenciados a empresas o transacciones comparables y de descuento de flujos de caja»[439]. Sin olvidar tampoco que resulta preciso establecer una cuota hipotética de liquidación descontada a valor presente.

(ii) Y por otro, la cuota de reestructuración, esto es, ese *going concern surplus* o excedente que habría de producirse como consecuencia de la reestructuración empresarial que supone

---

437 A diferencia del excedente de reestructuración de una empresa en funcionamiento —o *going concern surplus*— que resulta disponible, pero siempre que exista acuerdo entre las distintas clases afectadas por el plan —o plan consensual—. Porque, no existiendo acuerdo —plan no consensual—, ese excedente deberá repartirse entre las clases —al menos, entre las disidentes— respetándose el principio de equidad —o *fair and equitable test*—. Así, THERY MARTÍ, A. (2023). "Artículo 622…", *cit.*, p. 1008.

438 GARCIMARTÍN ALFÉREZ, F. (2022). "Las reglas…", *cit.*, pp. 273-274.

439 Así, PULGAR EZQUERRA, J. (2023). "Artículo 654…", *cit.*, pp. 1217 y 1319. Por su parte, el juzgador de lo mercantil del caso Celsa, en SJM Barcelona, núm. 2, 26/2023, de 4 de septiembre (*Tol 9696169*), en su Fundamento Jurídico octavo, p. 44, considera que el método de valoración de «análisis de descuento de flujos de caja» es el que arroja unos resultados más exactos y fiables»; llegándonos a decir, además, que «el método de múltiplos de mercado u otros semejantes deben utilizarse tan solo como métodos de contraste y verificación de los resultados obtenidos a través del descuento de flujos de caja.

calcular, también a valor presente, lo que el acreedor impugnante habría de recibir a través del plan de reestructuración; con el matiz añadido de que, aquí, al acreedor no se le está pagando con dinero en efectivo, sino en especie a través de la entrega de instrumentos de deuda y/o capital —créditos post-reestructuración, participaciones en la empresa reestructurada o una combinación de ambos—.

Pues bien, aplicando el método de «descuento de flujos de caja», hay quien explica este principio de una manera muy gráfica diciendo que el valor presente como empresa en funcionamiento supone «calcular los flujos libres de caja futuros del negocio y el valor residual descontados a valor actual o presente», frente a un valor de liquidación que se calcula sobre el precio de venta de los activos de la empresa que se liquida. Un valor de liquidación que, en el caso de tratarse de «una gallina» y transmitirse como unidad productiva, sería lo que se obtiene de la «venta de la gallina a un tercero para que la explote él», aunque siendo considerable la tasa de descuento a aplicar aquí «por los costes directos e indirectos que todo procedimiento concursal implica»; mientras que su valor en funcionamiento «exige calcular la rentabilidad neta de los huevos que vaya a producir a lo largo de su vida productiva, el valor de la carne una vez agotada esa vida (el valor residual) y descontar estos rendimientos futuros a valor presente»[440].

Por lo demás, llamativa es aquí la postura adoptada por el legislador de la reforma con respecto al titular de un crédito dotado de garantía real. Porque, si en la versión originaria del TRLC, se entendía inaplicable a ellos esta medida de protección individual por excluirlos de manera expresa la norma —art. 619.3 TRLC—[441], nada se dice al respecto en su versión definitiva —esto es, en el art. 654.7.º TRLC—. Algo que debemos interpretar a favor de la aplicación de la prueba del mejor interés de los acreedores, inclusive, para con los titulares de créditos dotados de garantía real[442]. Aunque, enten-

---

440 Así, GARCIMARTÍN ALFÉREZ, F. (2022). "Las reglas...", *cit.*, pp. 269-270.

441 *Vid.* nota 431.

442 Asimismo, GARCIMARTÍN ALFÉREZ, F. (2022). "Las reglas...", *cit.*, p. 282; PULGAR EZQUERRA, J. (2023). "Artículo 654...", *cit.*, pp. 1332-1334; o SANCHO GARGALLO, I. (2022). "La impugnación...", p. 1155.

demos, con un matiz importante y es que este test habría de perder todo el sentido cuando estemos ante titulares de créditos dotados de garantía real disidentes dentro de una clase, también, contraria a la aprobación del plan de reestructuración. Pues, a estos, se les ofrece una medida de tutela con distinto alcance: un «derecho de salida de la reestructuración» *ex* artículo 651 TRLC[443].

En fin, el éxito de la impugnación —u oposición previa a la homologación— del auto de homologación de un plan de reestructuración en base a la prueba del mejor interés de los acreedores solo tiene efectos con respecto al sujeto impugnante, en tanto en cuanto este se quedará con el nominal de su crédito y en los términos y vencimiento originalmente pactados; no pudiendo, eso sí, ser indemnizado por daños y perjuicios[444].

d) Test de equidad

a. Delimitación normativa

Siguiendo los pasos del régimen jurídico-concursal norteamericano, *ex* §1129 (b)(1) 11 U.S.C., el TRLC recoge por primera vez una posibilidad de arrastre vertical entre clases de créditos disidentes, a cambio del cumplimiento —entre otras medidas— de un test de equidad o derecho colectivo de clase que incluye, a su vez, tres reglas: la prohibición de un enriquecimiento injusto —o *no more than 100% rule* que aquí se ha venido a llamar *reverse rule* (regla inversa) o *regla de corolario*—[445]; la regla de equidad horizontal —o *no unfair discrimination*—; y la regla de equidad vertical —o *absolute priority rule*— aquí, sin embargo, matizada *ex lege*.

La *prohibición de un enriquecimiento injusto*, o regla inversa recogida en el artículo 655.2 2.º TRLC, se concreta en que una clase de créditos no puede mantener o recibir, de conformidad con el plan de reestructuración, nuevos instrumentos de deuda o capital «con un valor superior al importe de sus créditos»; por lo que se hace precisa una

---

443 GARCIMARTÍN ALFÉREZ, F. (2022). "Las reglas…", *cit.*, p. 283. A mayor abundamiento, *vid.* apartado IV.4.2.6. Régimen especial.

444 PULGAR EZQUERRA, J. (2023). "Artículo 654…", *cit.*, p. 1330.

445 Al respecto, *vid.* nota 335.

comparativa del valor de ese crédito antes de la reestructuración —su valor nominal— con el valor presente de lo que se le da a cambio, esto es, una valoración de los flujos económicos futuros asociados al crédito en la empresa post-reestructuración al que habrá que aplicar la tasa de descuento correspondiente[446].

El *trato no discriminatorio entre clases de créditos con un mismo rango concursal*, regulado en el artículo 655.2 3.º TRLC, presupone que el valor de los créditos post-reestructuración que reciba una clase de créditos afectada por un plan no puede tener un valor inferior a lo que reciba otra clase del mismo rango concursal, ni tampoco unas condiciones de satisfacción más gravosas[447]. Porque, aunque es posible un trato diferente entre créditos de un mismo rango concursal, atendiendo a la posibilidad *ex lege* que nos permite clasificar dichos créditos en función de unos «intereses comunes», eso no significa que pueda haber un trato discriminatorio entre dichas clases. Una regla de equidad horizontal a la que, por lo demás, se le añade el calificativo de necesario trato discriminatorio «injustificado»[448]; eso sí, siendo solo aplicable al acreedor no aceptante de un plan inserto, a su vez, en una clase disidente[449].

Las acepciones que se han dado a este principio de no discriminación son diversas, al menos en la práctica actual. Por ejemplo, se ha interpretado como que «el diferente tratamiento que conlleve un tratamiento menos favorable para el acreedor disidente se convierte en injusto cuando resulta desproporcionado»; pero es una «[d]esproporción que no puede medirse en relación con la conveniencia o necesidad de aprobar el plan para mantener la viabilidad de la empresa, sino que debe realizarse desde la protección de la posición económica del acreedor disidente en relación a los otros acreedores del mismo rango, aunque estén en clases diferentes, por un principio de justicia en el reparto económico de las pérdidas o recortes,

---

446 YÁNEZ EVANGELISTA, J. (2023). "Artículo 655...", *cit.*, p. 1339.

447 Igualmente, YÁNEZ EVANGELISTA, J. (2023). "Artículo 655...", *cit.*, pp. 1339-1340.

448 *Vid.* SAP de Pontevedra, 179/2023, de 10 de abril (*Tol 9845412*) —caso Xeldist—.

449 Como bien nos recuerda VILLORIA RIVERA, I. (2022). "Arrastre...", cit., *p.* 1061.

de forma que el valor de la reestructuración sea repartido también de forma mínimamente igualitaria»[450]. O, yendo aún más lejos, se ha llegado a admitir como posible una diferencia de trato entre clases de un mismo rango siempre que no sea «injusta, y lo será cuando sea desproporcionada, siendo esta proporción valorable en función de que el sacrificio exigido a cada clase por la reestructuración sea mínimamente equivalente o igualitario; o lo que es lo mismo, [...] esa diferencia puede no ser desfavorable si [...] las diferencias entre el sacrificio exigido a cada clase no son desproporcionadas, manteniéndose *un grado mínimo de equivalencia*»[451]; una consideración, no obstante, cuestionada por parte de nuestra doctrina en pro de una interpretación «estricta», «teleológica y sistemática [...] cuando la ley es clara y no distingue ni matiza»[452]. Otra interpretación del texto legal entiende ese trato no discriminatorio —aunque sí diferente— como que a una clase de créditos que, compartiendo el mismo rango concursal que otras, no se le ofrezca una posibilidad de capitalización de créditos, o sí, pero no en igual medida que la que se ofrece a esas otras clases. La posición se sostiene en el entendimiento de que «el derecho a recibir capital por compensación de créditos no necesariamente, ni en todo caso, confiere una posición económica superior o, simplemente, más ventajosa que aquella que corresponde al acreedor que ostenta un mero derecho de crédito. La conversión

---

450 Tal y como se recoge en la SAP de Pontevedra, de 10 de abril de 2023, núm. 179 —caso Xeldist— en su Fundamento Jurídico quinto (56).

451 En palabras del juzgador de lo mercantil para el caso Transbiaga —*vid.* SJM núm. 1 de San Sebastián, 71/2023, de 23 de noviembre, en su Fundamento Jurídico octavo—.

452 Así, GONZÁLEZ VÁZQUEZ, J. C. (2024). "Algunas consideraciones en torno a la SJMER nº 1 de San Sebastián de 23 de noviembre de 2023 —caso Transbiaga— II". *Linkedin.* https://es.linkedin.com/pulse/algunas-consideraciones-en-torno-la-sjmer-nº-1-de-san-josé-carlos-fothf. Recuperado el 16 de marzo de 2024, puntualizando que «cabe dar un trato diferente a clases del mismo rango concursal siempre que el mismo sea idéntico desde el punto de vista económico a valor actualizado (por ejemplo, capitalización de créditos en un clase y quita en otra; quita más elevada en una con pago inmediato o con poca espera frente a pago con menor quita o sin quita pero con una espera superior, etc.). La clave será siempre que lo que se le entrega a unos y otros acreedores tenga el mismo valor económico financiero a valor actual en el momento de aprobación del plan».

de crédito en capital no entraña per se un trato discriminatorio o de peor condición respecto de quienes no se les ofrece esa posibilidad», puesto que los promotores de un plan de reestructuración «no están obligados a ofrecer las mismas condiciones a todos los acreedores, tan sólo a respetar la obligación de otorgar un trato equivalente o no discriminatorio en relación con las clases de referencia»[453].

Por último, la *regla de prioridad absoluta* del artículo 655.2 4.º TRLC es, en principio y al igual que ocurre con la *absolute priority rule* norteamericana, una norma distributiva, pero también sancionadora e intimidatoria en evitación de planes de reestructuración no consensuales[454]; aunque con los inconvenientes que supone el tener que hacer uso de ella, pues implica tener que proceder a la realización de una costosa y cuestionable valoración *a priori* de la empresa en funcionamiento, que no deja de ser una mera estimación de un valor futuro que podría divergir del valor real de la empresa[455]. Sin olvidar tampoco que es una medida que está solo al alcance de aquellos acreedores no aceptantes del plan cuando la clase en la que estén incluidos tampoco haya votado mayoritariamente a favor del mismo[456]. Por no hablar del inevitable pago en cascada que la misma impone, en principio, en perjuicio de créditos *junior* y socios.

Por esta vía, el legislador de la reforma lo que está haciendo es reconocer una situación que no puede producirse como resultado de la aprobación —y homologación judicial— de un plan de reestructuración no consensual. Porque lo que no puede ocurrir es que

---

453 En palabras del juzgador de lo mercantil para el caso Celsa —*vid.* SJM Barcelona, núm. 2, 26/2023, de 4 de septiembre (*Tol 9696169*), en su Fundamento Jurídico 9.3, p. 59—. Aunque parecer discordante, una vez más, con respecto a la opinión mostrada al respecto por GONZÁLEZ VÁZQUEZ, J. C. (2023). "CASO CELSA (VII): Paridad de trato e interés superior de los acreedores y nuevos contratos y obligaciones". *Linkedin*. https://es.linkedin.com/pulse/caso-celsa-vii-paridad-de-trato-e-interés-superior-y-josé-carlos-uzjff. Recuperado el 16 de enero de 2024.

454 Opinión que también defiende, entre otros, BUIL ALDANA, I. (2023). "Artículo 655...", *cit.*, pp. 1351-1352.

455 En palabras de BUIL ALDANA, I. (2023). "Artículo 655...", *cit.*, p. 1352, una reestructuración es la «reasignación de los derechos económicos de los integrantes de la estructura de capital sobre la base de una expectativa de valor futuro».

456 Asimismo, *vid.* VILLORIA RIVERA, I. (2022). "Arrastre...", *cit.*, p. 1061.

una «clase a la que pertenezca el acreedor o acreedores impugnantes vaya a mantener o recibir derechos, acciones o participaciones con un valor inferior al importe de sus créditos si una clase de rango inferior o los socios van a recibir cualquier pago o conservar cualquier derecho, acción o participación en el deudor en virtud del plan de reestructuración»[457] —art. 655.4.° TRLC—. Ahora bien, de manera excepcional y por lo establecido en el apartado 3 del citado precepto, aquella rigurosa regla distributiva no será tenida en consideración cuando el plan «sea imprescindible para asegurar la viabilidad de la empresa y los créditos de los acreedores afectados no se vean perjudicados injustificadamente», en pro de una flexibilización del sistema.

b. Regla de prioridad absoluta

En efecto, la regla de prioridad que viene a establecerse como norma general de aplicación en caso de encontrarnos ante un plan de reestructuración no consensual es la de prioridad absoluta; como ocurre en el sistema jurídico norteamericano, pero a diferencia del régimen europeo. Porque, por lo establecido en el artículo 655.2 4.° TRLC y en cumplimiento de esa regla de equidad vertical entre clases de créditos disidentes, el tribunal competente ha de asegurarse de que un específico acreedor *senior*, presuntamente perjudicado por un plan no consensual, «recibe, al menos, un importe equivalente al valor presente de su crédito, aunque con carácter diferido en el tiempo (*deferred cash payment*)»[458]; siendo, para ello necesario realizar una comparativa entre el valor del crédito antes de la reestructuración y el valor de los nuevos instrumentos que su titular va a recibir a cambio, a través de la reestructuración —aplicándose la tasa de descuento correspondiente—[459]. De ahí, la necesaria cuantificación del valor de la empresa en funcionamiento —o *going concern value*—

---

457 Recuérdese que se entiende por «rango» el conjunto de reglas de prelación concursal aplicables a la liquidación concursal, *ex* arts. 430 y ss. TRLC.

458 BUIL ALDANA, I. (2023). "Artículo 655...", *cit.*, pp. 1346-1347.

459 *Ibídem*, "Artículo 655...", *cit.*, p. 1347, hace mención a distintos criterios para la determinación de la tasa de descuento —o interés aplicable—, tales como: el criterio de mercado —*market-based approach*— que, en su opinión, debería primar si existe un mercado eficiente; o el criterio de fórmula incremental —*prime-plus approach*—.

que habrá de tomarse como punto de referencia a la hora de aplicar esta regla de prioridad «y una vez corregida su estructura de capital». Ya que de lo que se trata es de repartir el excedente —o *going concern surplus*— resultante de la reestructuración, entre las distintas clases afectadas, en concreto, a partir de la llamada clase «fulcro» —o clase «donde rompe el valor»—[460].

Pero poco más nos dice la norma al respecto. De ahí que resulte evidente, a efectos comparativos, la menor concreción con la que se regula esta regla de prioridad absoluta en nuestro ordenamiento jurídico, frente a la norma norteamericana, en tanto en cuanto esta última analiza de manera detallada: primero, qué debe entenderse por «justicia y equidad», según la clase *impaired* con la que nos encontremos —esto es, créditos dotados de garantía real, de créditos no garantizados, o de intereses (socios)—; y segundo, ofrece una posible actuación alternativa al respecto, en beneficio de titulares de créditos dotados de garantía real y en conexión con la especialidad del §1111 (b)(2) 11 U.S.C[461].

Resultado de ello es, en nuestro caso, la dificultad de una concreción o aplicación práctica de la regla de prioridad absoluta. Porque bien puede ocurrir, por ejemplo, que un plan de reestructuración prevea una satisfacción gradual en el tiempo de créditos de distinto rango concursal; y ello signifique un pago parcial a titulares de créditos, por ejemplo, *mezzanine* —intermedios— con anterioridad a producirse la satisfacción total de créditos *senior*. Algo que podría poner en tela de juicio la efectividad del principio de prioridad absoluta. De ahí que se baraje como una solución a situaciones como aquella la posibilidad de celebrar pactos de subordinación del crédito de rango inferior frente al *senior*, al margen del plan de reestructuración, lo que permitirá a los primeros recibir determinados instrumentos de deuda o capital «subordinados» en la reestructuración; pues, con ello, se estaría estableciendo una preferencia en relación con pagos de deuda o distribuciones de dividendos que permitan una satisfacción plena del crédito *senior* antes de que se realice ningún pago

---

460 En palabras de GARCIMARTÍN ALFÉREZ, F. (2022). "Las reglas...", *cit.*, p. 278, el valor de la empresa en funcionamiento sería «su valor post-reestructuración tras corregir la estructura de capital».

461 Al respecto, *vid.* apartado IV, 2.5.3. a) Delimitación normativa.

a acreedores de rango inferior. Como también podría plantearse la posibilidad de pactos de subordinación «inversos» entre el titular de un crédito *senior* con un acreedor *junior* sobre el traspaso de cantidades con respecto a la parte que habría de corresponder a aquel en la reestructuración. Un pacto este último, por lo demás, reconocido como posible en el ámbito del plan de reorganización norteamericano, mientras con él no se perjudiquen los intereses de créditos *mezzanine* —esto es, sea un pacto justo y equitativo para créditos disidentes con un rango intermedio entre el *senior* y el *junior*—; o principio de equidad vertical que hay quien aquí lo traduce como que el traspaso de una parte del total —que habría de recibir el *senior*— al *junior* será posible mientras que la cuantía traspasada no supere el porcentaje que habría de recibir —a través del plan de reestructuración— el acreedor *mezzanine*[462].

Ahora bien, algo que no hace el legislador norteamericano, ni siquiera tras la reforma concursal allí acaecida en 2019 —al hilo de la incorporación de medidas específicas para microempresas y PYMEs— es añadir una norma flexibilizadora de la regla de prioridad absoluta regulada en el § 1129 (b)(2) 11 U.S.C. para la gran empresa[463] que sí encontramos, en cambio, en el artículo 655.3 TRLC. Y es que, según este precepto, «[p]or excepción a lo establecido en el ordinal 4.º del apartado anterior, se podrá confirmar la homologación del plan de reestructuración, aunque no se cumpla esa condición, cuando sea imprescindible para asegurar la viabilidad de la empresa y los créditos de los acreedores afectados no se vean perjudicados injustificadamente».

Una cláusula «un tanto abierta y valorativa»[464], pues, a través de ella podría mantenerse en la empresa reestructurada a socios que,

---

462 Así, BUIL ALDANA, I. (2023). "Artículo 655…", *cit.*, p. 1351; o GARCIMARTÍN ALFÉREZ, F. (2022). "Las reglas…", *cit.*, p. 279.

463 Recuérdese, la única excepción legalmente establecida con respecto a la regla de prioridad absoluta se limita a un tipo de empresarios concreto —microempresas, pequeñas y medianas empresas (o *small business debtors*)— y se encuentra regulada en el §1191 (c) 11 U.S.C. como principio de mayor esfuerzo —*«best efforts» principle*—. Al respecto, *vid.* capítulo IV.2.6.1. Principio de mayor esfuerzo (*«best efforts» principle*).

464 SANCHO GARGALLO, I. (2022). "La impugnación…", p. 1159.

de otra manera y por no retener valor alguno, habrían visto inevitablemente amortizada su participación en la sociedad reestructurada. Y una medida excepcional que, paradójicamente, se ha interpretado por algún autor como la posibilidad de aplicar medidas de flexibilización de la regla de prioridad absoluta, de hecho, ya contempladas en su momento por la doctrina norteamericana, como pueda ser la *new value exception* —o excepción de nuevo valor—[465]; aun cuando el legislador concursal norteamericano de 1978 optara, finalmente, por no incluirlas en su texto legal. Pero, en definitiva, una flexibilización de una medida tuitiva que nos sorprende por parecer ir *contra natura*, al menos, con respecto a la que fue la razón jurídica que originó su aparición: porque, si la regla de prioridad absoluta se instauró en el sistema norteamericano con un alcance evidentemente disuasorio, esto es, en evitación de planes de reorganización no consensuales, no parece que esté surtiendo el mismo efecto nuestra regla de prioridad absoluta; y es que, aunque es solo una mera apreciación, si atendemos a los supuestos prácticos referenciados y analizados a lo largo de este trabajo, nos damos cuenta de que —mayoritariamente— se trata de planes no consensuales[466]. O, muy especialmente, porque nuestra norma concursal está permitiendo un arrastre vertical —inclusive— de clases disidentes de créditos *senior*, con respecto a otras clases *junior* favorecidas por el plan en aras a la conservación de la empresa y no en orden descendente, como propugna la *absolute priority rule*

465 Así, BUIL ALDANA, I. (2023). "Artículo 655...", *cit.*, p. 1353-1354, añade a este, otros ejemplos excepcionales como pueda ser la excepción consensual —esto es, un pacto entre acreedores que asumen un trato no acorde a la regla de prioridad absoluta, pero sí el test de cuota de liquidación— o por gratificación —que, por lo dicho, habría que identificar con un pacto *pari passu* (que igualmente analiza en *op. cit.* pp. 1350-1351)—. Asimismo, *vid.* apartado IV.2.6.2. Excepción del nuevo valor (*new value exception rule*). De manera diversa, ARA TRIADÚ, C. (2024). "Regla de prioridad absoluta y operaciones acordeón sin pérdidas contables suficientes. Lecciones del bail-in de Banco Popular", *Revista General de Insolvencias & Reestructuraciones* (*Journal of Insolvency & Restructuring*), (12), 185-216, pp. 207-208, considera que no resulta evidente que la doctrina del *new value exception* pueda ser objeto de aplicación en nuestro sistema jurídico, resultando más atinado utilizar la regla de la prioridad relativa del art. 655.3 TRLC —aun a pesar de los inconvenientes que presenta—.

466 Al respecto, *vid.* apartado IV, 4.2.4. Aprobación.

norteamericana. Aunque es así como funcionan las excepciones —a cualquier tipo de regla general—.

En todo caso, en manos del tribunal competente estará el interpretar cuándo nos encontramos en esa situación excepcional que permite una desviación de la regla general; siendo un ejemplo de esta excepción al régimen de prioridad absoluta la sentencia del Juzgado de lo Mercantil núm. 1 de San Sebastián, 71/2023, de 23 de noviembre —caso Transbiaga—. En ella, el juzgador de lo mercantil ha venido a homologar un plan de reestructuración no consensual permitiendo el mantenimiento de socios en la empresa, aun a pesar de sufrir quitas distintas clases de créditos: primero, por considerar que el criterio delimitador de ese «perjuicio injustificado» ha de ser meramente cuantitativo —no siendo en este caso desproporcionado—. Y segundo, aplicando al deudor empresario, por vía analógica y como forma de justificar «la imprescindibilidad de la vulneración de la regla para garantizar la viabilidad», el régimen de protección propio de las PYMEs previsto en el artículo 684.4 TRLC, esto es, la regla de prioridad relativa que exige el tener que garantizar al acreedor impugnante, al menos, «un trato más favorable que cualquier otra clase de rango inferior»[467]. Si bien, en la propia sentencia se echa en falta «una sólida prueba pericial económico-financiera que acredite el carácter desproporcionado del sacrificio o las razones que avalan que el Plan no garantiza la viabilidad de la empresa, evitando su declaración en concurso de acreedores»[468].

---

[467] *Vid.* SJM núm. 1 de San Sebastián, 71/2023, de 23 de noviembre —caso Transbiaga— en su Fundamento Jurídico noveno. En concreto, nos dice que, en el caso enjuiciado que tiene que ver con una «sociedad claramente personalista», «concurre una circunstancia análoga a la que se puede dar en una pyme en lo relativo a la implicación de los socios en la sociedad; y si en las PYMES eso lleva al legislador a no establecer en ese ámbito la regla de la prioridad absoluta, fuera de las pymes, debe de ser algo a tener muy en cuenta para apreciar la condición de la imprescidibilidad del socio para asegurar la viabilidad de la empresa, en el marco de la aplicación de la excepción del art. 655.3 TRLC».

[468] Así, GONZÁLEZ VÁZQUEZ, J. C. (2024). "Algunas consideraciones en torno a la SJMER nº 1 de San Sebastián de 23 de noviembre de 2023 (caso TRANSBIAGA) III". *Linkedin.* https://es.linkedin.com/pulse/algunas-consideraciones-en-torno-la-sjmer-nº-1-de-san-josé-carlos-lnpyf. Recuperado el 16 de marzo de 2024; en conexión con lo dicho en SJM núm. 1 de San Sebastián, 71/2023, de 23 de

c. Regla de prioridad relativa

En efecto, el legislador concursal de la reforma ha optado por una regla de prioridad absoluta flexible. Pero esto no significa que la regla de prioridad relativa preconizada por el legislador comunitario haya sido descartada con respecto a los planes de reestructuración regulados en el TRLC. Diremos, mejor, que ha sido «solo relegada» a aquellos planes en los que el sujeto deudor es una persona natural o jurídica que lleva a cabo una actividad empresarial o profesional de pequeñas o medianas dimensiones —PYME—. Porque, para ellos, sí se establece una regla de prioridad relativa.

Más en concreto, el plan de reestructuración presentado por un empresario que —de acuerdo con el balance del ejercicio anterior al que se haga la comunicación o se presente la solicitud de homologación— sea titular de una empresa, con un número medio de trabajadores —durante ese ejercicio anterior— inferior o igual a cuarenta y nueve y con un volumen de negocios anual o balance general anual no superior a diez millones de euros, podrá homologarse judicialmente aun sin haber sido aprobado por todas las clases de acreedores, en tanto en cuanto la/s clase/s de acreedores disidente/s reciban «un trato más favorable que cualquier otra clase de rango inferior» —art. 684.4 TRLC—[469].

Estamos, pues, ante una regla que «ofrece un nivel de protección menor a las clases de acreedores disidentes», justificada por el propio legislador —en el apartado III del preámbulo de la Ley 16/2022 (*Tol 9180212*)— por «la mayor consistencia que ello aporta al sistema y la singular importancia que los socios pueden tener en las pequeñas empresas, que se caracterizan por un nivel de implicación mucho mayor a la mera inversión, y una habitual identificación entre socios y administradores, lo cual justifica la adopción de medidas especiales tales como la exclusión de la regla de prioridad absoluta y que los socios sigan teniendo incentivos para implicarse en la solicitud y

---

noviembre —caso Transbiaga—, en sus Fundamentos Jurídicos décimo y undécimo.

[469] Igualmente, RECAMÁN GRAÑA, E. (2023). "Artículo 698 *bis*. Homologación judicial del plan". *Comentario a la Ley Concursal* (dir. J. Pulgar), vol. II, pp. 1661-1667. La Ley, p. 1666.

adopción del plan»[470]. Si bien, ya en su momento, fue objeto de duras críticas la incorporación de esta figura jurídica al artículo 11.1 c) de la Directiva europea de 2019[471], no siendo menos las planteadas por parte de nuestra doctrina[472].

Pero, críticas aparte, la duda que aquí nos suscita la norma jurídica es si el resto de reglas incluidas en el test de equidad antedicho, pero recogidas de manera separada en distintos apartados del artículo 655.2 TRLC —esto es, sus apartados 2.º y 3.º— son también objeto de aplicación a las PYMEs, a pesar de que no se mencionan de manera expresa por el legislador concursal en el artículo 684.4 TRLC. Estamos hablando de la prohibición del enriquecimiento injusto o del trato no discriminatorio entre clases de créditos con un mismo rango concursal. Y la respuesta a aquella cuestión —entendemos— habría de ser afirmativa porque nada distinto dice el artículo 684.4 TRLC, más allá de la necesidad de sustituir aquí la regla de prioridad absoluta, prevista en el artículo 655.2 4.º TRLC, por una regla de prioridad relativa.

---

470 *Vid.* SJM núm. 1 de San Sebastián, 71/2023, de 23 de noviembre —caso Transbiaga— en su Fundamento Jurídico noveno.

471 Al respecto, *vid.* SEYMOUR, J. y SCHWARCZ, S. (2019). "Corporate…", *cit.* Por su parte, NIETO DELGADO, C. (2023). "Artículo 684. Especialidades en materia de plan de reestructuración". *Comentario a la Ley Concursal* (dir. J. Pulgar), vol. II, 1523-1530. La Ley, p. 1529, destaca la dificultad interpretativa de este precepto en conexión con el art. 639 TRLC.

472 BUIL ALDANA, I. (2023). "Artículo 655…", *cit.*, p. 1352, reconoce que el principio de prioridad absoluta, como criterio objetivo de distribución del exceso de reestructuración —o *going concern surplus*—, «preserva mejor el respeto a las preferencias crediticias», frente a una regla de prioridad relativa, que no lo hace; introduciendo este último «un indeseable nivel de incertidumbre por su elevada carga subjetiva», lo que favorecerá un aumento de las impugnaciones del plan y la obstaculización de su homologación judicial. De manera similar, GELI FERNÁNDEZ-PEÑAFLOR, E. y ARLABÁN GABEIRAS, B. (2022). "Los planes…", *cit.*, p. 65. Por el contrario, sí ve ventajas en la aplicación de una regla de prioridad relativa —en especial, con respecto al plan de continuación— ARIAS VARONA, F. J. (2022), "Distribución…", *cit.*, pp. 195 y 197.

4.2.6. Régimen especial

Al margen del régimen jurídico hasta aquí analizado, relativo a los mecanismos de tutela de los intereses de acreedores no aceptantes de un plan de reestructuración o de clases de créditos disidentes, la norma concursal de 2022 establece como dispar el tratamiento que reciben los titulares de créditos de derecho público y los dotados de garantía real. Un régimen especial *ex lege* siempre cuestionado por parte de la doctrina, sobre todo, en el primero de los casos, porque atenta contra la paridad de trato entre créditos que habría de sustentar cualquier tipo de procedimiento que busque el mantenimiento de empresas viables en el tráfico; habiendo quien piensa, incluso, que su regulación actual va en contra del criterio de la Comisión de Expertos al que se encomendó la elaboración de la Ley de transposición de la Directiva europea y «en abierta violación» de esta última[473]. Aunque ciertamente suavizado en el segundo de los casos, a diferencia de lo que ocurre en el sistema concursal norteamericano.

Antes de nada, no olvidemos qué se entiende por *crédito público*, esto es, un crédito económico de titularidad pública —la Administración Pública o un organismo autónomo— que cuenta también con una naturaleza igualmente pública, por derivar del ejercicio de una potestad administrativa[474]; a diferencia de cualquier otro crédito que, aun teniendo por titular a la propia Administración Pública —perfectamente posible *ex* art. 5.2 de la Ley 47/2003, de 26 de noviembre, General Presupuestaria, en adelante, LGP (*Tol 320220*)—, tiene una naturaleza jurídico-privada[475]. Y lo es porque el ejercicio de esa potestad administrativa supone que «el ordenamiento jurídi-

---

473 Así, AZOFRA VEGAS, F. (2023). "Artículo 616 *bis*...", *cit.*, p. 987.

474 *Vid.* SAP de Valencia, secc. 9.ª, 86/2024, de 27 de marzo (*Tol 9959368*) —caso Das Photonics—, en su Fundamento Jurídico cuarto, 4.1.1, remitiéndonos a lo establecido por el Tribunal Supremo en sentencias núm. 472/2013, de 16 de julio y núm. 296/2018, de 23 de mayo.

475 Art. 5.2 LGT: «Los derechos de la Hacienda Pública estatal se clasifican en derechos de naturaleza pública y de naturaleza privada. Son derechos de naturaleza pública de la Hacienda Pública estatal los tributos y los demás derechos de contenido económico cuya titularidad corresponde a la Administración General del Estado y sus organismos autónomos que deriven del ejercicio de potestades administrativas».

co ha «conferido poder a un órgano de modo tal que le permita imponer una decisión a otro sujeto (la constitución, modificación o extinción de relaciones jurídicas) con el fin de que así pueda cumplirse con una determinada finalidad general o de interés público». De esta forma, la Administración Pública está actuando «desde una posición de supremacía que ha de venirle asignada por una previsión normativa, lo que le permitirá ejercer su poder sin necesidad de la aquiescencia del destinatario de su actuación, siempre que la finalidad sea satisfacer el interés general»[476]. Una diferencia que hace especial a ese crédito público, frente a cualquier crédito de naturaleza jurídico-privada, su indisponibilidad —o limitación de disponibilidad del crédito—, en protección de un interés público y general propio de la actuación de la Administración Pública que no le permite a esta guiarse por el principio de la autonomía de la voluntad[477]. De forma que «no se puede transigir judicial ni extrajudicialmente sobre los derechos de la Hacienda Pública estatal, ni someter a arbitraje las cuestiones que se susciten respecto de los mismos, sino mediante real decreto acordado en Consejo de Ministros, previa audiencia del de Estado en pleno» —art. 7.3 LGP—. Pero sí se puede, por así establecerlo la norma de manera expresa, aplazar o fraccionar el pago de las cantidades adeudadas a la Hacienda Pública estatal, devengándose el correspondiente interés de demora —art. 13 LGP—; al margen

---

476 *Vid.* SAP de Madrid, Secc. 28.ª, 577/2017, de 15 de diciembre (*Tol 6517121*), en su Fundamento Jurídico segundo, en donde además se dice que «[h]abitualmente será reconocible porque el órgano que actúa con potestad podrá ejercitar unilateralmente determinadas prerrogativas por las que la parte contraria tendrá necesariamente que pasar. Entre las potestades administrativas se incluyen la reglamentaria, la tributaria, la sancionadora, la expropiatoria, las facultades inherentes a la contratación administrativa (de resolución, etc.), entre otras». Cuestionable es aquí, en opinión de GONZÁLEZ VÁZQUEZ, J. C. (2024). "Algunas consideraciones… (I)", *cit.*, la postura adoptada por el juez de lo mercantil, al considerar como crédito público un crédito titularidad del Instituto Vasco e Finanzas —IVF—, aun tratándose de un ente público de derecho privado.

477 Un ejemplo de que no estamos ante un crédito público lo encontramos en el caso Das Photonics —al respecto, *vid.* SAP de Valencia, secc. 9.ª, 86/2024, de 27 de marzo (*Tol 9959368*), en su Fundamento Jurídico cuatro, 4.1.2—. Asimismo, *vid.* TEJERIZO LÓPEZ, J. M. (2008). "Disposición final décima. Reforma de la Ley General Presupuestaria". *Comentario de la Ley Concursal* (dir. Á. Rojo y E. Beltrán), vol. II, 3143-3159. Civitas, pp. 3147 y 3148.

de que se haya previsto alguna medida excepcional al respecto en materia concursal en el artículo 10.3 LGP[478].

Dicho esto, la norma concursal vigente establece para los titulares de créditos públicos, a modo de ejemplo y con respecto a un plan de reestructuración empresarial, una serie de medidas especiales.

Para empezar, al acreedor público afectado por el plan no se le aplican los efectos derivados de una comunicación de negociaciones al juez del concurso competente, por así preverlo de manera expresa el TRLC en su artículo 605. Algo que supone, entre otras cosas, el que no se vea afectado por la suspensión de acciones ejecutivas —aun con los matices establecidos para el supuesto de que la ejecución recaiga sobre bienes o derechos necesarios para la continuidad de la actividad empresarial o profesional del deudor—[479].

Asimismo, el legislador concursal establece unos presupuestos previos para la efectiva afectación de créditos de derecho público en su artículo 616. Concretamente, nos dice que, para la afectación de un crédito público: el deudor ha de acreditar, tanto en el momento de presentar la comunicación de apertura de negociaciones, como en el momento de solicitud de homologación judicial del plan, que se encuentra al corriente en el cumplimiento de las obligaciones tributarias y frente a la Seguridad Social, mediante la presentación en el Juzgado de las correspondientes certificaciones emitidas por la Agencia Estatal de Administración Tributaria y la Tesorería General de la Seguridad Social. Pero, además, los créditos públicos que pretenda incluir en el plan deberán tener una antigüedad inferior a dos años, computados desde la fecha de su devengo de acuerdo con la norma-

---

478 Al respecto, *vid.* GARCÍA GÓMEZ, A. (2012). "Privilegios del crédito público". *Enciclopedia de Derecho concursal* (dir. J. A. Garcia-Cruces), vol. I. Thomson Reuters - Aranzadi, 2367-2385.

479 En ese caso, «una vez iniciado el procedimiento de ejecución, se podrá suspender exclusivamente en la fase de realización o enajenación por el juez que esté conociendo del mismo. Cuando la ejecución sea extrajudicial, la suspensión la podrá ordenar el juez ante el que se haya presentado la comunicación, exclusivamente en la fase de realización o enajenación. En ambos casos, la suspensión, en su caso, acordada decaerá perdiendo toda su eficacia una vez transcurridos tres meses desde el día de la comunicación, quedando sin efectos la suspensión, sin que sea preciso dictar resolución judicial alguna o, en su caso, acto alguno por el letrado de la Administración de Justicia» —art. 605 II TRLC—.

tiva tributaria y de la Seguridad Social hasta la fecha de presentación en el juzgado de la comunicación de apertura de negociaciones[480].

Pero el legislador concursal no solo modula qué créditos de derecho público habrán de incluirse en un plan; también hace lo propio con la forma de llevarse a cabo esa afectación. Algo muy significativo porque lo que está haciendo el legislador de la reforma es recordarnos que el sometimiento de este tipo de créditos al plan de reestructuración habrá de ser meramente una cuestión temporal: una espera en el cobro de sus créditos que, además de resultar íntegramente satisfechos por el deudor, habrá de hacerse en el plazo máximo legal establecido de dieciocho meses, desde la comunicación de la apertura de negociaciones[481]. Y ello por establecerse de manera expresa para esos créditos que «no es un contenido posible» del plan: una reducción de su importe —quita—; un cambio de ley aplicable; un cambio de deudor —sin perjuicio de que un tercero asuma (sin liberación de ese deudor) la obligación de pago—; una modificación o extinción de las garantías que tuviere; o la conversión de su crédito en acciones o participaciones sociales, en crédito o préstamo participativo o en un instrumento de características o de rango distintos de aquellos que tuviere el originario —art. 616 *bis* TRLC—. Sin olvidar tampoco que, a la hora de conformarse las clases de créditos afectados por el plan, estos créditos deben incluirse en una clase separada, con respecto a otras clases que compartan un mismo rango concursal —art. 624 *bis* TRLC—.

En fin, frente al régimen general del artículo 671 TRLC que establece la imposibilidad de resolver el plan de reestructuración por incumplimiento, sí se admite que los titulares de créditos de derecho público insten, «en todo caso», dicha resolución por incumplimiento, recogiéndose como supuestos tales, que se produzca: «el impago

---

480 VILLORIA RIVERA, I. (2022). "Arrastre...", *cit.*, pp. 1064 y 1069, hace hincapié en que, con la inclusión de tales requisitos, la intención del legislador es la de dejar al «crédito público de la Administración General del Estado al margen de estos procesos, de forma velada» o, lo que es lo mismo, es solo «mera apariencia».

481 Asimismo, GELI FERNÁNDEZ-PEÑAFLOR, E. y ARLABÁN GABEIRAS, B. (2022). "Los planes...", *cit.*, p. 36; PULGAR EZQUERRA, J. (2023). "Art. 654...", *cit.*, pp. 1331 y 1332; VILLORIA RIVERA, I. (2022). "Arrastre...", *cit.*, p. 1069; o YÁNEZ EVANGELISTA, J. (2023). "Artículo 654...", *cit.*, p. 1313.

de cualquiera de los plazos de amortización de la deuda por créditos de derecho público en las condiciones previstas en el artículo 616 *bis*»; o «la generación de deuda por cuota corriente tributaria y de seguridad social durante la vigencia del mismo».

Por lo que respecta al régimen especial previsto en el TRLC para los titulares de un crédito dotado de garantía real, se limita a los que hayan votado en contra de un plan de reestructuración y, al mismo tiempo, se encuentran incluidos dentro de una clase «en la que el voto favorable hubiera sido inferior al voto disidente» —nos está hablando, pues, de un voto disidente mayoritario—. Pues, según el artículo 651 TRLC, estos acreedores podrán evitar su vinculación forzosa a un plan de reestructuración no consensual. O, lo que es lo mismo, podrán obviar una situación de arrastre —horizontal y vertical— al ofrecérseles un «derecho de salida de la reestructuración», pudiendo optar entre: (i) instar la ejecución separada de su garantía, es decir, solicitar la realización del bien o derecho del deudor sobre el que recae su garantía real, en el plazo de un mes a contar desde la publicación del auto de homologación en el Registro Público Concursal[482]. O (ii), en sustitución al ejercicio de aquel derecho, solicitar el cobro en efectivo de la parte del crédito cubierta por el valor de la garantía, en un plazo no superior a ciento veinte días[483]. Algo que nos recuerda la especial protección que reciben este tipo de créditos en el sistema norteamericano cuando, estando ante un plan de reor-

482 A este respecto, además, «[s]i la cantidad obtenida en la realización de los bienes o derechos gravados fuese, menor que la deuda garantizada pero mayor que el valor de la garantía recogido en el plan de reestructuración, el ejecutante hará suya toda la cantidad resultante de la ejecución. La diferencia entre esa cantidad y el valor de la garantía se deducirá de lo que, en su caso, hubiese recibido o deba recibir conforme al plan de reestructuración por la parte del crédito no garantizada. Si la cantidad obtenida fuese inferior al valor de la garantía, el acreedor hará suya toda la cantidad resultante de la ejecución, y la parte remanente quedará insatisfecha» —art. 651.3 TRLC—.

483 Por lo demás, el juzgador competente interpreta de manera estricta el art. 651 TRLC en SJM núm. 1 de San Sebastián, 71/2023, de 23 de noviembre —caso Transbiaga—, en su Fundamento Jurídico undécimo, al decirnos que «sólo ampara a los acreedores con garantía real en sentido estricto y no a todo acreedor que tuviera la consideración de acreedor con privilegio especial en un eventual concurso de acreedores», excluyéndose de tal posibilidad excepcional al arrendador financiero.

ganización no consensual se nos dice en su §1129 (b) (1) y (2) (A) 11 U.S.C. que el titular de un crédito dotado de garantía real podrá optar por ejercitar un derecho de retención sobre el bien garantizado, la venta de este libre de cargas —para, con su producto, atender al pago del derecho de crédito garantizado con dicho bien (un cobro en efectivo)— o un «equivalente indubitable» del crédito garantizado[484] —más allá de la especialidad recogida en el § 1111 (b) (2) 11 U.S.C., con el que podría, incluso, garantizársele la cuantía total de su crédito[485]—.

Ahora bien y *a sensu contrario* de lo dicho en el artículo 651 TRLC, esto es, habiéndose alcanzado la mayoría reforzada necesaria para la aceptación de un plan —consensual o no— en la clase en la que se encuentra inserto un crédito dotado de garantía real, habría que entender que el mismo se verá sometido al contenido del plan de reestructuración como cualquier otro acreedor y, por ende, a un arrastre horizontal de los efectos del plan[486]; otra cosa es que no es tan fácil alcanzarse esa mayoría, pues se solicita para ello un acuerdo por parte de «tres cuartos del importe del pasivo correspondiente a esta clase», frente a la regla general de los dos tercios del artículo 629.2 TRLC. Nada que ver con lo establecido para con los acreedores dotados de garantía real en el ordenamiento jurídico-concursal norteamericano de 1978, que —y para los planes consensuales, por vía del §1129 (7) (B) U.S.C. [en conexión con el §1111 (b) (2) 11 U.S.C]— pueden verse beneficiados con un derecho de retención a su favor. Importante matización —o diferenciación— entre uno y otro ordenamiento jurídico que no debemos dejar de destacar.

---

484 *Vid.* apartado IV, 2.5.3. a) Delimitación normativa.

485 Como hemos tenido oportunidad de analizar en el apartado IV.2.5.1. Test de cuota de liquidación (best interest of creditors test).

486 Haciendo hincapié en este punto, *vid.* GELI FERNÁNDEZ-PEÑAFLOR, E. y ARLABÁN GABEIRAS, B. (2022). "Los planes…", *cit.*, p. 58. Asimismo, *vid.* p. 223.

4.3. Plan de continuación

4.3.1. Cuestiones generales

El novedoso *procedimiento especial para microempresas* es un procedimiento que podría calificarse como «exclusivo» y «excluyente», con respecto a cualquier otro instituto jurídico incluido en la norma concursal actualmente vigente, además de «agilizado», «digitalizado» y «simplificado» sobremanera. Y lo es por distintas razones.

UNO. Su carácter exclusivo atiende al hecho de que a la microempresa se le niega el acceso directo a cualquier otro procedimiento «preconcursal». Nos referimos al ya analizado plan de reestructuración —sucesor del acuerdo de refinanciación— y al concurso de acreedores —antigua quiebra, para casos de insolvencia —con sus tradicionales soluciones, convenida y liquidativa (hoy actualizadas de manera considerable en pro de una agilización del procedimiento judicial)—; circunscribiéndose su marco de actuación al ámbito exclusivo de los planes de continuación o de liquidación, con o sin transmisión de la empresa en funcionamiento. De ahí que, en vez de decir que estamos ante un instituto jurídico «pre/paraconcursal» —como hasta ahora se venía haciendo, entre otros, para el acuerdo de refinanciación— tengamos que matizar que es un mecanismo «preventivo de insolvencia», pensado para microempresas en estado de probabilidad de insolvencia; pero también «sustitutivo» del concurso, cuando la misma se encuentra ya en un estado de insolvencia. Aun cuando esto no impide tampoco que se le puedan aplicar de manera subsidiaria, por falta de regulación específica en el libro tercero del texto legal, pero con «las adaptaciones que resulten precisas»[487], normas de derecho concursal y preconcursal, recogidas en los libros primero y segundo, *ex* artículo 689.1 TRLC.

DOS. A la inversa, su alcance excluyente significa que el titular de una empresa no catalogada como microempresa —*ex* 685 TRLC— no podrá optar por este procedimiento especial cuando se encuentre

[487] Previsión que, no obstante, se califica de «particularmente abierta e insegura» por MARTÍNEZ DE MARIGORTA MENÉNDEZ, C. (2023). "Las particularidades del procedimiento especial de microempresas. Reflexiones sobre la supletoriedad de los Libros I y II del TRLConc. Cuestiones problemáticas en la tramitación". *Diario La Ley. Insolvencia*, (19), (versión digital).

en una situación de probabilidad de insolvencia o de insolvencia —inminente o actual—, debiendo de optar, según el caso, por un plan de reestructuración o por un procedimiento judicial de concurso. De ahí que cuando hablamos del plan de reestructuración, a diferencia del procedimiento especial, podamos decir que es el único instituto jurídico «pre/paraconcursal» al que un empresario distinto de la microempresa puede acudir dentro de nuestro panorama jurídico-concursal, más allá del procedimiento judicial de concurso de acreedores. Por lo demás, nada que ver con la batería de posibilidades que ofrece, por ejemplo, la norma jurídica concursal italiana a este respecto[488].

TRES. Una característica evidente de la agilización del procedimiento especial para microempresas es que, con él, no parece que haya tiempo que perder: si hay probabilidad de insolvencia, el objetivo a alcanzar es mantener empresas —económicamente— viables en el tráfico a través de un plan de continuación —o, si se quiere, con un plan de liquidación con transmisión de la empresa en funcionamiento —que, al fin y al cabo, supone esa conservación empresarial (pero ahora, en manos de un tercero)—; pero si las dificultades apremian, un plan de continuación se convertirá en un plan de liquidación, sin dilación. Una cuestión que consideramos relevante y acorde con el espíritu de la Directiva europea de 2019[489], porque cuando se frustre el plan o su homologación judicial —incluso, por incumplimiento y siempre que haya insolvencia actual— habrá de transformarse en un plan de liquidación. Pero, además, los acreedores que representen al menos el cincuenta por ciento del pasivo podrán solicitar esa conversión en cualquier momento de la tramitación del procedimiento especial para microempresas, si la empresa se encuentra ya en un estado de insolvencia actual; o tan solo un veinticinco por ciento del pasivo del deudor podrá solicitar dicho cambio, si se entiende que no existe una objetiva posibilidad de continuidad a corto y medio plazo —*feasibility test* o test de viabilidad— *ex* artículo 693 TRLC[490]. Y todo ello sin olvidar tampoco que, en caso de falta de comunica-

---

[488] *Vid.* apartado IV.4.2.2. a) Análisis comparativo.

[489] Al respecto, *vid.* apartado II.4.2. Insolvencia inminente o actual.

[490] Si bien, el legislador concursal reconoce una posibilidad de oposición, en los términos del art. 693.4 a 6 TRLC.

ción del deudor a sus acreedores del plan de continuación —o de su extemporaneidad—, se procederá *ex lege* a su conversión en un procedimiento especial de liquidación —art. 697 *bis* TRLC—; o que el deudor está igualmente facultado para solicitar esa conversión del plan de continuación a uno liquidativo, en todo momento —art. 705 TRLC—.

Por no hablar de los supuestos en los que es preceptiva la consecución de un plan de liquidación directamente, en concreto, en conexión con el crédito público *ex* artículos 686.4 y 699 *quater* TRLC. Y es que el legislador establece como norma la consecución de un plan de liquidación, nunca de continuación, cuando el ochenta y cinco por ciento del pasivo está en manos de acreedores públicos —art. 686.4 TRLC—; al igual que «[t]ambién determinará la apertura del procedimiento especial de liquidación, en todo caso, que el deudor no se encuentre al corriente en el cumplimiento de las obligaciones tributarias o frente a la Seguridad Social impuestas por las disposiciones vigentes, siempre que su devengo sea posterior al auto de apertura del procedimiento especial» —art. 699 *quater* TRLC (también recogido en el art. 705 TRLC)—.

CUATRO. En cuanto a las notas de simplificación y digitalización, van de la mano y suponen una serie de ventajas, ya no solo desde una perspectiva temporal, sino de reducción de costes para el deudor, como bien adelanta el legislador concursal de la reforma en el preámbulo de la Ley, de 5 de septiembre de 2022. Porque, según este, «[e]l procedimiento especial diseñado busca reducir los costes del procedimiento, eliminando todos los trámites que no sean necesarios y dejando reducida la participación de profesionales e instituciones a aquellos supuestos en que cumplan una función imprescindible, o cuyo coste sea voluntariamente asumido por las partes. Todo ello, sin menoscabo de la plena tutela de los derechos de los participantes en el procedimiento», así como teniendo presente que «[l]a intervención del juez solo se producirá para adoptar las decisiones más relevantes del procedimiento o cuando exista una cuestión litigiosa que las partes eleven al juzgado. Los incidentes se solucionarán, salvo excepciones, por un procedimiento escrito. Cuando sea necesaria la participación oral de las partes o de expertos se utilizarán las vistas virtuales, celebradas por medios telemáticos». Sin olvidar que «[l]os incidentes y los recursos no tendrán efectos suspensivos, aunque el juez podrá adoptar medidas cautelares o suspender determinados efectos. Con carácter general, las decisiones judiciales no serán recurribles».

Ejemplos de ello son, entre otros muchos, su tramitación telemática, a través de formularios normalizados —arts. 687 y otros TRLC—[491]; así como por módulos, y no a través de fases[492], de forma que —en evitación de mayores costes— los efectos que pueden darse de manera automática en el ámbito del derecho concursal, aquí, dejan de ser automáticos para convertirse en una facultad a elección de las partes. Y es que, si atendemos a lo dicho en el aparado V del citado preámbulo, «[e]l último capítulo del título II incluye una serie de medidas y efectos no obligatorios, es decir, que solo se producirán cuando lo solicite el deudor o los acreedores, y se den todos los requisitos legales. La primera de estas opciones o módulos consiste en la solicitud, por parte del deudor, de una suspensión de las ejecuciones iniciadas o por iniciar sobre bienes de la masa sometidos a garantía real. Otra de las opciones o módulos a disposición del deudor y de los acreedores es la solicitud de un procedimiento interno de mediación [...] con la intención de favorecer un acuerdo entre las partes.

---

491 El art. 687 TRLC establece que «[l]as comparecencias, declaraciones, vistas y, en general, todos los actos procesales del procedimiento especial se realizarán mediante presencia telemática. 2. Los actos de comunicación se practicarán por medios electrónicos con la cumplimentación de los formularios normalizados que en su caso exija la ley. [...] La sentencia se documentará en un soporte audiovisual apto para la grabación y reproducción de la imagen y del sonido, sin perjuicio de la ulterior redacción por el juez del encabezamiento, la mera referencia a la motivación pronunciada oralmente dándose por reproducida y el fallo íntegro. Cuando la sentencia pueda ser recurrida, se dará traslado a las partes personadas de copia de la grabación original, en la notificación de la resolución, junto con el testimonio del texto redactado sucintamente, o bien se les dará acceso electrónico a la grabación original».

492 En palabras de TIRADO MARTÍ, I. (2022). "La reestructuración de las microempresas en el sistema del Texto Refundido de la Ley Concursal". *Nuevo marco jurídico de la reestructuración de empresas en España* (dir. A. Cohen), 489-522. Thomson Reuters - Aranzadi, p. 497, «como destacado intento de maximizar la eficiencia procesal, la estructura del procedimiento especial de microempresas se desarrolla, como regla general, en un solo tramo, durante el cual, en paralelo, se producen los trámites procesales generales [...] y la tramitación del plan de continuación o de la liquidación». Una superposición o «estructura en paralelo» que supondrá un ahorro de tiempo y costes.

En tercer lugar, otra opción o módulo consiste en la solicitud de que el deudor se vea sometido a limitaciones en sus facultades de administrar y disponer sobre la masa activa ulteriores a las previstas con carácter general en el título I. Esta última opción o módulo se limita, sin embargo, a los deudores en situación de insolvencia actual, de conformidad con lo establecido en el artículo 5 de la Directiva, que establece la regla general del deudor no desapoderado. Y el cuarto —y último— de los módulos regula el nombramiento de un experto en la reestructuración [pues el] nombramiento de un experto en los supuestos de insolvencia de las microempresas debe ser opcional, no una necesidad como ocurre en el concurso de acreedores». Como destacable es, también, la necesidad de cuantificar la ausencia de voto de un crédito afectado por un plan de continuación como efectivamente favorable —art. 698.8 TRLC—; la posibilidad de una aprobación provisional del plan cuando haya una mayoría suficiente, aun sin haberse resuelto todas las alegaciones o insinuaciones de nuevos créditos —art. 697 *sexies* TRLC—; así como la eventualidad de una homologación tácita de dicho plan, que no expresa —art. 698.*bis* 2 TRLC—. Por no hablar, como decimos, de que «[c]ontra los autos y sentencias dictadas en el procedimiento especial no cabrá recurso alguno» —salvo excepciones (art. 687.4 TRLC)—.

Es más, llega hasta tal punto esa simplificación —o, puntualicemos, incluso desjudicialización— que algo que ha venido siendo siempre un procedimiento jurisdiccional pensado para la liquidación de empresas inviables en el mercado, la liquidación concursal, aquí se transforma en un plan de liquidación propuesto por un «liquidador» que bien puede ser el propio deudor, no pudiendo el juez del concurso pronunciarse sobre dicho plan si, después de presentado siguiendo los trámites del artículo 707 TRLC, no resulta impugnado por ninguno de sus acreedores[493]. Pues, en ese caso, el juez no podrá hacer otra cosa más que declarar «automáticamente aprobado

[493] Aun cuando esto no impide una eventual modificación posterior del plan, en pro de una mejor y más rápida satisfacción de los acreedores, también a instancia del deudor o, en caso de haberse nombrado, del administrador concursal; momento en el que el juez sí podrá actuar con cierta discrecionalidad, *ex* art. 707 *bis*.3 TRLC.

el plan mediante auto, que será inmediatamente ejecutable» —art. 707.6 *in fine* TRLC—.

En definitiva, podría decirse que estamos ante un procedimiento, previsiblemente, más eficaz, por su enfoque directo y específico con respecto a un tipo concreto de empresarios, así como por su agilidad y pretendida simplificación.

A pesar de ello, no obstante, son muchos los detractores de este novedoso procedimiento especial[494]. Probablemente, por las dificultades prácticas que se derivan de una aplicación digital de los institutos jurídicos, hasta ahora desconocidos en nuestro ordenamiento jurídico; o por la teórica simplificación que se predica del mismo, no siempre posible en la práctica[495]. Hay quien, incluso, ha cuestionado su vigencia al poderse tramitar cualquier solicitud de concurso voluntario que se haya presentado ante el juez de lo mercantil competente, atendiendo a lo establecido en el libro primero del TRLC —el concurso de acreedores—[496]. Es lo que se ha deno-

---

494 Uno de ellos, por ejemplo, es NIETO DELGADO, C. (2023). "Procedimiento...", *cit.* —al respecto, *vid.* nota 8—.

495 En palabras de NIETO DELGADO, C. (2023). "Procedimiento..." *cit.*, pp. 137-139 y 155, este procedimiento es «fruto de la improvisación y de la sobreexcitación» que no respeta tres pasos previos que habrían de haberse adoptado —la creación y puesta a prueba de la plataforma tecnológica, la verificación de la interoperatividad de la plataforma con programas de gestión procesal empleados por distintas administraciones públicas; y la dotación de medios y debida formación, a los órganos judiciales y personal—. Según él, se trata de una regulación «extravagante, deficiente y ambigua». De ahí que, como sigue diciendo, el «fiasco» haya sido «tremendo» en los seis primeros meses de vigencia del mismo, con los problemas prácticos de ello derivados. Por su parte, MARTÍNEZ DE MARIGORTA MENÉNDEZ, C. (2023). "Las particularidades...", *cit.*, reconoce que «presenta importantes dificultades de aplicación práctica, y ciertas "esquinas" no están resueltas»; «[p]roblemas y desajustes» que podrían obviarse limitándose este procedimiento al ámbito meramente liquidativo, y dejar el concurso para supuestos de continuidad empresarial.

496 Postura mantenida, entre otros, NIETO DELGADO, C. (2023). "Procedimiento...", *cit.*, pp. 141 y 143, magistrado del Juzgado de lo Mercantil, núm. 16, de Madrid. Porque prueba de ello es que, en el primer trimestre de 2023 han sido solo once los procedimientos especiales declarados, frente a los tramitados por el régimen general —un total de cuatro mil ochocientos noventa y cinco—, según dicho autor, en *op. cit.* p. 156.

minado como «estrategias de huida» del procedimiento especial para microempresas[497].

Por nuestra parte, sin embargo, podríamos objetar la instauración de este procedimiento específico para microempresas dentro de nuestro ordenamiento jurídico por el hecho de que, probablemente, se ha incorporado a nuestro sistema jurídico de manera un tanto precipitada. Habría sido más adecuada la posposición de su entrada en vigor al momento en el que, de manera efectiva, la Administración Pública hubiera estado preparada para ello —tanto tecnológica, como formativamente hablando—. Pero más allá de esto, al menos teóricamente, no vemos por qué no habría de contemplarse un mecanismo procesalmente más simplificado que el plan de reestructuración y específico para un tipo de empresa que, en nuestro país, resulta ser preponderante. Otra cosa es que este procedimiento quizás no sea lo suficientemente garante de los intereses de los distintos sujetos involucrados.

4.3.2. Naturaleza jurídica, caracteres y clasificación

El procedimiento especial para microempresas establece dos soluciones posibles —o tres, según se mire— al estado de probabilidad de insolvencia o de insolvencia —inminente y actual— de un deudor, titular de una microempresa, ya mencionadas: (i) un *plan de continuación*; y (ii) un *plan de liquidación* que, a su vez, puede tramitarse *con o sin transmisión de la empresa en funcionamiento.*

De todos ellos, aunque es algo que también podría predicarse del plan de liquidación con transmisión de la empresa en funcionamiento —un instrumento liquidativo que, no obstante, presupone un mantenimiento de la empresa en el tráfico (o de sus unidades productivas) por un tercer adquirente—, el instituto jurídico conservativo de empresas viables por excelencia es aquí el plan de continuación, regulado en los artículos 697 y ss. TRLC.

Y la primera pregunta que esta específica regulación plantea es la de si este plan de continuación constituye o no un instituto jurídico asimilable al plan de reestructuración. Porque el plan de continua-

---

497 NIETO DELGADO, C. (2023). "Procedimiento…", *cit.*, p. 139.

ción comparte naturaleza, principios y finalidad con respecto al plan de reestructuración, además de una tramitación —eventual comunicación de negociaciones[498], conformación de clases y aprobación, homologación judicial e impugnación— similar.

Se trata de un instituto jurídico de *naturaleza esencialmente negocial,* aunque sujeto a homologación judicial. Un control judicial que proporciona una eficacia extensiva del contenido del plan de continuación para los créditos o clases de créditos disidentes. Algo que presupone, también aquí, la previa conformación de clases de créditos afectados por el plan; así como el necesario cumplimiento de unas mayorías, en todas y cada una de esas clases, salvo cuando estemos ante un plan de continuación no consensual —arts. 698.10 y 698 *bis* TRLC—. Ambas circunstancias se traducen en una vinculación forzosa de créditos cuyos titulares hayan votado en contra del plan y/o, en su caso, de clases de créditos disidentes. Aunque adviértase que, aquí, una eventual impugnación de la homologación judicial de un plan de continuación solo tiene que ver con aquellos «titulares de créditos afectados que hayan votado en contra del plan», esto es, de acreedores «disidentes»; a diferencia de lo que ocurre con el plan de reestructuración, cuya homologación podrá ser impugnada por titulares de créditos que «no hayan votado a favor» del plan, esto es y previsiblemente, acreedores disidentes o no participantes —arts. 654 y 655 TRLC—. La lógica nos dice, sin embargo, que si se permite la impugnación de un plan de continuación a un acreedor que ha votado en contra, la misma habría de entenderse extensiva también con respecto a cualquier acreedor afectado por el plan que ni siquiera hubiera participado en el plan.

Asimismo, son presupuestos necesarios para su aplicación, tanto la existencia de un estado de probabilidad de insolvencia y/o de insolvencia —inminente o actual— del titular de una microempresa, como el cumplimiento que se le exige a este último —y requisito ineludible— de un test de viabilidad *ex* artículo 697 *ter* 9.º TRLC. Eso

---

[498] Adviértase, no obstante, que solo es posible una comunicación previa de negociaciones al juez del concurso competente cuando se pretenda alcanzar un plan de continuación o un plan de liquidación con transmisión de la empresa en funcionamiento —compartiéndose aquí, pero con matices, normativa jurídica aplicable al plan de reestructuración *ex* art. 690 TRLC—.

sí, con un único matiz frente al régimen del plan de reestructuración que bien podría responder, también, a una imprecisión normativa. Y es que, si atendemos a la literalidad del precepto citado, esa perspectiva razonable de garantizar el mantenimiento de empresas viables en el tráfico se exige a «medio plazo», que no a «corto y medio» plazo —como se prevé para el plan de reestructuración (art. 633.10.ª TRLC)—[499]. Pero no deja de ser una referencia aislada recogida en un único precepto, frente a otros preceptos —concretamente, los arts. 693 y 698 *bis* TRLC— que, por el contrario, nos hablan de un deber de continuación a corto y medio plazo; algo que nos hace pensar en un error de sistemática no resuelto por el legislador concursal en la versión definitiva del artículo 697 *ter* 9.º TRLC, más que en su intención de querer ampliar el rango temporal de ese principio normativo[500].

Y el objeto de su aplicación no es otro que el mantenimiento de empresas en activo; previsiblemente, en manos del propio deudor, si tenemos en consideración que una transmisión de la empresa en funcionamiento a un tercero se regula —de manera acertada— a través de un plan de liquidación específico para estas situaciones traslativas de empresa.

Ahora bien, si a grandes rasgos se puede considerar que el plan de continuación se ajusta a lo dispuesto para un plan de reestructuración, entrando a analizar su régimen jurídico de manera más detallada, se aprecia que divergen en distintos aspectos. Hay quien considera, incluso, que no se trata de un procedimiento equivalente a un plan de reestructuración, llegando a decir que, aun a pesar de que el legislador español quiere «transmitir subliminalmente la idea de que el plan de continuación *equivale* a un plan de reestructuración», su específica regulación jurídica no «satisface el estándar europeo impuesto para las soluciones negociadas con los acreedores que evitan la apertura del procedimiento de insolvencia; y es que,

---

499 Es más, la redacción de este precepto en ningún momento ha variado, a lo largo de la tramitación de la norma, esto es, ni en el Anteproyecto de Ley de reforma concursal —de 3 de agosto de 2021—, ni el propio Proyecto de Ley de reforma concursal —de 14 de enero de 2022—; menos aún, la versión definitiva de la norma concursal.

500 Asimismo, RECAMÁN GRAÑA, E. (2023). "Artículo 698 *bis*...", *cit.*, p. 1666.

en su opinión, aunque no es probable que pueda llegar a darse una situación en la que a través de una cuestión prejudicial el Tribunal de Justicia tenga que pronunciarse al respecto [...], no puede dejar de advertirse el *flagrante incumplimiento* de la normativa europea en este punto»[501].

Sin ir tan lejos, son diversas las cuestiones que distancian a uno de otro instituto jurídico. Para empezar, la conformación de clases es aquí más restrictiva. El establecimiento de unas medidas de protección, al estilo del sistema norteamericano, se deben considerar por el juez de lo mercantil en el momento de proceder a la homologación judicial del plan, sin esperar a que este control judicial se exteriorice con la decisión adoptada por una Audiencia Provincial, en caso de impugnación. Por el contrario, el propio test de equidad aplicable a un plan de continuación no consensual aquí se prevé de manera más flexible, a través de una regla de prioridad relativa; aun cuando, todo hay que decirlo, este sea también aquí un principio más exigente que el previsto para las PYMEs —art. 698 bis.6 5.3 *vs.* art. 684.4 TRLC—. Por último, es llamativo que, si en algún momento el legislador de la reforma necesita acudir a la analogía, lo hace por referencia, preferentemente, al régimen previsto para el convenio concursal —*a.e.* al analizar los regímenes de clasificación de créditos, aceptación o incumplimiento del plan—; o en otras cuestiones, por su evidente conexión con una situación de concurso de acreedores —*a.e.* en materia de acciones rescisorias, efectos sobre los contratos pendientes de ejecución, financiación interina o nueva, calificación, etc.—, entiende que debemos necesariamente remitirnos a lo establecido para este.

4.3.3. Tramitación y clasificación de créditos vs. socios

Sin ánimo de ser exhaustivos en el análisis de cuál sea la tramitación de un plan de continuación, una primera —y evidente— diferencia que habría que destacar entre este y un plan de reestructuración, a estos efectos, es que se encuentra inserto en un «procedimiento

---

[501] En palabras de NIETO DELGADO, C. (2023). "Procedimiento...", *cit.*, pp. 150-151; aun cuando no las compartamos.

especial» que obliga a cualquier sujeto legitimado a solicitar su apertura ante el juez de concurso competente.

Así lo hará, pues, el deudor, sus acreedores o, aquí incluso, socios con responsabilidad ilimitada por las deudas sociales; si bien, en estos dos últimos casos, se precisa estar en un estado de insolvencia actual —art. 691 *ter* TRLC—. Solicitud de apertura de un procedimiento especial en la que se deberá establecer el tipo de plan —o solución— por el que se opta para resolver el conflicto financiero y/o económico[502], pudiéndose presentar, en su caso, un plan de continuación —por el deudor o los acreedores— al mismo tiempo que se solicita la apertura del procedimiento por esta vía o, incluso, con posterioridad —en los diez días siguientes (art. 697 TRLC)—[503].

Destacable es también el deber de comunicación, del deudor a los acreedores, del inicio del procedimiento vía electrónica, abriéndose paso a una eventual presentación de alegaciones al plan, así como a la insinuación de los créditos que no aparezcan en la lista de acreedores; cuestiones sobre las que tendrá que pronunciarse el juez del concurso.

Aquí, además, la agilización y simplificación que se predica del procedimiento se refleja en cuestiones tales como que la formación de clases de créditos sigue los pasos de lo establecido en el libro primero del TRLC, «tanto en lo relativo a las categorías de créditos como a las distintas subcategorías que conforman el orden jerárquico de los créditos privilegiados, ordinarios y subordinados» —según lo establecido en el apartado V del preámbulo de la Ley de reforma, de 5 de septiembre de 2022 y en conexión con el art. 697 *ter*.1 3.º TRLC—. De ahí que se obvie para el plan de continuación: la necesidad de incluir una lista razonada de los créditos no afectados por el plan, aun cuando la norma concursal sí recoja supuestos específicos de exclusión *ex lege* —en su mayoría, también recogidos para el plan de reestructuración—; pero más importante aún, la posible

---

502 Ahora bien, la solicitud de apertura de un procedimiento especial para microempresas, por parte de acreedores o socios personalmente responsables de las deudas sociales abre paso a una eventual oposición, por parte del deudor, entre otras actuaciones posibles —art. 691 *quinquies* TRLC—.

503 De otra manera, se producirá la conversión del procedimiento en uno de liquidación.

conformación de subclasificaciones de créditos atendiendo a «intereses comunes», distintos a la naturaleza jurídica de los mismos —perdiéndose, eso sí, la flexibilidad que caracteriza a la formación de clases en un plan de reestructuración[504] (aun cuando se gane aquí en seguridad jurídica)—; o la necesidad de prever una confirmación judicial de clases, como una alternativa de tramitación. Sin olvidar que la falta de presentación de alegaciones al plan propuesto, por parte de un acreedor, «en relación con la cuantía, características y naturaleza de su crédito, o con la clase a que ha sido asignado, se entenderá como aceptación tácita e impedirá la impugnación posterior» —art. 697 *quinquies*.4 TRLC—; o que es posible una aprobación provisional del plan, siempre que una mayoría suficiente lo haya aceptado y aun sin haberse resuelto todas las alegaciones o insinuaciones de nuevos créditos —art. 697 *sexies*.1 TRLC—.

Existe, por lo demás, un deber de información o consulta en favor de los representantes de los trabajadores *ex* artículo 697 *quater* TRLC. Y la votación en formulario normalizado —entendiéndose como voto favorable el de cualquier titular de un crédito afectado que no se haya pronunciado al respecto—, así como la eventual aprobación del plan traen consigo aquí también la consecución, en su caso, de un plan *consensual* o *no consensual* —art. 698.9 y 10 TRLC—; algo que supone reconocer una posibilidad de «arrastre horizontal y/o vertical» de créditos y/o clases de créditos disidentes, tras procederse a la homologación judicial del plan solicitada por el propio deudor o por los acreedores afectados, *ex* artículo 698 *bis* TRLC.

Pero no olvidemos tampoco aquí la posibilidad de una homologación tácita, esto es, la falta de un pronunciamiento expreso, por parte del juez, sobre un plan de continuación efectivamente aprobado y para el que ni el deudor ni ningún acreedor han solicitado un pronunciamiento judicial expreso. Con dos excepciones: (i) será precisa una homologación judicial expresa de cualquier plan de continuación que haya sido aprobado por una mayoría de pasivo por la

---

504 Asimismo, *vid.* RECAMÁN GRAÑA, E. (2023). "Artículo 697 ter. Contenido del plan de continuación". *Comentario a la Ley Concursal* (dir. J. Pulgar), vol. II, 1630—1635. La Ley, p. 1634.

vía de la ausencia de voto —*supra* mencionada—; y (ii) cuando dicho plan incluya créditos públicos —art. 698 *bis*.3 TRLC—.

Resulta también llamativo el momento en el que el juez del concurso debe llevar a cabo un control de fondo sobre el contenido del plan propuesto y aceptado, frente a lo que ocurre con el plan de reestructuración. Pues cualquier medida en protección de los intereses de los acreedores habrá de ser objeto de debida comprobación, aquí, con carácter previo a dicha homologación. Reglas tales como la *paridad de trato entre créditos de una misma clase*, el *test de cuota de liquidación* o *de equidad* deberán ser objeto de comprobación por parte del juez de lo mercantil en el momento de proceder a la homologación judicial del plan de continuación —art. 698 *bis* TRLC—; cuando la única posibilidad de considerar estas medidas tuitivas sustantivas de manera previa a la homologación de un plan de reestructuración es a través de un contradictorio previo, solo posible a instancia de parte —arts. 662 y ss. TRLC—. Un control judicial *a priori* aplicable, en todo caso, al plan de continuación al más puro estilo del derecho estadounidense —aunque con matices en cuanto a cuál sea su alcance— que podrá ralentizar el procedimiento en pro, eso sí, de una mayor seguridad jurídica. Otra cosa es que, al menos en teoría, pueda llegar a obviarse ese control apriorístico por la vía de la homologación tácita del plan de continuación si las partes optan por no solicitar su homologación expresa; aunque esto tampoco excluye una comprobación *a posteriori ex* art. 698 *quater* TRLC.

Queda, finalmente, por analizar, en lo que se refiere al artículo 698 *quater* TRLC y en conexión a una eventual impugnación del auto de homologación judicial de un plan de continuación que deba resolver la Audiencia Provincial competente, cuál será el plazo temporal para instarla, quiénes los legitimados o su eficacia no suspensiva. Eso sí, la frustración del plan —por falta de aprobación, por estimación de la impugnación de la homologación judicial del plan de continuación o por su incumplimiento— provocará la apertura del plan de liquidación, de estar el empresario deudor en un estado de insolvencia actual.

En fin y como ya ocurriera con el plan de reestructuración, la figura del socio de una sociedad afectada por un plan de continuación sigue correspondiéndose con la de un partícipe en el capital social de la empresa que no puede ser objeto de clasificación, a los efectos de la aprobación del plan y a diferencia de los titulares de créditos existentes frente a aquella sociedad. Algo que, no obstante, no excluye su afectación. Pues, como bien recuerda el legislador de la reforma en el artículo 697 *ter*.1 2.º TRLC, el contenido de un plan de continuación no solo ha de recoger «[l]os efectos sobre los créditos, que podrán ser tanto quitas como esperas, una combinación de ambas, su conversión en préstamos participativos o su capitalización», sino también el «valor nominal de las acciones o participaciones sociales» de los socios, «si el plan va a afectar a los derechos».

4.3.4. Aprobación

Un plan de continuación se entiende *consensual* —esto es, resulta aprobado por todas y cada una de las clases de créditos afectadas— cuando, dentro de cada clase de créditos, haya votado a favor del mismo «la mayoría del pasivo correspondiente a esa clase»[505]; con la especialidad de exigirse una mayoría reforzada de dos tercios para aquellas clases de créditos dotados de garantía real —art. 698.9 TRLC—. Como vemos, una regulación similar a la prevista para el plan de reestructuración, aun cuando se han establecido aquí unos porcentajes menos exigentes para su aprobación.

De lo contrario, esto es, tratándose de un plan de continuación *no consensual*, esto es, un plan no aprobado por todas y cada una de las clases de créditos afectados, será suficiente «una mayoría simple de las clases, siempre que al menos una de ellas sea una clase de créditos con privilegio especial o general»; o, en su defecto, que sea aproba-

---

505 Un ejemplo de plan de continuación consensual podría ser el presentado por la mercantil Inentia Aro, S.L. y, después, homologado por el Juzgado de lo Mercantil de Madrid el pasado 3 de septiembre de 2024. Se trata de un plan de continuación conformado por dos clases de créditos afectados —ordinarios y subordinados— en el que se hace un distingo, en cuanto a efectos jurídicos del plan se refiere, entre créditos de una misma clase —la de los ordinarios—. Si bien, se entiende que no va en contra del principio de paridad de trato, admitiéndose entonces como posible. Y sin olvidar tampoco que, aun siendo la quita propuesta para todos los créditos ordinarios ciertamente elevada —de un 80% de su valor—, «no hay prueba alguna que acredite que la tasa de recuperación de los créditos por parte de los acreedores sería superior de acudir a un escenario de liquidación concursal».

do por «una clase que, de acuerdo con la clasificación de créditos del concurso de acreedores, pueda razonablemente presumirse que hubiese recibido algún pago tras una valoración del deudor como empresa en funcionamiento» —art. 698.10 TRLC—[506]. Se está trasladando, pues, a esta modalidad de planes el sistema previsto para el plan de reestructuración, pero con un añadido. Y es que el legislador requiere la incorporación de un informe —de la mano del experto en la reestructuración— sobre el valor de la empresa en funcionamiento, ya no solo «cuando una clase de acreedores afectados por el plan haya votado en contra» —art. 698 *bis*.5 TRLC—, sino «cuando lo considere necesario».

Cosa distinta es, sin embargo, la posición que ocupa el socio de un deudor persona jurídica en un plan de continuación y en conexión con el consentimiento del deudor, que, como ya hemos indicado, suscita tantos problemas interpretativos en el caso del plan de reestructuración. Porque no olvidemos que el socio aquí tampoco conforma una clase más de sujetos afectados por el plan de continuación, a diferencia de lo que ocurre con el plan de reorganización norteamericano.

Ahora bien, el legislador concursal sí parece dejar claro aquí que es siempre preciso el consentimiento del deudor. Adviértase que la norma no hace distingo alguno a estos efectos sobre cuál sea la condición del empresario deudor, persona natural o jurídica; a diferencia de lo estipulado en el artículo 640 TRLC para el plan de reestructuración que sí especifica en cada caso. Además, no hay cabida para un arrastre de socios: en todo caso, cuando se trate de socios legalmente responsables de las deudas sociales; pero también, aunque solo de manera puntual, cuando estemos ante socios cuyos derechos económicos o políticos se vean eventualmente afectados por el contenido del plan. Algo que nos hace suponer, por descarte, que se está refiriendo a socios no legalmente responsables de las deudas sociales, por así preverlo el artículo 698.1 TRLC cuando dice que «[p]ara su válida aprobación, el deudor y, en su caso, los socios de la sociedad

---

506 Un ejemplo de plan de continuación no consensual es el relativo a la mercantil Soluciones de Movilidad Especiales, S.L., aquí además, objeto de homologación judicial tácita —según auto del Juzgado de lo Mercantil de Barcelona, de 12 de julio de 2024, procedimiento especial 986/2023-C1—.

deudora que sean legalmente responsables de las deudas sociales, deberán dar su consentimiento al plan propuesto por los acreedores. Cuando el plan contenga medidas que afecten a los derechos políticos o económicos de los socios de la sociedad deudora, se requerirá igualmente el acuerdo de estos, siendo de aplicación lo previsto en el libro segundo para la adopción del acuerdo». Entendiéndose, por tanto, esta última referencia al libro segundo del TRLC limitada exclusivamente al régimen especial previsto en el artículo 631 TRLC sobre la aprobación de medidas incluidas en un plan —aquí, de continuación— que hacen precisa la participación activa de los socios[507].

Resultado de todo ello es, además, que el legislador concursal no haya previsto la posibilidad de una impugnación del auto de homologación judicial por parte de los socios disidentes: porque no se va a dar el caso excepcionalmente previsto en el artículo 640.2 *in fine* TRLC, que permite obviar el parecer mayoritario de los socios en junta; lo que hace también innecesaria una referencia similar a la establecida en el artículo 656.2 TRLC, para el plan de continuación[508]. Y porque la protección de cualquier socio minoritario que haya votado en contra, frente a la que haya sido la decisión mayoritaria de la junta, ya se encuentra regulada en el derecho societario —a través de los artículos 204 y ss. LSC—.

4.3.5. Mecanismos de protección *ex lege*

a) Cuestiones generales

Las medidas de protección de los intereses de acreedores afectados por el plan de continuación, en tanto disidentes —dentro de una misma clase de créditos o entre clases de estos—, siguen siendo las previstas para el plan de reestructuración. Aun cuando, aquí, se establecen como requisitos que cumplir —y comprobar por parte del juez de lo mercantil— de manera previa a la homologación judicial

---

507 Asimismo, *vid.* RECAMÁN GRAÑA, E. (2023). "Artículo 698. Aprobación y homologación del plan". *Comentario a la Ley Concursal* (dir. J. Pulgar), vol. II, pp. 1656-1661. La Ley, p. 1660.

508 Art. 656.2 TRLC: «En el caso de que la aprobación del plan requiera acuerdo de los socios y estos no lo hayan aprobado, solo aquellos que hayan votado en contra tendrán legitimación para impugnarlo».

del plan *ex* artículo 698 *bis*.6 TRLC. Nos referimos a la existencia de un presupuesto objetivo de probabilidad de insolvencia o insolvencia —inminente o actual— aplicable a este tipo de procedimientos, una vez más, junto al test de viabilidad; los requisitos formales y de mayorías; un principio de paridad de trato entre créditos, dentro de una misma clase; un test de cuota de liquidación —es más, se nos dice que habrá que atender para ello a lo establecido en el libro segundo del texto refundido—; así como otros requisitos y efectos, previstos de manera específica para los créditos públicos —al concretarse que «el deudor se encuentre al corriente en el pago de las deudas tributarias y de seguridad social devengadas que hayan surgido con posterioridad a la solicitud de apertura del procedimiento especial de continuación»—[509].

Ahora bien, la especialidad más relevante que recoge la norma con respecto al plan de continuación tiene que ver con el test de equidad, aplicable a los planes no consensuales. Y es que el legislador de la reforma se decanta por la solución innovadora de la Directiva europea de 2019, incluyendo como regla de equidad vertical la *regla de prioridad relativa*. Así pues, el legislador de la reforma ha considerado más oportuno innovar. Y aunque, indudablemente, esa flexibilidad es buena para la continuidad de empresas en el tráfico, lo cierto es que no sabemos si es algo igual de bueno para la generalidad de los acreedores afectados por un plan de continuación. La práctica nos lo dirá.

b) Test de equidad

Un requisito necesario que debe cumplir un plan de continuación no consensual y que debe comprobar el juez del concurso, al tiempo que solicita un informe de la empresa en funcionamiento *ex* artículo 698 *bis*.5 TRLC, es que el plan sea «justo y equitativo».

---

[509] Con respecto a la financiación interina o nueva, se establece como mecanismo de control preventivo que «dicha financiación sea necesaria para asegurar la viabilidad de la empresa y no perjudique injustificadamente los intereses de los acreedores», de manera similar a como se recoge en el art. 669 TRLC para el plan de reestructuración.

Terminología esta utilizada, por primera vez, por el legislador norteamericano en el §1129 (b) 11 U.S.C., pero que nuestro legislador delimita de manera diversa, pues se define como una *regla de prioridad relativa*, que no absoluta, confirmada a través de tres parámetros —previsiblemente— cumulativos[510]. Un plan de continuación será justo y equitativo «cuando la clase de acreedores que haya votado en contra reciba un trato más favorable que cualquier clase de rango inferior, el plan sea imprescindible para asegurar la viabilidad de la empresa y los créditos de los acreedores afectados no se vean perjudicados injustificadamente». Esto es, carácter imprescindible del plan, así como trato solo más favorable y posible perjuicio —pero nunca injustificado— para con los acreedores afectados por el mismo. Una regla de prioridad relativa cuya concreción se deja, en función de los casos concretos, a los jueces de lo mercantil, que son quienes habrán de interpretar la norma y, por tanto, concretar en cada caso qué se debe entender por «justicia y equidad». Aunque destacable es, por lo demás, que esta delimitación de la regla de prioridad relativa resulta más restrictiva que la recogida para el plan de reestructuración aplicable a las PYMEs, para las que se prevé solo la posibilidad de «un trato más favorable que cualquier otra clase de rango inferior» —art. 684.4 TRLC—.

Por lo demás, no hay que olvidar que un test de equidad no se limita a establecer un control solo «hacia abajo» o principio de equidad vertical, en protección de los intereses de cualquier acreedor *senior* frente a uno *junior*, sino que este se integra por otros dos mecanismos de control judicial: «hacia arriba» o prohibición de enriquecimiento injusto —por otros, denominada regla inversa (o *reverse rule*)—; y «de igual a igual» o principio de equidad horizontal —esto es, la *no unfair discrimination rule*—. De ahí que la pregunta que surge, de manera inmediata, es si tales mecanismos de control son igualmente aplicables aquí, aun cuando no hayan sido previstos de manera expresa junto a aquella regla de prioridad relativa, en el artículo 698 *bis*.6 5.º TRLC.

510 De manera similar, RECAMÁN GRAÑA, E. (2023). "Artículo 698 *bis*...", *cit.*, p. 1667.

Pues bien, la respuesta a esta cuestión —entendemos— habría de ser afirmativa, si atendemos a la previsión de lo establecido en el artículo 698.5 TRLC.

En este precepto se afirma, aun de manera muy imprecisa, que «[e]l plan deberá incluir un tratamiento paritario de los créditos en condiciones homogéneas»; pero, además, que «ningún crédito mantendrá o recibirá, de conformidad con el plan, pagos, derechos, acciones o participaciones, con un valor superior al importe de sus créditos». Por lo que no hay duda de que la regla inversa es exigible *ex* artículo 698.5 *in fine* TRLC, como uno de los elementos integrantes que es del test de equidad. Otra cuestión es su colocación sistemática inadecuada en un precepto sobre aprobación del plan, en vez de en el artículo 698 *bis* TRLC, sobre homologación judicial y donde se ubica la regla de prioridad relativa.

Sí parece más conflictivo, sin embargo, confirmar la aplicabilidad de la regla de equidad horizontal —o *no unfair discrimination rule*— poniéndolo en conexión con la referencia a un trato paritario entre créditos «en condiciones homogéneas», porque bien podría estar atendiéndose a otro tipo de paridad de trato, concretamente, la que se solicita entre créditos de una misma clase. Ahora bien, de ser así, se estaría produciendo en la norma concursal una reiteración innecesaria por haberse ya previsto esta medida de tutela en el artículo 698 *bis*.6 3.° TRLC[511]. Y el hecho de que aquí «la agrupación de cada uno de los créditos en clases, que se conformarán de acuerdo con su valor económico, reflejado por la graduación de los créditos en el concurso de acreedores, según el libro primero de esta ley» —esto es, siguiendo las indicaciones de los artículos 269 y ss. TRLC, *ex* art. 697 *ter*.1 3.° TRLC— no impide, en ningún caso, la posibilidad de configurar distintas clases de créditos dentro de un mismo rango concursal —al estilo de como ocurre con el plan de reorganización norteamericano— nos sirve para confirmar la necesidad de un control judicial relativo al trato paritario entre clases de créditos de un mismo rango concursal *ex* artículo 698.5 *ab initio* TRLC[512]. Más aún

511 En este sentido, RECAMÁN GRAÑA, E. (2023). "Artículo 698 *bis*...", *cit.*, p. 1666.

512 En sentido contrario, RECAMÁN GRAÑA, E. (2023). "Artículo 698", *cit.*, pp. 1658.

cuando, a efectos de sistemática, el legislador concursal ha entendido prudente recoger, de manera conjunta en este precepto, este principio con el de prohibición de enriquecimiento injusto.

4.3.6. Régimen especial

El crédito público también cuenta con una regulación especial, además de privilegiada, dentro del ámbito del procedimiento especial para microempresas. Un ejemplo de ello es, para empezar, que son más los créditos de ese tipo legalmente excluidos de un plan de continuación. Porque, junto a «los créditos de alimentos derivados de una relación familiar, de parentesco o de matrimonio, los créditos derivados de daños extraconcursales[513] y los créditos derivados de relaciones laborales distintas de las del personal de alta dirección» —todos ellos, igualmente excluidos del plan de reestructuración en su art. 616.2 TRLC—, en esta modalidad de plan se entiende excluida de afectación también «la parte que deba calificarse como privilegiada» de los créditos públicos; así como «los porcentajes de las cuotas de la seguridad social cuyo abono corresponda a la empresa por contingencias comunes y contingencias profesionales ni los porcentajes de la cuota del trabajador que se refieran a contingencias comunes o accidentes de trabajo y enfermedad profesional» —art. 698.3 TRLC—[514].

Ahora bien, como contrapartida a esa exclusión de afectación y *a sensu contrario* de lo establecido para el plan de reestructuración en el artículo 616 *bis* TRLC, la parte no privilegiada de los créditos públicos, sí afectada por un plan de continuación, ha de entenderse sometida *ex lege* a esperas y, posiblemente, también a quitas. Y ello, por obviarse una referencia expresa como la del artículo 616 *bis* TRLC en el artículo 698.6 TRLC sobre que el plan —allí de reestructuración— no podrá suponer para los créditos de derecho público «la reducción de su importe»; pero también por confirmarlo, *a sensu contrario*, la previsión del artículo 691.5 II TRLC. Y es que, en efecto, el artículo

---

[513] En el art. 616.2 I TRLC, se habla de créditos derivados de «responsabilidad civil extracontractual».

[514] Por el contrario, el art. 616.2 II TRLC también excluye del plan a los créditos futuros que nazcan de contratos de derivados que se mantengan en vigor.

698.6 TRLC solo nos dice que un plan de continuación no podrá suponer, para los créditos de derecho público, «el cambio de la ley aplicable; el cambio de deudor, sin perjuicio de que un tercero asuma sin liberación de ese deudor la obligación de pago; la modificación o extinción de las garantías que tuvieren; o la conversión del crédito en acciones o participaciones sociales, en crédito o préstamo participativo o en un instrumento de características o de rango distintos de aquellos que tuviere el originario». Nada menciona sobre la prohibición de un contenido remisorio de un plan de continuación para con los créditos públicos; aunque sí se preocupa de reiterar algo que podría entenderse innecesario —por ser un supuesto previamente excluido de afectación alguna *ex* art. 698.3 TRLC— sobre que «[t]ampoco podrá suponer quitas ni esperas respecto de los porcentajes de las cuotas de la seguridad social cuyo abono corresponda a la empresa por contingencias comunes y por contingencias profesionales ni a los porcentajes de la cuota del trabajador que se refieran a contingencias comunes o accidentes de trabajo y enfermedad profesional». Y el artículo 691.5 II TRLC hace hincapié en el hecho de que, ante el incumplimiento del deber legal de solicitud de apertura del procedimiento especial para microempresas por parte del deudor, «las quitas y esperas que resulten de la aprobación del plan de continuación» no afectarán a los créditos tributarios y de Seguridad Social.

Por lo demás, se prohíbe la consecución de planes de continuación en aquellos casos en los que el procedimiento especial para microempresas tenga como destinatarios afectados al crédito público, si estos representan, al menos, el ochenta y cinco por ciento del pasivo del empresario deudor; en cuyo caso, el procedimiento especial se tramitará a través de un plan de liquidación —art. 686 TRLC—; si bien es cierto que esta limitación porcentual se ha visto suavizada con respecto a una versión inicial del mismo, recogida en el art. 687 *bis* del Anteproyecto de Ley de 2021, que lo establecía en un setenta y cinco por ciento. De igual manera que, y con los mismos matices que para el plan de reestructuración[515], la suspensión de ejecuciones

[515] Al respecto *vid.* nota 479, al ser idéntico para el procedimiento especial —en su art. 690.4 II— el matiz previsto para el plan de reestructuración —en el art. 605 II TRLC—.

individuales derivada de la comunicación del inicio de negociaciones no surte efecto aquí tampoco con respecto al crédito público —art. 690 TRLC—. Y existe un deber de información añadido, no previsto en el plan de reestructuración, en la tramitación de este tipo de procedimientos que obliga al deudor a comunicar la presentación de la solicitud de apertura de procedimiento especial de continuación a la Agencia Estatal de Administración Tributaria —AEAT— y a la Tesorería General de la Seguridad Social —TGSS—, dentro de las setenta y dos horas siguientes después de acaecida la misma; contemplando como sanción por su incumplimiento, una vez más, la no afectación de los titulares de dichos créditos públicos por las quitas y/o esperas recogidas en el plan de continuación —art. 690 *bis* TRLC—.

En fin, nada se dice con respecto al titular de un crédito dotado de garantía real, al menos con respecto a la especialidad recogida en el artículo 651 TRLC, en conexión con los planes de reestructuración no consensuales, por lo que no podemos entender aquel aquí aplicable por extensión.

V. CONCLUSIONES

La redacción definitiva del texto refundido de Ley concursal, publicado en septiembre de 2022 y resultante de la transposición de la Directiva (UE) 2019/1023, sobre marcos de reestructuración preventiva (*Tol 7307647*), ha traído consigo la eliminación de los institutos jurídicos de derecho preconcursal con los que hasta el momento contábamos —el acuerdo de refinanciación y el acuerdo extrajudicial de pagos—, para incorporar en su lugar nuevos institutos jurídicos esencialmente conservativos de empresa, preventivos de insolvencia o, si no, paralelos/sustitutivos al procedimiento judicial del concurso de acreedores: el plan de reestructuración y el plan de continuación —este inserto, a su vez, en un procedimiento especial para microempresas—.

Todo ello supone un cambio y avance legislativo sin precedentes[516]. Hay quienes hablan, incluso, de un «cambio de paradigma» al referirse a un tipo de planes de reestructuración, los denominados planes *no consensuales*, cuando se analizan las mayorías que son necesarias para hacer que salgan adelante[517].

Para empezar, con estos nuevos institutos jurídicos, no solo se busca una satisfacción de los créditos existentes frente a un empresario deudor, sino y muy especialmente, el mantenimiento de empresas en el tráfico; siendo tal el giro de política jurídica y normativo dado que esta última finalidad parece colocarse como objetivo preponderante en el ámbito de nuestro derecho preconcursal —además de incentivarse de manera muy considerable en el ámbito del concurso de acreedores—. Aunque cierto es también que, para acceder a estos planes de reestructuración o de continuación a los que pueda someterse una empresa en estado de probabilidad

---

516 Aun cuando no opine lo mismo, en relación al procedimiento especial para microempresas, entre otros, NIETO DELGADO, C. (2023). "Procedimiento…", *cit.*, p. 156, por tratarse de una institución «"fallida" desde su misma génesis» que, convirtiéndose ya en una constante de la legislación concursal —ejemplo de ello lo fue también el acuerdo extrajudicial de pagos—, «menoscaba la legitimidad de todo el sistema».

517 Al respecto, *vid.* nota 338.

de insolvencia o insolvencia —inminente o actual—, se tiene que poder ofrecer a cambio una perspectiva razonable de evitar el concurso —en conexión con el primero de aquellos planes—, así como de garantizar la viabilidad de la empresa en el corto y medio plazo —arts. 638.1° y 698 *bis*.6 1° TRLC—.

El cambio legal se ha traducido, por lo pronto, en una intensificación en el uso de este tipo de institutos jurídicos, en detrimento del —ya tradicional— concurso de acreedores. Más aún cuando el legislador de la reforma incluye en esos planes de reestructuración o de continuación la posibilidad de un arrastre forzoso: no solo «horizontal» de créditos no aceptantes o disidentes —respectivamente—, sino también «vertical» de clases de créditos disidentes, por así contemplarse de manera expresa en la Directiva comunitaria (UE) 2019/1023 —aunque originariamente previsto en el plan de reorganización norteamericano regulado en el Capítulo 11 de su Código concursal de 1978—. Y es que siempre pueden salir adelante: planes de reestructuración o de continuación *consensuales* —esto es, con el consentimiento de todas y cada una de las clases de créditos afectadas por el plan— a través de los cuales acreedores no aceptantes o disidentes, dentro de cada una de las clases afectadas de créditos, se verán sometidos al contenido del plan en contra de su voluntad. Vinculación forzosa que se conoce como *arrastre horizontal* —o *intra-class cramdown*— y que es solo posible a cambio de la debida protección de los intereses de esos acreedores a través de un pertinente control judicial; ejemplos de ello los encontramos en los planes de reestructuración de las mercantiles Torrejón Salud, S.A. y Turner Publicaciones, S.L. o en el plan de continuación de Inentia Aro S.L. Pero también planes *no consensuales* —esto es, solo con el consentimiento de alguna/s clase/s de créditos afectados *ex* arts. 639.2° y 698.10 2.° TRLC— que provocan, incluso, un arrastre forzoso de clases de créditos afectados disidentes. Un *arrastre vertical* —o *extra-class cramdown*— que, como contrapartida, exige un refuerzo en el número de medidas protectoras de los intereses de los acreedores, siendo ejemplos de planes de reestructuración no consensuales los alcanzados en nuestro ordenamiento jurídico con respecto a grupos empresariales como Transbiaga o Armas Mediterránea, o para con las mercantiles Xeldist Congelados, S.L.U., Single Home, S.A., Das Photonics, S.L., J. Vilaseca, S.A. o Novoline

Majadahonda Inmuebles, S.L[518]; como ejemplo de plan de continuación no consensual tenemos el de la mercantil Soluciones de Movilidad Especiales, S.L.

Pero no solo eso. Estamos ante una norma jurídica, a todas luces, más adecuada que la de otros países cercanos, al menos, en cuanto a simplificación normativa se refiere si comparamos nuestro sistema jurídico, por ejemplo, con el italiano; este, recogido en un nuevo *Codice della crisi d'impresa e dell'insolvenza*, también como resultado de la transposición de la Directiva comunitaria de 2019. Pues, aunque el legislador de la reforma ha considerado oportuno diversificar mecanismos jurídicos preventivos, al mismo tiempo que específicamente conservativos de empresa, atendiendo al tipo de empresario con el que nos encontremos, a la hora de querer resolver una específica situación de inviabilidad financiera, esa simplificación procedimental se ha traducido en la posibilidad de acceder a un único instituto jurídico. Nada que ver con el —probablemente excesivo— abanico de posibilidades ofrecidas por el legislador italiano. El TRLC solo prevé como soluciones negociadas y conservativas *stricto sensu*: para la microempresa, un único procedimiento especial que ofrece, como salida conservativa *stricto sensu* al conflicto, un plan de continuación; y para cualquier otro tipo de empresa, un plan de reestructuración. Cierto es, no obstante, que el primero de esos mecanismos jurídicos ha sido recibido por nuestra doctrina con escepticismo. Habrá que ver si el tiempo y la práctica concursal nos demuestran si resultó fundada dicha crítica; o si, por el contrario, ha tenido verdaderamente un sentido jurídico una regulación separada y específica para la microempresa en nuestro TRLC —que, sin embargo, prefirió obviar el legislador norteamericano en su Código de quiebra, tras la reforma de 2019—.

Una simplificación procedimental que caracteriza a estos institutos jurídicos y a los que, por lo demás, se unen otros calificativos de agilización y flexibilización normativa o, incluso, de desjudicialización. Porque, en efecto, estamos ante un derecho preconcursal

---

518 A diferencia de los anteriores, entendemos que el caso Celsa habría de catalogarse como un plan de reestructuración *unilateral* y, por tanto, no como *no consensual*, al haberse aprobado solo por —una parte de— los acreedores del deudor. Al respecto, *vid.*, asimismo, nota 297.

pensado «por y para el mercado», centrado en la incentivación de una continuidad de la actividad empresarial o profesional —con los efectos favorables que ello supone para los trabajadores—, aunque sin dejar de lado la debida satisfacción de los acreedores del deudor. Y son elementos caracterizadores —o potenciadores— de ese derecho pretendidamente conservativo de empresas: una ampliación del ámbito objetivo de aplicación de estos institutos jurídicos, tanto a supuestos de probabilidad de insolvencia como de insolvencia —inminente o actual— y en detrimento de un concurso de acreedores cuya tramitación se dilata en el tiempo, de manera considerable y en perjuicio de las partes; la incorporación de medidas de protección de los intereses de los acreedores lo más flexibles posibles, como contrapartida al arrastre forzoso de los efectos del plan; o el *principio de intervención judicial mínima y a posteriori*, solo para momentos puntuales. Adviértase a este respecto, por ejemplo, que el legislador concursal opta por posponer en el tiempo aspectos relevantes del control judicial del plan de reestructuración al momento en el que —además, de manera eventual— se proceda a impugnar su homologación judicial. Contrasta esta decisión frente a lo que ocurre en el sistema norteamericano de 1978 que somete, en todo caso, a un control judicial *ex ante* la debida valoración del cumplimiento de una serie de medidas de protección de los intereses de los acreedores del deudor; o que una medida de tutela de los intereses de clases de créditos afectados disidentes, como pueda ser la regla de equidad, pierde aquí también la rigidez que caracteriza al *fair and equitable test* norteamericano —del que nuestro sistema jurídico ha recibido una clara influencia— al incorporar una matización del principio de prioridad absoluta o, incluso, su sustitución por un principio de prioridad relativa, en todo caso exigible con respecto al plan de continuación.

La valoración positiva antes expresada no quita para que, sin embargo, creamos oportuno en este momento plantear una serie de objeciones a la nueva regulación preconcursal recogida en el TRLC, en especial, con respecto al plan de reestructuración.

En primer lugar, porque el cambio de política jurídica es evidente y trae consecuencias, *a priori*, positivas. En tanto sea posible, la satisfacción de los acreedores se supedita al propio mercado, esto es, al mantenimiento de empresas presuntamente viables en él; pudiéndose vincular de manera forzosa a acreedores no aceptantes o, inclusive, a clases de acreedores disidentes de un plan. Algo que es bueno para el mercado, pues siempre es mejor tomar medidas con prontitud —aun cuando no sean, quizás, las más adecuadas— que dejar que empresas con dificultades financieras y/o económicas alcancen un grado de deterioro patrimonial irreversible, por la dilación en el tiempo de proceder a una tramitación «jurídicamente segura» que, a la larga, de poco sirve a esos acreedores. Como adecuada es la regulación de un único mecanismo jurídico *preconcursal*, en concreto, del plan de reestructuración, para ser utilizado por cualquier empresario que no sea catalogado como titular de una microempresa, con la antelación suficiente que permita evitar un agravamiento de la situación financiera de su empresa en dificultades, esto es, en un estado de probabilidad de insolvencia.

Pero no podemos dejar de cuestionar el que se haya concebido, también, ese plan de reestructuración como un mecanismo *paraconcursal*, esto es, como alternativa al concurso de acreedores. Por entender excesiva esta regulación «extensiva» —o ampliación de su ámbito de aplicación— a empresas en un estado de insolvencia inminente o actual, en pro de una desjudicialización o contractualización de nuestro derecho concursal, teniendo por excusa una pretendida conservación de empresas presuntamente viables en el mercado.

Porque la simplificación procedimental que se propugna del TRLC también habría significado, además de mayor seguridad jurídica, limitar el ámbito de aplicación de ese plan de reestructuración a situaciones de mera inviabilidad financiera —o, como mucho, inviabilidad económica reversible—, esto es, a un estado de probabilidad de insolvencia —o de insolvencia inminente—; o, lo que es lo mismo, no extenderlo a situaciones de inviabilidad económica definitiva —o insolvencia actual— para las que ya existe un procedimiento jurisdiccional concreto, el concurso de acreedores. Más aún cuando la intención del legislador comunitario no fue otra que la de regular mecanismos «preventivos» de insolvencia, que no de concurso; como así lo confirma la propuesta de Directiva de 7 de diciembre de 2022, relativa a la armonización de determinados aspectos de la legislación en materia de insolvencia. El legislador español, creemos, está desoyendo al comunitario si se tiene en cuenta lo expresado en el considerando (3) de la Directiva, de que situaciones de inviabilidad financiera y/o económica no reversibles habrían de abrir paso a —también ágiles— liquidaciones de empresa. Y es que, una cosa es prevenir la insolvencia, que es para lo que —se supone— habría de estar diseñado un plan de este tipo; y otra bien distinta es impedir o evitar el concurso de acreedores.

Pero y sobre todo, porque no olvidemos que —con la reforma— se ha remodelado también el mencionado procedimiento judicial de concurso de acreedores, ofreciéndose a través suyo, no solo una solución conservativa y consensuada entre las partes —deudor y acreedores— aún más ágil en su tramitación, esto es, el convenio concursal; sino, además, salidas igualmente conservativas de empresa a través de la liquidación, como puede ser una solicitud de concurso que lleve incorporada una oferta de adquisición de una o varias unidades productivas o un *pre-pack*, o las especialidades que presenta una enajenación de unidad productiva a favor de trabajadores o terceros.

Es como si el legislador concursal quisiera, «a toda costa» y aprovechando que la norma europea no dice nada al respecto, anteponer una solución negociada al margen del concurso y en detrimento de una adecuada seguridad jurídica, llevando «al límite» una desjudicialización —incluso— del derecho concursal. Algo que no compartimos. No queramos quitar protagonismo a medidas jurisdiccionales que, ya hoy, sí podrían garantizar una conservación de una empresa —presuntamente viable— en el tráfico, al mismo tiempo que ofrecer una más adecuada seguridad jurídica, para con el groso total de acreedores del deudor, que la que pueda ofrecer un plan de reestructuración negociado entre este deudor y unas clases de créditos afectados que, dicho sea de paso, han sido conformadas en el TRLC con excesiva flexibilidad; abriéndose así las puertas a eventuales comportamientos abusivos, previsiblemente, difíciles de controlar.

Nada que ver, por lo demás, con el plan de continuación. Pues, aunque también previsto de manera «extensiva» para casos de insolvencia —inminente o actual—, lo cierto es que, atendiendo a la agilidad procedimental que preconiza el legislador europeo de 2019, un plan de continuación puede convertirse aquí en un plan de liquidación cuando sea preciso y sin tiempo que perder —*vid.* arts. 693, 697 *bis* o 705 TRLC—. Sin olvidar tampoco que la única salida posible al conflicto es siempre la liquidativa: cuando el número de créditos de derecho público existentes frente al deudor es del ochenta y cinco por ciento del pasivo —arts. 686.4 y 699 *quater* TRLC—; o cuando el deudor «no se encuentre al corriente en el cumplimiento de las obligaciones tributarias o frente a la Seguridad Social impuestas por las disposiciones vigentes, siempre que su devengo sea posterior al auto de apertura del procedimiento especial» —arts. 699 *quater* y 705 TRLC—.

En segundo lugar, porque es también indudable la ventaja que lleva consigo la flexibilización y desjudicialización de nuestro derecho preconcursal con estos planes de reestructuración y continuación. Una tendencia hacia la *contractualización* de la norma concursal que favorece la resolución de conflictos financieros y/o económicos a través de unos planes conservativos de empresa más flexibles, en cuanto a contenido y efectos se refiere; y en los que la intervención del juzgador de lo mercantil se mide en base a criterios de «necesidad y proporcionalidad» —*ex* considerando (29) y art. 4.6 de la Directiva—.

Pero eso no explica por qué, en el caso del plan de continuación, las medidas de protección de los intereses de créditos afectados y disidentes, previstas y sujetas a un estricto control judicial —tales como el *test de cuota de liquidación* o el *test de equidad*—, deben ser tenidas en consideración por el juez del concurso antes de proceder a la homologación judicial del plan, al estilo de como se hace en el plan de reorganización norteamericano; mientras que, en el caso del plan de reestructuración, se condicionan —mayoritariamente— a la eventual impugnación de la homologación del plan, ante la Audiencia Provincial correspondiente. Solo a salvo, eso sí, de que pueda requerirse, pero también de manera eventual, la tramitación de un contradictorio previo —u oposición— por parte del solicitante de la homologación judicial del plan *ex* artículos 662-663 TRLC. Y sin olvidar tampoco que el plan de reestructuración preventiva recogido en la Directiva (UE) 2019/1023 (*Tol 7307647*), aun manteniendo ese carácter esencialmente contractual, también preveía un control judicial *a priori* de las medidas de tutela previstas *ex lege* para la protección de acreedores afectados no aceptantes o clases de ellos disidentes.

Es tanto como decir que, frente a la mayor rigurosidad y, por ende, mayor seguridad jurídica que se exige en este punto de un plan de continuación, hay razones de peso para que el resto de empresas no catalogadas como microempresa se vean sujetas a un control judicial de fondo «más somero», pues habrá de llevarse a efecto, mayoritariamente, solo si se impugna la homologación judicial del plan de reestructuración ante la Audiencia Provincial.

Pero si esto ya de por sí puede resultar sorprendente, y en tercer lugar, más llamativa aún es la flexibilidad con la que la norma concursal regula la formación de clases de créditos en un plan de reestructuración; una vez más, frente al mayor rigor normativo que se exige al plan de continuación. Porque la Ley concursal permite para los planes de reestructuración —aquí, en sintonía con la Directiva— una clasificación de los créditos del deudor, además de considerando su rango concursal, atendiendo a un «interés común [...] cuando haya razones suficientes que lo justifiquen». Una flexibilidad normativa que, unida al principio de intervención judicial mínima, significa para nuestro plan de reestructuración una conformación de clases o categorías de créditos afectados, de la mano del proponente del plan, fiscalizada solo *a priori* por el juez del concurso —esto es, antes de que se solicite la homologación judicial del plan— si lo solicitan las partes, concretamente, el propio deudor o acreedores que representen más del cincuenta por ciento del pasivo de aquel —art. 625 TRLC—; convirtiéndose, pues, en regla general la posposición en el tiempo de un control judicial riguroso a este respecto, una vez más y de manera condicionada, al momento en el que se impugna la homologación judicial del plan —art. 654.2º TRLC—.

Nada que ver tampoco con el plan de continuación; menos aún con el plan de reorganización norteamericano, al que aquel supuestamente se asemeja. Y algo que no deja de ser absolutamente relevante cuando, después, la norma concursal permite proceder a la homologación de planes de reestructuración consensuales, incluso, aceptados por una única clase de créditos —como ocurre en los casos Torrejón Salud, Turner Publicaciones o Grupo Aldesa[519]— o planes no consensuales que pueden representar solo a una minoría del pasivo del deudor, por considerarse que la mayoría de clases no tiene necesariamente que equivaler a la mayoría del pasivo afectado —ejemplos de ello son el caso Xeldist, Transbiaga o Das Photonics[520]—. Porque esa flexibilización y este control judicial limitado a momen-

---

519 *Vid.* nota 420.

520 *Vid.*, a este respecto, p. 174.

tos puntuales —quizás, aquí, inadecuados por su posposición en el tiempo— abre las puertas a la posibilidad de eventuales comportamientos abusivos del mercado.

Y una flexibilización normativa que se refleja también en la regulación de una *regla de equidad* —o *fair and equitable test*— como medida de protección de los intereses de créditos no aceptantes incluidos en una clase de créditos, a su vez, disidente de un plan de reestructuración no consensual. En principio, una medida tuitiva que sigue los pasos del plan de reorganización regulada en el Código de quiebra estadounidense de 1978, estableciendo como regla de equidad vertical la de una «prioridad absoluta», lo que habría de suponer una satisfacción escalonada de los créditos del deudor; pero que se distancia de él al decidir incorporar una medida flexibilizadora a aquella en el artículo 655.3 TRLC o, incluso, que sustituye por una regla de prioridad relativa, cuando estemos ante una PYME *ex* artículo 684.4 TRLC, tal y como ha venido preconizando la doctrina norteamericana desde antaño —pero que desoyó el legislador, en su momento—.

Con ello, creemos que se está desvirtuando la protección ofrecida a clases de créditos disidentes en favor del mercado. Porque, según el artículo 655.3 TRLC «se podrá confirmar la homologación del plan de reestructuración, aunque no se cumpla esa condición [la regla de prioridad absoluta], cuando sea imprescindible para asegurar la viabilidad de la empresa y los créditos de los acreedores afectados no se vean perjudicados injustificadamente». Pues lo que vino a ser una medida disuasoria en evitación de planes no consensuales, aquí, pierde fuerza y se convierte en una medida que permite arrastres verticales, incluso, de clases disidentes de créditos *senior*, en aras a la conservación de la empresa y no por orden descendente; posibles en planes de reestructuración no consensuales, aunque no previstos como factibles en el ordenamiento jurídico norteamericano del que trae causa. Por no decir que se trata de una medida de protección claramente imprecisa que obliga a dejar en manos de la interpretación del órgano jurisdiccional competente su debida concreción; y, en todo caso, un cambio de política jurídica —al anteponerse así el mantenimiento de empresas al interés de los acreedores— que podría no objetarse si, al menos, el control judicial que justifica ese arrastre vertical —incluso, de clases *senior*— se llevara a cabo, de manera inevitable, ante el juez del concurso y antes de proceder a su homologación judicial.

Por lo demás, tampoco podemos terminar este apartado de conclusiones sin hacer alusión a dos cuestiones que tienen que ver con la dificultad interpretativa que plantean algunos preceptos de la norma concursal actualmente vigente y que, aunque dispares en cuanto a su contenido, sí guardan cierta conexión. Nos referimos a los preceptos sobre «presentación» y «aprobación» del plan de reestructuración, en concreto, los artículos 612, 637 y 640 TRLC; cuando, sin embargo, para el plan de continuación son cuestiones que no parecen plantear duda alguna —por lo dispuesto, respectivamente, en los artículos 697 y 698.1 TRLC—.

Y es que, al hilo de la aprobación de un plan de reestructuración, una primera pregunta que debemos hacernos es quién está legitimado para presentar un plan de reestructuración, en tanto en cuanto la norma concursal no recoge un precepto específico al respecto, como sí ocurre con el artículo 697.1 TRLC para el plan de continuación; y la única referencia indirecta al respecto la encontramos en los artículos 612 y 637 TRLC, en relación a la posible suspensión de una solicitud de apertura de concurso voluntario. Algo que, junto a la legitimación condicionada del artículo 9.1 II de la Directiva de 2019, nos podría hacer pensar en una legitimación limitada de presentación de un plan de reestructuración, por parte de los acreedores de un deudor —con socios que no sean legalmente responsables de las deudas sociales— siempre que el plan tenga visos de ser aprobado y solo en aquellos casos en los que se pretenda evitar el inicio de un procedimiento concursal. En la práctica de nuestros días, sin embargo, no parece repararse en ese hecho, admitiéndose como posible en cualquier caso la presentación de planes de reestructuración, de la mano de los acreedores del deudor y, por tanto, sin limitación procesal alguna —recuérdense, a este respecto, los planes de reestructuración presentados por acreedores del grupo Celsa o del grupo hotelero Beatriz[521]—.

Asimismo, resulta controvertida la consideración de si ese deudor persona jurídica, con socios que no son legalmente responsables

[521] *Vid.* nota 297.

de las deudas sociales, puede ver también limitada su capacidad de decisión cuando se encuentra en un estado de insolvencia. Y ello, porque el artículo 640.2 *in fine* TRLC recoge una posibilidad de homologación judicial del plan aun sin la aprobación de la junta de socios, para casos en los que —de otra forma— hubiera sido precisa su participación activa. Duda interpretativa que tiene mucho que ver con la compleja —si no defectuosa— redacción del precepto citado y que, quizás, habría de precisar de una concreción a futuro por parte de nuestro legislador concursal —si es que no se trata de una falta de concreción intencionada por su parte—; siendo, por el momento, diversas las posturas doctrinales al respecto sobre su exacta concreción.

Algo que sí deja claro el legislador concursal a este respecto es que un socio no puede ser considerado «clase» de sujetos afectados por un plan de reestructuración —ni de continuación— con derecho de voto, como contrariamente sí admiten los sistemas jurídico-concursales norteamericano y europeo. O, lo que es lo mismo, la funcionalidad primordial del plan de reorganización norteamericano de conseguir a través suyo un cambio de control en el gobierno corporativo de la sociedad —un trasvase de poder de los socios hacia sus acreedores o venta virtual de la empresa— se suaviza o pierde parte del sentido en nuestro caso. Porque, por regla general y siempre que sea precisa la aprobación de una medida societaria incluida en el plan —*ex* art. 160 LSC—, el consentimiento mayoritario de los socios de una sociedad de capital será también preciso; lo que podría derivar en una obstrucción por su parte —o *hold out*— en la consecución de determinados planes de reestructuración. Con una salvedad prevista en el artículo 640.2 *in fine* TRLC. Una norma excepcional que, no obstante, admite dos posibles interpretaciones: la de que es factible una eventual homologación judicial de un plan de reestructuración aun sin el consentimiento del deudor; en cuyo caso, estaríamos hablando de un plan de reestructuración *unilateral* —que no de un plan *no consensual*, como sin embargo se viene calificando por la doctrina—. O la de que su posible homologación judicial aun sin precisar del asentimiento de la junta de socios —sobre alguna medida societaria que, de otra forma, sí habría sido preceptivo— presupone, en principio, la previa aquiescencia del deudor, a través de su órgano de administración. Postura esta última que entendemos más acorde con la naturaleza jurídica del instituto jurídico aquí analizado.

Con ello, no queremos decir que estamos en contra de que un plan de reestructuración suponga un cambio en la estructura de capital de un empresario persona jurídica. Todo lo contrario, si además ha sido esta la razón de ser del plan de reorganización norteamericano o del plan de reestructuración preventiva recogido en la Directiva. Creemos, sin embargo, que la norma concursal actual pone trabas a esa posibilidad en términos generales. De forma que, si tuviéramos que plantearnos si es —o no— factible un plan de reestructuración *unilateral* dentro de nuestro ordenamiento jurídico, la única previsión que nos podría hacer pensar en esa posibilidad, no es la de aquel 640.2 *in fine* TRLC, sino la recogida en los artículos 612.1 y 637.1 TRLC y solo para casos en los que el deudor ha solicitado la apertura de un procedimiento de concurso ante el juez competente.

La manera más lógica de facilitar un plan de reestructuración que suponga una efectiva venta virtual de una empresa en conflicto —y, por tanto, un cambio de control de los socios hacia sus acreedores— sería la de dejar de concebir al socio afectado, a efectos concursales, como un «sujeto aparte» y diverso de los acreedores. Dicho de otra forma, habría de propiciarse un cambio en la norma concursal que supusiera la debida consideración de los socios como una clase más de sujetos afectados por el plan —o acreedores residuales—; incluyéndose como una posibilidad, así sí, de entre los planes *no consensuales*, aquel plan en el que los socios no votarían a favor del mismo y, aún así, serían arrastrados de manera forzosa por no estar «dentro del valor» —esto es, ser «*valueless*», o encontrarse «*out of the money*»—. Y, a ello unido —pues siempre sería conveniente para incentivar esas ventas virtuales de empresa—, bien podría reconocerse de manera expresa una efectiva legitimación del acreedor del deudor en cuanto a la presentación de planes de reestructuración se refiere, sin limitación procesal alguna, al estilo de lo recogido para el plan de continuación en el artículo 697.1 TRLC.

Si bien, una solución teórica fácil de apuntar, presenta un inconveniente fáctico de compleja consideración y es que esto supondría reconocer una preponderancia de nuestro —por otro lado— novedoso derecho concursal con respecto a normas de derecho societario, no sabemos, hasta qué punto asumible por el legislador, en reformas venideras.

VI. REFERENCIAS BIBLIOGRÁFICAS

ADAMS, CH. (1991). "An Economic Justification for Corporate Reorganizations". *Articles, Chapters in Books and Other Contributions to Scholarly Works, University of Tulsa College of Law TU Law Digital Commons,* 117-158. https://core.ac.uk/download/pdf/232684985.pdf. Recuperado el 10 de diciembre de 2020.

AGENCIA TRIBUTARIA. Sede electrónica, "Procedimiento especial para microempresas", https://sede.agenciatributaria.gob.es/Sede/deudas-apremios-embargos-subastas/preconcursos-concursos-procedimientos-especiales-microempresas/procedimiento-especial-microempresas.html. Recuperado el 6 de junio de 2024.

ALONSO LEDESMA, C. (2024). "Sociedades de capital (II): estructura del capital". *Derecho de* Sociedades (dir. C. Alonso), 135-164. Atelier.

ALONSO UREBA, A. (2016). "Artículo 172 bis. Responsabilidad concursal". *Comentario a la Ley Concursal* (dir. J. Pulgar), 1837-1868. Wolters Kluwer.

Anteproyecto de Ley "de reforma del texto refundido de la Ley Concursal, aprobado por el Real Decreto Legislativo 1/2020, de 5 de mayo, para la transposición de la Directiva (UE) 2019/1023 del Parlamento Europeo y del Consejo, de 20 de junio de 2019, sobre marcos de reestructuración preventiva, exoneración de deudas e inhabilitaciones, y sobre medidas para aumentar la eficiencia de los procedimientos de reestructuración, https://www.mjusticia.gob.es/es/AreaTematica/ActividadLegislativa/Documents/APL %insolvencia y exoneración de deudas, y por la que se modifica la Directiva (UE) 2017/1132 (Directiva sobre reestructuración e insolvencia)", 20Insolvencia%20Tramitaci%C3%B3n.pdf.

ARA TRIADÚ, C. (2013). "El contenido del acuerdo (I). Los acuerdos de refinanciación". *Los acuerdos de refinanciación y de reestructuración de la empresa en crisis. Autonomía de la voluntad e insolvencia empresarial,* 119-152. Bosch.

– (2024). "Regla de prioridad absoluta y operaciones acordeón sin pérdidas contables suficientes. Lecciones del *bail-in* de Banco Popular", *Revista General de Insolvencias & Reestructuraciones (Journal of Insolvency & Restructuring),* (12), 185-216.

ARIAS VARONA, F. J. (2018). "Venta de unidades productivas en acuerdos de refinanciación e intervención de socios". *Derecho preconcursal y concursal de sociedades mercantiles de capital* (dir. A. Gutiérrez), 179-221. Wolters Kluwer.

– (2020). *La disposición de activos esenciales de sociedades en crisis.* Thomson Reuters Aranzadi.

– (2022). "Distribución equitativa y reglas de prioridad en las reestructuraciones". *El Derecho Concursal y la transposición de la Directiva sobre*

Reestructuración Preventiva (dir. L. Garnacho y F. J. Arias), 171-198. La Ley - Wolters Kluwer.

ASENCIO PASCUAL, C. (2020). "Aspectos de contenido innovador de la venta de la unidad productiva a la luz del nuevo TRLC". *Diario La Ley*, (9660), 1-7.

AZNAR GINER, E. (2017). *La homologación judicial de acuerdos de refinanciación en la disposición adicional cuarta de la Ley Concursal.* Tirant lo Blanch.

AZOFRA VEGAS, F. (2016). *La homologación judicial de acuerdos de refinanciación.* Reus.

- (2020). "Enajenación de unidades productivas". *Actualidad Jurídica Uría Menéndez*, (54), 39-66, https://www.uria.com/documentos/publicaciones/7202/documento/art01.pdf?id=12055. Recuperado el 2 de febrero de 2021.
- (2023). "Artículo 614. Concepto". *Comentario a la Ley Concursal* (dir. J. Pulgar), vol. II, 972-976. La Ley.
- (2023). "Artículo 616. Créditos afectados". *Comentario a la Ley Concursal* (dir. J. Pulgar), vol. II, 979-987. La Ley.
- (2023). "Artículo 616 *bis*. Créditos de Derecho público". *Comentario a la Ley Concursal* (dir. J. Pulgar), vol. II, 987-996. La Ley.

BAIRD, D. G. (2017). "Priority Matters: Absolute Priority, Relative Priority, And The Costs Of Bankruptcy". *University of Chicago Law School Chicago Unbound, Journal Articles*, 785-829, https://scholarship.law.upenn.edu/cgi/viewcontent.cgi?article=9573&context=penn_law_review. Recuperado el 12 de noviembre de 2020.

BAIRD, D. G. y BERNSTEIN, D. (2006). "Absolute Priority, Valuation Uncertainty, and the Reorganization Bargain". *The Yale Law Journal*, 1930-1970, https://www.researchgate.net/publication/276267377_Baird_BernsteinYLJ2006. Recuperado el 14 de enero de 2021.

BERMEJO GUTIÉRREZ, N. (2022). "Los socios y el reparto del excedente de la reestructuración". *El Derecho Concursal y la transposición de la Directiva sobre Reestructuración Preventiva* (dir. L. Garnacho y F. J. Arias), 199-232. La Ley - Wolters Kluwer.

BONBRIGHT, J. C. y BERGERMAN, M. M. (1928). "Two Rival Theories of Priority Rights of Security Holders in a Corporate Reorganization". *Columbia Law Review*, vol. 28, (2), 127-165.

BROSETA PONT, M. y MARTÍNEZ SANZ, F. (2019). *Manual de Derecho mercantil*, vol. II. Tecnos.

BUIL ALDANA, I. (2021). "Socios y financiación en tiempos de crisis Covid-19 y transposición de la Directiva de Reestructuración Temprana: una propuesta de régimen jurídico". *Revista General de Insolvencias & Reestructuraciones (Journal of Insolvency & Restructuring)*, (1), 121-150.

– (2023). "Artículo 655. Impugnación del auto de homologación del plan no aprobado por todas las clases de crédito". *Comentario a la Ley Concursal* (dir. J. Pulgar), vol. II, 1344-1354. La Ley.

CAMPUZANO LAGUILLO, A. B. (2023) "Consideración crítica sobre la posición del deudor persona jurídica en los planes de reestructuración". *Revista de Derecho Mercantil,* (328), (versión digital).

CARLSON, D. G. y WILLIAMS, J. F. (2000). "The Truth about the New Value Exception to Bankruptcy's Absolute Priority Rule". *Cardozo Law Review,* (21), 1303-1334, https://larc.cardozo.yu.edu/cgi/viewcontent.cgi?article=1035&context=faculty-articles. Recuperado el 10 de noviembre de 2020.

CASEY, A. J. (2011). "The Creditors' Bargain and Option- Preservation Priority in Chapter 11". *The University of Chicago Law Review,* (78), (3), 1-50, https://www.researchgate.net/publication/228235790_The_Creditors%27_Bargain_and_Option-Preservation_Priority_in_Chapter_11. Recuperado el 4 de octubre de 2023.

– (2016). "Bankruptcy's endowment effect". *Bankruptcy Developments Journal, University of Chicago Coase-Sandor Institute for Law & Economics Research,* (33), (789), 141-170, https://papers.ssrn.com/sol3/papers.cfm?abstract_id=2882885. Recuperado el 3 de diciembre de 2020.

CERDÁ ALBERÓ, F. (2014). "La extensión de efectos del acuerdo de refinanciación, homologado judicialmente, a los acreedores financieros disidentes o no partícipes". *Anuario de Derecho Concursal,* (33), 143-165.

– (2022). "El plan de reestructuración: contenidos y aprobación (formación de clases de créditos, votación y mayorías)". *Nuevo marco jurídico de la reestructuración de empresas en España* (dir. A. Cohen), 889-1047. Thomson Reuters - Aranzadi.

Codice della crisi d'impresa e dell'insolvenza (decreto legislativo núm. 14, de 12 de enero de 2019), https://www.gazzettaufficiale.it/dettaglio/codici/codiceCrisi.

CONDE TEJÓN, A. (2014). "La transmisión de la empresa o de alguna de sus unidades económicas como prevención o solución a situaciones de crisis empresarial". *Revista de Derecho Mercantil,* (294), 215-290.

CRYSTAL, M. y MOKAL, R. J. (2006). "The Valuation of Distressed Companies - A Conceptual Framework". *SSRN's eLibrary.* 1-22, https://papers.ssrn.com/sol3/papers.cfm?abstract_id=877155. Recuperado el 10 de noviembre de 2020.

CUATRECASAS. (2023). "La homologación del plan de reestructuración de Celsa". https://www.cuatrecasas.com/es/spain/reestructuraciones-e-insolvencias/art/homologacion-plan-reestructuracion-celsa. Recuperado el 1 de noviembre de 2023.

– (2023). "Arrastre horizontal en un plan de reestructuración con una única clase de acreedores-socios". https://www.cuatrecasas.com/es/

spain/reestructuraciones-e-insolvencias/art/plan-reestructuracion-consensual-una-sola-clase. Recuperado el 25 de abril de 2024.

– (2024). "Desestimada la impugnación de un plan de reestructuración consensual". https://www.cuatrecasas.com/es/spain/reestructuraciones-e-insolvencias/art/desestimada-impugnacion-plan-reestructuracion-consensual. Recuperado el 29 julio 2024.

D'ATTORRE, G. (2020). "La distribuzione del patrimonio del debitore tra absolute priority rule e relative priority rule", *Fallimento,* (8-9), (1071), 1-8 (versión digital).

DÍAZ MORENO, A. (2020). "Socios, planes de reestructuración y capitalización de créditos en la Directiva (UE) 2019/1023, sobre reestructuración e insolvencia". *Anuario de Derecho Concursal,* (49), 1-77 (versión digital).

– (2022). "El papel de los socios de la sociedad de capital deudora en la aprobación y homologación de los planes de reestructuración". *Gómez-Acebo & Pombo. Análisis - Concursal,* 1-10. https://www.ga-p.com/wp-content/uploads/2022/04/Participacion_socios_planes_reestruturacion.pdf. Recuperado el 28 de diciembre de 2023.

Dictamen del Comité Económico y Social Europeo sobre la propuesta de Directiva del Parlamento Europeo y del Consejo relativa a la armonización de determinados aspectos de la legislación en materia de insolvencia, publicado el 25 de mayo de 2023, https://eur-lex.europa.eu/legal-content/ES/TXT/?uri=CELEX%3A52022AE5781. Recuperado el 3 junio 2024].

Directiva (UE) 2019/1023 del Parlamento Europeo y del Consejo, de 20 de junio de 2019, "sobre marcos de reestructuración preventiva, exoneración de deudas e inhabilitaciones, y sobre medidas para aumentar la eficiencia de los procedimientos de reestructuración, insolvencia y exoneración de deudas, y por la que se modifica la Directiva (UE) 2017/1132 (Directiva sobre reestructuración e insolvencia)" (*Tol 7307647*), https://www.boe.es/buscar/doc.php?id=DOUE-L-2019-81090.

EIDENMÜLLER, H. (2017). "Contracting for a European Insolvency Regime". *European Corporate Governance Institute,* (347), https://papers.ssrn.com/sol3/papers.cfm?abstract_id=2896340. Recuperado el 14 de noviembre de 2024.

EHMKE, D. C., GANT, J. L. L., LANGKJAER, L. y GHIO, E. (2019). "The European Union preventive restructuring framework: A hole in one?". *International Insolvency Review,* (28), (2), 2-26, doi:10.1002. https://scholarlypublications.universiteitleiden.nl/access/item%3A2984314/view. Recuperado el 16 de octubre de 2023.

ETXARANDIO, E. (2015). "La liquidación traslativa y la sucesión de empresa en el Real Decreto Ley 11/2014". *Anuario de Derecho Concursal,* (35), 193-224.

EXPANSIÓN. "Activo circulante". *Diccionario económico.* https://www.expansion.com/diccionario-economico/activo-circulante.html#:~:text=Activo%20de%20la%20empresa%20que,existencias%2C%20obra%20en%20curso. Recuperado el 18 de octubre de 2023.

- "Activo líquido". *Diccionario económico.* https://www.expansion.com/diccionario-economico/activo-liquido.html. Recuperado el 18 de octubre de 2023.
- "Capital fijo". *Diccionario económico.* https://www.expansion.com/diccionario-economico/capital-fijo.html. Recuperado el 18 de octubre de 2023.
- "Pasivo circulante". *Diccionario económico.* https://www.expansion.com/diccionario-economico/pasivo-circulante.html. Recuperado el 18 de octubre de 2023.
- "Patrimonio neto". *Diccionario económico.* https://www.expansion.com/diccionario-economico/patrimonio-neto.html. Recuperado el 18 de octubre de 2023.

FEDERAL JUDICIAL CENTER. *The evolution of the U.S. Bankruptcy Law. A time line.* https://www.rib.uscourts.gov/newhome/docs/the_evelution_of_bankruptcy_law.pdf. Recuperado el 21 de enero de 2021.

FERNÁNDEZ PÉREZ, N. (2020). "La incidencia de la Directiva (UE) 2019/1023, sobre marcos de reestructuración preventiva sobre los artículos 5 bis y 235 de la Ley Concursal". *Revista de Derecho Concursal y Paraconcursal,* (32), 71-95.

GANT, J. L. L. (2017). "Constitutions and Crises: Balancing Insolvency and Social Policy through the Lens of Comparative Legal History". *Harmonisation of European Insolvency* Law, 51-70, https://core.ac.uk/download/pdf/84339502.pdf / http://irep.ntu.ac.uk/id/eprint/31980/1/9424_Gant.pdf. Recuperado el 3 de diciembre de 2020.

GARCÍA-CRUCES, J. A. (2011). "Las operaciones de liquidación (III): la enajenación global de la empresa". *La liquidación concursal.* Civitas.

- (2013). "Configuración general de los instrumentos preventivos y paliativos de la insolvencia". *Los acuerdos de refinanciación y de reestructuración de la empresa en crisis. Autonomía de la voluntad e insolvencia empresarial,* 21-44. Bosch.

GARCÍA GÓMEZ, A. (2012). "Privilegios del crédito público". *Enciclopedia de Derecho concursal* (dir. J. A. Garcia-Cruces), vol. I., 2367-2385. Thomson Reuters - Aranzadi.

GARCÍA VICENTE, J. R. (2011). "Pago de los créditos con privilegio, especial y general". *La liquidación concursal.* Civitas.

GARCÍA-CHAMÓN CERVERA, E. (2015). "Las especialidades de la transmisión de unidades productivas en la fase común o en la fase de liquidación". *Anuario de Derecho Concursal,* (34), 81- 89.

GARCÍA VILLAVERDE, R. (1985). "Instituciones concursales y paraconcursales. El ámbito de una reforma". *Revista de la Facultad de Derecho de la Universidad Complutense,* (8), 189-210.

GARCÍA-VILLARRUBIA BERNABÉ, M. (2022). "El papel del socio en la reestructuración". *Nuevo marco jurídico de la reestructuración de empresas en España* (dir. A. Cohen), 1207- 1250. Thomson Reuters - Aranzadi.

– (2024). "La impugnación del acuerdo societario de un plan de reestructuración con medidas societarias", https://www.uria.com/es/publicaciones/9082-la-impugnacion-del-acuerdo-societario-de-un-plan-de-reestructuracion-con-medidas. Recuperado el 11 de enero de 2025.

GARCIMARTÍN ALFÉREZ, F. (2018). "La Propuesta de Directiva europea sobre reestructuraciones y segunda oportunidad: el arrastre de acreedores disidentes y la llamada «regla de prioridad absoluta»". *Anuario de Derecho Concursal,* (43), 1-16 (versión digital).

– (2019). "La narrativa de los «marcos de reestructuración preventiva» en el Derecho europeo", 1-15. https://almacendederecho.org/la-narrativa-de-los-marcos-de-reestructuracion-preventiva-en-el-derecho-europeo/. Recuperado el 13 de enero de 2020.

– (2022). "Las reglas de reparto económico en el nuevo Derecho preconcursal". *Nuevo marco jurídico de la reestructuración de empresas en España,* 265-288. Thomson Reuters - Aranzadi.

– (2023). "Planes de reestructuración: Algunas reflexiones sobre la práctica reciente (III)". *Almacén de Derecho, Lecciones.* https://almacendederecho.org/planes-de-reestructuracion-algunas-reflexiones-sobre-la-practica-reciente-iii. Recuperado el 18 diciembre de 2023.

GARNACHO CABANILLAS, L. (2014). *El convenio de asunción.* Aranzadi/Civitas - Thomson Reuters.

– (2016). "La reforma concursal: ¿un cambio de política jurídica efectivo o sólo pretendido?". *Revista de Derecho Concursal y Paraconcursal,* (24), 321-332.

– (2018). "*Schemes of arrangement vs.* acuerdos de refinanciación". Derecho concursal y preconcursal en sociedades mercantiles de capital (dir. A. Gutiérrez). 145-178. Wolters Kluwer.

– (2021). "Reestructuración de deudas preconcursal desde una perspectiva interna y comunitaria". *Anuario de Derecho Concursal,* (53), 47-88 (versión digital: 1-44).

– (2021). "Enajenación de unidad productiva: el pre-pack concursal -comentario al AJM núm. 7 de Barcelona de 30 de octubre de 2020)". *Revista General de Insolvencias & Reestructuraciones* (*Journal of Insolvency & Restructuring*), (1), 367-378.

– (2022). "La pretendida armonización del Derecho pre-concursal europeo y su evidente acercamiento al sistema concursal norteamericano". *El Derecho Concursal y la transposición de la Directiva sobre Reestructuración Preventiva* (dir. L. Garnacho y F. J. Arias), 111-141. La Ley - Wolters Kluwer.

– (2023). "Modelo italiano de transposición de la Directiva comunitaria sobre reestructuración preventiva de empresas (Italian model for transposition of the community directive on preventive restructuring of companies)". *Revist@ E-Mercatoria. Universidad Externado de Colombia,* (22), (1), 1-32.

GELI FERNÁNDEZ-PEÑAFLOR, E. y ARLABÁN GABEIRAS, B. (2022). "Los planes de reestructuración". *Actualidad Jurídica Uría Menéndez,* (59), 30-70.

Gesetz "über den Stabilisierungs- und Restrukturierungsrahmen für Unternehmen", 22 de diciembre 2020, https://www.gesetze-im-internet.de/starug/BJNR325610020.html.

GIMÉNEZ, O. (2024). "Sareb retira la impugnación en Single Home y deja dudas clave sobre reestructuraciones". *El Confidencial.* https://www.elconfidencial.com/empresas/2024-02-06/sareb-single-home-reestructuraciones-dudas_3824545/. Recuperado el 29 de julio de 2024.

GÓMEZ ASENSIO, C. (2019). *Los acuerdos de reestructuración en la Directiva (UE) 2019/1023 sobre marcos de reestructuración preventiva.* Aranzadi - Thomson Reuters.

GONZÁLEZ VÁZQUEZ, J. C. (2023). "CASO CELSA (III): Algunos principios generales del nuevo marco normativo y su alcance interpretativo", en *Linkedin,* https://www.linkedin.com/pulse/caso-celsa-iii-algunos-principios-generales-del-nuevo-jos%25C3%25A9-carlos/?trackingId=%208ZcYa2d9Q6GJU3Qv8Vd0%2Bw%3D%3D. Recuperado el 15 de enero de 2024.

– (2023). "CASO CELSA (IV): Cuestiones prejudiciales y requisitos de contenido y forma exigidos, *Linkedin,* https://es.linkedin.com/pulse/caso-celsa-iv-cuestiones-prejudiciales-y-requisitos-gonzálezvázquez?trk=public_post_feed-article-content. Recuperado el 15 de enero de 2024.

– (2023). "CASO CELSA (V): La insolvencia del grupo CELSA y la garantía de su viabilidad por el PDR". *Linkedin.* https://es.linkedin.com/pulse/caso-celsa-v-la-insolvencia-del-grupo-y-garantía-de-gonzález-vázquez. Recuperado el 15 de enero de 2024.

– (2023). "CASO CELSA (VII): Paridad de trato e interés superior de los acreedores y nuevos contratos y obligaciones". *Linkedin.* https://es.linkedin.com/pulse/caso-celsa-vii-paridad-de-trato-e-interés-superior-y-josé-carlos-uzjff. Recuperado el 16 de enero de 2024.

– (2023). "CASO CELSA (VIII): La original "solución" a las cuestiones societarias del plan". *Linkedin.* https://es.linkedin.com/pulse/caso-celsa-viii-la-original-solución-las-cuestiones-gonzález-vázquez-gg68f. Recuperado el 16 de enero de 2024.

– (2024). "Algunas consideraciones en torno a la SJMER nº 1 de San Sebastián de 23 de noviembre de 2023 -caso TRANSBIAGA- I". *Linkedin.* https://www.linkedin.com/pulse/algunas-consideraciones-en-torno-la-sjmer-nº-1-de-san-josé-carlos-nioqf. Recuperado el 16 de marzo de 2024.

– (2024). "Algunas consideraciones en torno a la SJMER nº 1 de San Sebastián de 23 de noviembre de 2023 -caso TRANSBIAGA- II". *Linkedin.* https://es.linkedin.com/pulse/algunas-consideraciones-en-torno-la-sjmer-nº-1-de-san-josé-carlos-fothf. Recuperado el 16 de marzo de 2024.

– (2024). "Algunas consideraciones en torno a la SJMER nº 1 de San Sebastián de 23 de noviembre de 2023 -caso TRANSBIAGA- III". *Linkedin,* https://es.linkedin.com/pulse/algunas-consideraciones-en-torno-la-sjmer-nº-1-de-san-josé-carlos-lnpyf. Recuperado el 16 de marzo de 2024.

GUTIÉRREZ GILSANZ, A. (2022). "Mayorías y arrastres en las reestructuraciones preconcursales". *El Derecho Concursal y la transposición de la Directiva sobre Reestructuración Preventiva* (dir. L. Garnacho y F. J. Arias), 143-170. La Ley - Wolters Kluwer.

– (2024) "El convenio concursal". *Manual de Derecho concursal* (dir. J PULGAR). Aranzadi - La Ley.

HART, O. (1999). "Different Approaches to Bankruptcy". *Governance, Equity and Global Markets, Proceedings of the Annual Bank Conference on Development Economics in Europe,* -June 21-21), 105-114, https://scholar.harvard.edu/hart/publications/different-approaches-bankruptcy. Recuperado el 3 de diciembre de 2020.

HARRIS, C. S. (1991). "A Rule Unvanquished: The New Value Exception to the Absolute Priority Rule". *Michigan Law Review,* (89), (8), 2301-2328 https://repository.law.umich.edu/cgi/viewcontent.cgi?article=2231&context=mlr. Recuperado el 19 de enero de 2021.

HENDERSON, D. R. "Present value". *The Library of Economics and Liberty -Econlib-,* https://www.econlib.org/library/Enc/PresentValue.html. Recuperado el 21 de octubre de 2023.

InsolvenzOrdnung, de 5 de octubre de 1994, https://www.gesetze-im-internet.de/inso/BJNR286600994.html. Recuperado el 8 enero 2024.

JACKSON, T. H. (1982). "*Non-Bankruptcy Entitlements, and the Creditors' Bargain*". *The Yale Law Journal,* (91), 857-907. https://digitalcommons.law.yale.edu/cgi/viewcontent.cgi?article=6733&context=ylj. Recuperado el 30 de agosto de 2021.

JANGER, E. J. (2020). "Las enmiendas al concurso de pequeñas empresas en Estados Unidos. ¿Un modelo para una reforma global"? *Revista de Derecho Concursal y Paraconcursal*, (32), 273-281.

JASON, F. (2024). "What Is Present Value? Formula and calculation". *Investopedia.* https://www.investopedia.com/terms/p/presentvalue.asp. Recuperado el 15 de septiembre de 2024.

JIMÉNEZ. F. J. (2022). "La quiebra de la cripto Voyager desvela un oscuro entramado de préstamos entre cryptobrokers". *elEconomista.es.* https://www.eleconomista.es/mercados-cotizaciones/noticias/11857010/07/22/La-quiebra-de-la-cripto-Voyager-desvela-un-oscuro-entramado-de-prestamos-entre-cryptobrokers.html. Recuperado el 22 de octubre de 2023.

JUSTE MENCÍA, J. (2023). "La junta de socios y los planes de reestructuración en el derecho proyectado". *Estudios de Derecho de sociedades y de Derecho concursal: libro en homenaje al profesor Jesús Quijano González*, 415-426. EdUVa.

KNAUTH, D. (2023). "Voyager gets initial approval for $1 billion Binance deal amid national security concerns". *Euronews.com.* https://www.euronews.com/next/2023/01/10/fintech-crypto-voyager-bankruptcy. Recuperado el 22 de octubre de 2023.

KILBORN, J. J. (2021). "Small business recovery in the United States under the Small Business Reorganization Act". *Revista General de Insolvencias & Reestructuraciones* (*Journal of Insolvency & Restructuring*), (1), 199-209.

LAWLESS, R. (2019). "Chapter 2. Creditors' remedies in Bankruptcy". LOPUCKI, L M., WARREN, E. y LAWLESS, R., *Secured Transactions: A Systems Approach.* Aspen.

Ley 22/2003, de 9 de julio, Concursal (*Tol 275060*), https://www.boe.es/buscar/act.php?id=BOE-A-2003-13813.

Ley 47/2003, de 26 de noviembre, General Presupuestaria (*Tol 320220*), https://www.boe.es/buscar/act.php?id=BOE-A-2003-21614.

Ley 14/2013, de 27 de septiembre, de apoyo a los emprendedores y su internacionalización (*Tol 3946800*), https://www.boe.es/buscar/act.php?id=BOE-A-2013-10074.

Ley 16/2022, de 5 de septiembre, de reforma del texto refundido de la Ley Concursal, aprobado por el Real Decreto Legislativo 1/2020, de 5 de mayo, para la transposición de la Directiva (UE) 2019/1023 del Parlamento Europeo y del Consejo, de 20 de junio de 2019, sobre marcos de reestructuración preventiva, exoneración de deudas e inhabilitaciones, y sobre medidas para aumentar la eficiencia de los procedimientos de reestructuración, insolvencia y exoneración de deudas, y por la que se modifica la Directiva (UE) 2017/1132 del Parlamento Europeo y del Consejo, sobre determinados aspectos del Derecho de sociedades (Directiva sobre reestructuración e insolvencia), (*Tol 9180212*), https://www.boe.es/buscar/pdf/2022/BOE-A-2022-14580-consolidado.pdf.

Ley Orgánica 1/2025, de 2 de enero, de medidas en materia de eficiencia del Servicio Público de Justicia (Tol 10322156), https://www.boe.es/buscar/act.php?id=BOE-A-2025-76.

LUBBEN, S. J. (2016). "The Overstated Absolute Priority Rule". *Fordham Journal of Corporate & Financial Law*, (21), (4), 581-606. https://ir.lawnet.fordham.edu/jcfl/vol21/iss4/1/. Recuperado el 10 de noviembre de 2020.

MANZANARES SECADES, A. (2024). "La cláusula de cambio de control en una financiación corporativa". *Almacén del Derecho. Casos, Concursal, Mercantil, Sentencias.* https://almacendederecho.org/la-clausula-de-cambio-de-control-en-una-financiacion-corporativa. Recuperado el 20 de septiembre de 2024.

MARTÍNEZ DE MARIGORTA MENÉNDEZ, C. (2023). "Las particularidades del procedimiento especial de microempresas. Reflexiones sobre la supletoriedad de los Libros I y II del TRLConc. Cuestiones problemáticas en la tramitación". *Diario La Ley. Insolvencia*, (19), (versión digital).

MEGÍAS LÓPEZ, J. (2023). "Artículo 640. Aprobación por el deudor y, en su caso, los socios". *Comentario a la Ley Concursal* (dir. J. Pulgar), vol. II, 1213-1234. La Ley.

MOYA BALLESTER, J. (2017). *Mecanismos preventivos del concurso de acreedores. Los acuerdos de refinanciación y el acuerdo extrajudicial de pagos.* Tirant lo Blanch.

NIETO DELGADO, C. (2023). "Procedimiento especial de microempresas: sobrevino el desastre anunciado". *Revista General de Insolvencias y Reestructuraciones (Journal of Insolvency & Restructuring)*, (10), pp. 133-157.

- (2023). "Artículo 684. Especialidades en materia de plan de reestructuración". *Comentario a la Ley Concursal* (dir. J. Pulgar), vol. II, 1523-1530. La Ley.
- (2024). "Homologación de planes de reestructuración y control judicial". *Revista General de Insolvencias y Reestructuraciones (Journal of Insolvency & Restructuring)*, (12), 2024, 141-168.

NIGRO, A. y VATTERMOLI, D. (2021). *Diritto della crisi delle imprese. Le procedure concorsuali.* Il Mulino.

PACCHI, S. (2022). "La legislación concursal italiana de frente a la Directiva UE 2019/1023". *El Derecho Concursal y la transposición de la Directiva sobre Reestructuración Preventiva* (dir. L. Garnacho y F. J. Arias), 25-59. Wolters Kluwer.

PÉREZ-CRESPO PAYÁ, F. (2023). "Artículo 612. Suspensión de la solicitud de concurso voluntario". *Comentario a la Ley Concursal* (dir. J. Pulgar), vol. II, 963-967. La Ley.

Propuesta de Directiva del Parlamento europeo y del Consejo, "relativa a la armonización de determinados aspectos de la legislación en materia de insolvencia. COM/2022/702 final", https://eur-lex.europa.eu/legal-content/ES/

TXT/?uri=CELEX%3A52022PC0702. Recuperado el 21 de septiembre de 2023.

Proyecto de Ley "de reforma del texto refundido de la Ley Concursal, aprobado por el Real Decreto Legislativo 1/2020, de 5 de mayo, para la transposición de la Directiva (UE) 2019/1023 del Parlamento Europeo y del Consejo, de 20 de junio de 2019, sobre marcos de reestructuración preventiva, exoneración de deudas e inhabilitaciones, y sobre medidas para aumentar la eficiencia de los procedimientos de reestructuración, insolvencia y exoneración de deudas, y por la que se modifica la Directiva (UE) 2017/1132 del Parlamento Europeo y del Consejo, sobre determinados aspectos del Derecho de sociedades (Directiva sobre reestructuración e insolvencia)", https://www.congreso.es/public_oficiales/L14/CONG/BOCG/A/BOCG-14-A-84-1.PDF. Recuperado el 13 de diciembre de 2023.

PULGAR EZQUERRA, J. (2013). "Reestructuración de sociedades de capital y abuso de minorías". *Revista de Derecho Bancario y Bursátil*, (129), 1-26 (versión digital).

- (2014). "Refinanciación, reestructuración de deuda empresarial y reforma concursal -Real Decreto-Ley 4/2014, de 7 de marzo)". *Diario La Ley, Sección Doctrina*, (8271), 1-31 (versión digital).
- (2014). "El nuevo paradigma concursal europeo y su incorporación al derecho español". *Estudios de Derecho Empresario*, 180-189 https://revistas.unc.edu.ar/index.php/esdeem/article/view/8812/9655. Recuperado el 15 de octubre de 2023.
- (2014). "A contractual approach to overindebtedness: rebus sic stantibus instead of bankruptcy". *Life time contracts* (dir. Reiffner y Nogler). Eleven International Publishing.
- (2016). *Preconcursalidad y reestructuración empresarial. Acuerdos de refinanciación y acuerdos extrajudiciales de pagos*. La Ley.
- (2017). "Concepto, función y significado del derecho concursal". *Manual de Derecho concursal* (dir. J. Pulgar), 35-60. La Ley.
- (2019). "Marcos de reestructuración preventiva y segunda oportunidad en la Directiva UE 2019/1023". *Diario La Ley. Sección Doctrina*, (9474), 1-29 (versión digital). Recuperado el 6 de octubre de 2020.
- (2023). "Artículo 2. Presupuesto objetivo". *Comentario a la Ley Concursal* (dir. J. Pulgar), vol. II, 174-204, La Ley.
- (2023). "Artículo 637. Suspensión de la solicitud de concurso voluntario". *Comentario a la Ley Concursal* (dir. J. Pulgar), vol. II, 1156-1167. La Ley.
- (2023). "Artículo 583. Presupuesto subjetivo". *Comentario a la Ley Concursal* (dir. J. Pulgar), vol. II, 756-792. La Ley.
- (2023). "Artículo 584. Presupuesto objetivo". *Comentario a la Ley Concursal* (dir. J. Pulgar), vol. II, 792-823. La Ley.

- (2023). "Artículo 653. Impugnación de la homologación". *Comentario a la Ley Concursal* (dir. J. Pulgar), vol. II, 1293-1304. La Ley.
- (2023). "Artículo 654. Impugnación del auto de homologación del plan aprobado por todas las clases de créditos". *Comentario a la Ley Concursal* (dir. J. Pulgar), vol. II, 1313-1336. La Ley.

Real Decreto de 24 de julio de 1889 por el que se publica el Código Civil (*Tol 220310*), *https://www.boe.es/buscar/act.php?id=BOE-A-1889-4763.*

Real Decreto 1514/2007, de 16 de noviembre, "por el que se aprueba el Plan General de Contabilidad" (*Tol 1173846*), https://www.boe.es/buscar/act.php?id=BOE-A-2007-19884&p=20210130&tn=1#A15-2.

Real Decreto Legislativo 1/2010, de 2 de julio, por el que se aprueba el texto refundido de la Ley de Sociedades de Capital (*Tol 1880028*), https://www.boe.es/buscar/act.php?id=BOE-A-2010-10544.

Real Decreto Legislativo 1/2020, de 5 de mayo, "por el que se aprueba el texto refundido de la Ley Concursal" (*Tol 7907223*), https://www.boe.es/buscar/act.php?id=BOE-A-2020-4859.

Real Decreto-ley 5/2023, de 28 de junio, "por el que se adoptan y prorrogan determinadas medidas de respuesta a las consecuencias económicas y sociales de la Guerra de Ucrania, de apoyo a la reconstrucción de la isla de La Palma y a otras situaciones de vulnerabilidad; de transposición de Directivas de la Unión Europea en materia de modificaciones estructurales de sociedades mercantiles y conciliación de la vida familiar y la vida profesional de los progenitores y los cuidadores; y de ejecución y cumplimiento del Derecho de la Unión Europea" (*Tol 9619853*), https://www.boe.es/buscar/doc.php?id=BOE-A-2023-15135.

Recomendación de la Comisión, de 12 de marzo de 2014, "sobre un nuevo enfoque frente a la insolvencia y el fracaso empresarial Texto pertinente a efectos del EEE", https://eur-lex.europa.eu/legal-content/ES/ALL/?uri=celex%3A32014H0135. Recuperado el 21 de septiembre de 2023.

Reglamento (UE) 2015/848, de 20 de mayo, "sobre procedimientos de insolvencia" (*Tol 5436815*), https://www.boe.es/doue/2015/141/L00019-00072.pdf. Recuperado el 21 de septiembre de 2023.

RECAMÁN GRAÑA, E. (2023). "Artículo 697 ter. Contenido del plan de continuación". *Comentario a la Ley Concursal* (dir. J. Pulgar), vol. II, 1630-1635. La Ley.

- (2023). "Artículo 698. Aprobación y homologación del plan". *Comentario a la Ley Concursal* (dir. J. Pulgar), vol. II, pp. 1656-1661. La Ley.
- (2023). "Artículo 698 *bis*. Homologación judicial del plan". *Comentario a la Ley Concursal* (dir. J. Pulgar), vol. II, pp. 1661-1667. La Ley.

REUTERS. (2022). "Corredora de criptomonedas Voyager venderá activos a Binance.US por 1.000 millones de dólares". *Euronews.com.* https://es.euronews.com/next/2022/12/19/mercados-criptomonedas-voyager-binance. Recuperado el 22 de octubre de 2023.

RODRÍGUEZ DE QUIÑONES Y DE TORRES, A. (2018). "Derecho concursal". *Lecciones de Derecho mercantil* (coord. G. Jiménez Sánchez, y A. Díaz Moreno). pp. 761-908. Tecnos.

ROJO FERNÁNDEZ-RÍO, Á. (2006). "Presupuesto objetivo". *Comentario de la Ley Concursal,* vol. I, pp. 164-193. Civitas.

– (2017). "La propuesta de Directiva sobre reestructuración preventiva". *Anuario de Derecho Concursal,* (42), 1-11 (versión digital).

– (2020). "Las opciones de política legislativa en el Real Decreto-ley 16/2020, de 28 de abril". *Anuario de Derecho Concursal,* (50), 17-32.

RONCERO SÁNCHEZ, A. (2020). "Artículo 2. Presupuesto objetivo". Comentarios al articulado del Texto Refundido de la Ley Concursal. Real Decreto Legislativo 1/2020, de 5 de mayo, vol. I, pp. 85-99. Sepín.

ROSENBERG, MUSSO y WEINER, LLP. (2018). "*What is the 'order for relief' in bankruptcy?*". https://nybankruptcy.net/main/order-relief-bankruptcy/. Recuperado el 24 de julio de 2023.

RUBIO VICENTE, P. J. (2011). "Luces y sombras de la fase de liquidación en el Proyecto de Ley de Reforma de 2011". *Revista de Derecho Concursal y Paraconcursal,* (15), 113-132.

– (2014). "La problemática de la enajenación de la empresa en la fase de liquidación concursal". *Revista de Derecho Mercantil,* (292), 177-250.

SÁENZ DE SANTA MARÍA, S., MEDINA DE LACALLE, A., BLANCO JUÁREZ, P. Y LLANSÓ CALDENTEY, J. (2015). "La capitalización de deuda como vía para la recuperación de empresas viables fuertemente apalancadas. El Proyecto Phoenix". *Anuario de Capital Riesgo,* (2015), pp. 341-361.

SÁNCHEZ MÉNDEZ, L. (2020). "Lecciones aprendidas de las principales reestructuraciones llevadas a cabo en España durante los últimos años". *Revista de Derecho Concursal y Paraconcursal,* (32) 233-245.

SÁNCHEZ PAREDES, M. L. (2019). "Algunas cuestiones en torno al incumplimiento del acuerdo de refinanciación con capitalización de deuda". *Anuario de Derecho Concursal,* (48), pp. 169-194.

SANCHO GARGALLO, I. (2022). "La impugnación u oposición previa a la homologación del plan de reestructuración y la protección frente a la rescisión concursal". *Nuevo marco jurídico de la reestructuración de empresas en España* (dir. A. Cohen). Thomson Reuters - Aranzadi, 1137-1203.

SCHMIDT, K. (2014). "¿Desbanca el derecho concursal al derecho de sociedades?". *Revista de Derecho Concursal y Paraconcursal,* (22), pp. 52 y ss.

SEYMOUR, J. y SCHWARCZ, S. (2019). "Corporate Restructuring under Relative and Absolute Priority Default Rules: A Comparative Asssessment". *Duke Law School Public Law & Legal Theory Series,* (84), 1-33. https://papers.ssrn.com/sol3/papers.cfm?abstract_id=3498611. Recuperado el 28 de septiembre de 2023.

SIERRA NOGUERO, E. (2011). "La liquidación (unitaria o fragmentaria) de la empresa en concurso". *Anuario de Derecho Concursal,* (24/2011-3), 49-96.

SKAURADSZUN, D. (2022). "Challenges of the transposition of the directive on preventive restructuring frameworks in german law". *El Derecho Concursal y la transposición de la Directiva sobre Reestructuración Preventiva* (dir. L. Garnacho y F. J. Arias), 63-87. La Ley - Wolters Kluwer.

TAPIA HERMIDA, A. J. (2023). "Plan de reestructuración propuesto por los acreedores de CELSA: Homologación por Sentencia 26/2023, de 4 de septiembre de 2023, del Juzgado de lo Mercantil nº. 2 de Barcelona (1)". http://ajtapia.com/2023/09/plan-de-reestructuracion-propuesto-por-los-acreedores-de-celsa-homologacion-por-sentencia-26-2023-de-4-de-septiembre-de-2023-del-juzgado-de-lo-mercantil-no-2-de-barcelona-1/. Recuperado el 1 de noviembre de 2023.

TEJERIZO LÓPEZ, J. M. (2008). "Disposición final décima. Reforma de la Ley General Presupuestaria". *Comentario de la Ley Concursal* (dir. Á. Rojo y E. Beltrán), vol. II, 3143-3159. Civitas.

THERY MARTÍ, A. (2017). "Los marcos de reestructuración en la propuesta de Directiva de la Comisión europea de 22 de noviembre de 2016 (I)". *Revista de Derecho Concursal y Paraconcursal,* (27), 513-548.

- (2018). "Los marcos de reestructuración en la propuesta de Directiva de la Comisión europea de 22 de noviembre de 2016» (II). *Revista de Derecho Concursal y Paraconcursal,* (28), 345-37.
- (2023). "Artículo 622. Clases de acreedores". *Comentario a la Ley Concursal* (dir. J. Pulgar), vol. II, 1006-1020. La Ley.

TIRADO MARTÍ, I. (2022). "La reestructuración de las microempresas en el sistema del Texto Refundido de la Ley Concursal". *Nuevo marco jurídico de la reestructuración de empresas en España* (dir. A. Cohen), 489-522. Thomson Reuters - Aranzadi.

TOLLENAAR, N. (2017). "The European Commission's Proposal for a Directive on Preventive Restructuring Proceedings". *Insolvency Intelligence,* (30), (5), https://papers.ssrn.com/sol3/papers.cfm?abstract_id=2978137. Recuperado el 16 de abril de 2021.

United States Code. Title 11-Bankruptcy. Chapter 11-Reorganization. §506, Senate report n. 95(989. https://uscode.house.gov. Recuperado el 11 de marzo de 2022.

United States Code. Title 11-Bankruptcy. Chapter 11-Reorganization. §1129. Historical and revision notes legislative statements. https://uscode.house.gov. Recuperado el 11 de marzo de 2022.

United States Code. Small Business Reorganization Act -SBRA-, de 23 de agosto de 2019, *Public Law* 116-54, https://uscode.house.gov/download/download.shtml. Recuperado el 11 de marzo de 2022.

UNITED STATES COURTS, *Services & Forms, Chapter 11 - Bankruptcy Basics,* https://www.uscourts.gov/services-forms/bankruptcy/bankruptcy-basics/chapter-11-bankruptcy-basics. Recuperado el 24 de julio de 2023.

USLEGAL.COM. "Order for Relief [Bankruptcy] Law and Legal Definition ". https://definitions.uslegal.com/o/order-for-relief-bankruptcy/.%20. Recuperado el 24 de julio de 2023.

VERNA, G. (2019). "Accesso alle procedure ed in particolare agli accordi di ristrutturazione". *Crisi di impresa e insolvenza. Il nuovo Codice della crisi di impresa e dell'insolvenza.* Studio Verna Società Professionale.

VILLORIA RIVERA, I. (2022). "Arrastre de acreedores disidentes". *Nuevo marco jurídico de la reestructuración de empresas en España* (dir. A. Cohen), 1049-1090. Thomson Reuters - Aranzadi.

WANG EKVALL, L. L. y EVANSTON, T. (2020). "The Small Business Reorganization Act: Big Changes for Small Businesses". *ABA -AmericanBarAssociation-.* https://www.americanbar.org/groups/business_law/publications/blt/2020/02/small-business-reorg/. Recuperado el 8 de abril de 2021.

WILDE, C. (1938). "The Chandler Act". *Indiana Law Journal,* (2), (14), 93-148. https://www.repository.law.indiana.edu/ilj/vol14/iss2/1/. Recuperado el 10 de marzo de 2021.

YÁNEZ EVANGELISTA, J. (2023). "Artículo 654. Impugnación del auto de homologación del plan aprobado por todas las clases de créditos". *Comentario a la Ley Concursal* (dir. J. Pulgar), 1304-1313. La Ley.

– (2023). "Artículo 655. Impugnación del auto de homologación del plan no aprobado por todas las clases de crédito". *Comentario a la Ley Concursal* (dir. J. Pulgar), 1337-1344. La Ley.